कोड स्वराज

मानक सत्याग्रह की कर्मभूमि से उल्लेखनीय बातें

प्रारंभिक तत्व

द वायर' को दिया गया इंटर्व्यू उनकी अनुमति लेकर प्रकाशित किया गया है। ऐरोन स्वाट्र्ज़ द्वारा लिखित निबंध सन् 2009 में उनके ब्लॉग पर पहली बार प्रकाशित हुआ था, और उसके बाद वह लेख, लॉरेल रुमा (Laurel Ruma) और डैनियल लैथ्रोप (Daniel Lathrop) द्वारा संपादित, 'ओपन गवर्नमेंट', ओ रेयली मीडिया (सेबेस्टोपोल, 2011) में प्रकाशित हुआ।

लेखक, अपने इस लेख के उपयोगी रिव्यूज़ के लिए, मार्टिन आर. ल्यूकस (Martin R. Lucas),डोमिनिक वुजास्तिक(Dominik Wujastyk), बेथ सिमोन नोवॉक,दर्शन शंकर,अनिरुद्ध दिनेश और अलेक्जांडर मैकगिलिव्रे (Alexander Macgillivray) को धन्यवाद देना चाहते हैं।

कवर डिजाइन और उत्पादन में सहायताः प्वाइंट.बी स्टूडियो द्वारा

यह पुस्तक, अन्नपूर्णा एस.आई.एल फ़ॉन्ट में छपी है। इस पुस्तक को एच.टी.एम.एल 5 में लिखी गई थी और इसे सी.एस.एस स्टाइल (CSS Style) शीट्स और प्रिंस एक्स.एम.एल (Prince XML) प्रोग्राम को इस्तेमाल कर के, पी.डी.एफ (PDF) में बदला गया है।

द्वारा अनुवाद ईभाषा सेतु लैंग्वेज सर्विसेज (http://www.ebhashasetu.com/)

गांधी जी के फोटो, महात्मा गांधी के कलेक्टेड वर्क्स (सी.डब्ल्यू.एम.जी) से लिये गये हैं, और इसके इलेक्ट्रॉनिक संस्करण को उपलब्ध कराने के लिए लेखक, साबरमती आश्रम को धन्यवाद देना चाहेंगे। सभी ऐतिहासिक फ़ोटो, भारत सरकार की सूचना मंत्रालय से लिये गये हैं और इन सभी फोटो को ऑनलाइन उपलब्ध कराने के लिए लेखक, मंत्रालय को धन्यवाद देना चाहेंगें।

इस पुस्तक का सोर्स कोड यहाँ पर उपलब्ध है: https://public.resource.org/swaraj

प्रकाशकः पब्लिक.रिसोर्स.ओआरजी इनकोरपोरेटेड, (Public.Resource.Org, Inc.), सेबास्तोपोल (Sebastopol), कैलिफोर्निया 2018.

आई.एस.बी.एन 978-1-892628-04-6 (अंग्रेजी संस्करण)
आई.एस.बी.एन 978-1-892628-06-0 (हिंदी संस्करण)

10 9 8 7 6 5 4 3 2 1

कोड स्वराज

मानक सत्याग्रह की कर्मभूमि से उल्लेखनीय बातें

कार्ल मालामुद
सैम पित्रोदा

GANDHIJI
LEADER OF INDIAN AMBULANCE CORPS

सी.डब्ल्यू.एम.जी. खंड 5, पृष्ठ 368, गांधी जी, भारतीय एम्बुलेंस कोर्प्स के नेता, 1906

विषय-सूची

पाठकों के लिए 1

3 अक्टूबर 2016, अहमदाबाद
दी इंस्टीटयूट ऑफ इंजीनियर्स (भारत) के समक्ष भाषण के बाद की अतिरिक्त टिप्पणियां.. 7

5 अक्टूबर 2016, एयर इंडिया 173 पर यात्रा करते हुए
साबरमती आश्रम के दौरे के नोट्स 17

14 जून, 2017, सैन फ्रांसिस्को
ज्ञान तक सार्वभौमिक पहुंच, अमेरिका और भारत में, डॉ.सैम पित्रोदा की टिप्पणियां 33

ज्ञान तक की सार्वभौमिक पहुँच, भारत और अमेरिका में, कार्ल मालमुद (Carl Malamud) की टिप्पणियां.. 45

8 जुलाई, 2017, नई दिल्ली
डिजिटल युग में सत्याग्रह:
एक व्यक्ति क्या कर सकता है?.. 57

15 अक्टूबर, 2017, बेंगलुरु
सूचना का अधिकार, ज्ञान का अधिकार:
डॉ सैम पित्रोदा की टिप्पणिया 65

सूचना का अधिकार, ज्ञान का अधिकार:
कार्ल मालामुद की टिप्पणियां 77

26 अक्टूबर, 2017, नई दिल्ली
साक्षात्कार: ‘‘इस छोटे यूएसबी में 19,000 भारतीय मानक हैं।
इसे सार्वजनिक क्यों नहीं किया जाना चाहिए?.. 95

दिसंबर 4-25, 2017, सेबस्टॉपॉल
कोड स्वराज पर नोट.. 115

परिशिष्ट: ज्ञान पर ट्वीट्स 187

परिशिष्ट: पारदर्शिता कब उपयोगी होती है?.. 191

चयनित पाठ.. 205

लिंक की तालिका.. 213

सी.डब्ल्यू.एम.जी, खंड 5 (1905 -1906), फ्रंटिसपीस, तारीख का पता नहीं

पाठकों के लिए

गत् दो वर्षों में हमारे द्वारा दिए गए भाषणों और बयानों का रिकार्ड इन फ़ील्ड नोट्स में संकलित है। इन भाषाणों में न्यूनतम सुधार किया गया है।

इस रिकॉर्ड में उस विषय की चर्चा की गई है जिसने हम दोनो को साथ लाया है और वह है भारतीय मानक (standards) पर किये गये काम। भारत सरकार द्वारा प्रकाशित मानक दस्तावेजों की संख्या 19,000 है। इन मानकों में वे तकनीकी ज्ञान शामिल हैं, जो हमारे विश्व को सुरक्षित रखने के तरीके को नियंत्रित करते हैं। वे सुरक्षा प्रदान करने के वाले कानून हैं।

भारतीय मानक, आधुनिक तकनीकी दुनिया के कई सारे विषयों के बारे में है: सार्वजनिक और निजी भवनों की सुरक्षा, कीटनाशकों से सुरक्षा, कारखानों में कपड़ा-उद्योग के मशीनों की सुरक्षा, खतरनाक सामग्रियों के परिवहन, खाद्य पदार्थों और मसालों में व्यंजनों का नियंत्रण, सिंचाई और बाढ़ नियंत्रण के तरीके, इत्यादि।

भारत और अन्य देशों में, इन दस्तावेज़ों का इस्तेमाल को सीमित किया जा रहा था। जरूरतमंदों के लिए ये दस्तावेज़ उपलब्ध नहीं हैं। इन्हें कॉपीराइट के अधीन रखा गया है। इन्हें गैर अनुचित रकम पर बेचा जाता है और इन पर कड़े तकनीकी साधनों द्वारा रोक लगाई गई है। हमने उन मानकों को खरीदा, उन्हें इंटरनेट पर स्वतंत्र और अप्रतिबंधित इस्तेमाल के लिए पोस्ट कर दिया है। भारत सरकार को हमने हमारे कार्यों के बारे में पहले, पत्र द्वारा सूचित किया और फिर औपचारिक याचिका से सूचित कर दिया है।

जब सरकार ने हमें, मानकों के नए संस्करण प्रदान करने से इनकार कर दिया तो हमने नई दिल्ली के माननीय उच्च न्यायालय में एक जनहित याचिका दायर की। हमने इस कदम को सत्याग्रह मान कर किया है, यह' आत्म-सत्य' की तलाश में एक अहिंसात्मक प्रतिरोध है। हम बिना किसी हिचकिचाहट के साथ स्वीकार करते हैं कि हम महात्मा गांधी के शिष्य हैं और भारत और संयुक्त राज्य अमेरिका में न्याय और लोकतंत्र के संघर्ष के इतिहास के छात्र हैं।

भारत में इंजीनियरों की शिक्षा को आगे बढ़ाने के लिए, नागरिकों को सूचित करने के लिए, शहरों को सुरक्षित रखने के लिए, हमने यह कदम उठाया है। इसके लिए हमें कोई अफसोस नहीं है। इन दस्तावेजों को लाखों लोगों ने पढ़ा। इससे स्पष्ट रूप से पता चलता है कि इस बहुमूल्य जानकारी को फैलाने की ज़रूरत थी।

हम इन्हीं कारणों से इस पुस्तक को "कोड स्वराज" कहते हैं। जब हम "कोड" की बात करते हैं तो हमारा मतलब उन सोर्स (source) कोड से ज्यादा है, जिससे हमारे कंप्यूटर चलते हैं, या वे प्रोटोकॉल्स (protocols) जिन पर इंटरनेट काम करता है। कोड से हमारा मतलब है कोई भी नियम-पुस्तक, चाहे ये इंटरनेट के प्रोटोकॉल्स हो या हमारे वे नियम और कानून जिससे हमारा लोकतंत्र चलता है। इसी तरह, स्वराज का सिद्धांत है स्वयं द्वारा शासन

जिसका अर्थ है कि सरकार, जनता की है और वह उनकी सामूहिक इच्छा से काम करेगी। कोड स्वराज का अर्थ है, नियम की खुली किताब, जो लोगों के लिये होगी और जिसकी जानकारी सभी को होगी।

एक खुले नियम पुस्तक के बिना आज का इंटरनेट बहुत ही अलग होता। हमारा मानना है कि सभी अवसंरचना (इन्फ्रास्ट्रकचर) खुले और पारदर्शी नियमों पर आधारित हों, जो किसी को भी यह समझने की अनुमति दे कि सिस्टम कैसे काम करता है और इसे हम कैसे बेहतर बना सकते हैं। इस तरह का सिद्धांत, लोकतंत्र का एक मूल सिद्धांत है। इसे ही हम 'जानकारी को लोकतांत्रिक' बनाना कहते हैं, जिसमें लोगों को इसकी जानकारी पाने में कहीं कोई बाधा न हो।

हमारा मानना है कि समाज में सच्चे कोड स्वराज से हम और आगे बढ़ सकते हैं और हर इंसान के लिए, 'व्यापक पहुंच' (universal access) जैसे आकांक्षी लक्ष्यों को प्राप्त कर सकते हैं। इंटरनेट ने हमें सिखाया है कि एक ओपन सिस्टम हमें, हमारे सपनों से भी आगे ले जा सकता है। और इसी सबक को अब और अधिक व्यापक रूप से लागू किया जाना चाहिए।

गांधी जीका स्वतंत्रता आंदोलन केवल भारत की स्वतंत्रता के लिये ही नहीं, बल्कि पूरे विश्व में स्वशासन, लोकतंत्र और राजनैतिक स्वतंत्रता के सिद्धांतों को स्थापित करने के बारे में था। गांधीजी और वे सभी लोग जो उनके अनुयायी थे, उनमें सभी के लिए समान अवसरों की सुलभता, सूचना का लोकतांत्रीकरण, ट्रस्टीशिप, और सामान्य अच्छाईयों के सिद्धांत, गहराई से अंतर्निहित थे।

हम जिन तकनीकियों का उपयोग कर रहे हैं वे उन लोगों से प्रेरित हैं जिन्होंनें हमसे पहले काम किया है। हालांकि जो व्यक्तिगत जोखिम हम उठाते हैं, वे उतने भी खतरनाक नहीं हैं, पर हमने निरंतर संघर्ष करने के सबक को अपने अंदर समा लिया है। सत्याग्रह के तरीकों और विधियों को, बड़ी और छोटी दोनों तरह की समस्याओं पर लागू किया जा सकता है, लेकिन जो मायने रखता है वह यह है कि हम सभी अपने लोकतंत्र को बेहतर बनाने का प्रयास करें। लोकतंत्र में सरकार हमारे लिए होती है, और जब तक हम सार्वजनिक कार्य में शामिल नहीं होते और जब तक हम खुद को, और हमारे शासकों को शिक्षित नहीं करते, तबतक हम दुनिया के ट्रस्टीशिप में अपना आसन खो देंगे।

हमने इस पुस्तक में बड़ी संख्या में तस्वीरें भी डाली हैं। यह पुस्तक एक मिश्रण है। इसका कारण यह है कि हम तस्वीरों से प्रेरणा लेते हैं। हमें 'कलेक्टेड वर्क्स ऑफ महात्मा गांधी' और सूचना मंत्रालय के अभिलेखागार (archive) में पुरानी तस्वीरों को देखना अच्छा लगता है। पहले से मौजूदा चीज़ों पर ही ज्ञान बढ़ता है और हमने इस पुस्तक को नेट (internet) पर उपलब्ध मौजूदा सामग्रियों पर बनाया है जो सभी के लिये उपलब्ध है।

हम यह भी आशा करते हैं कि आप इन अद्भुत संसाधनों को देखने, और अपने स्वयं के काम में इन्हें इस्तेमाल करने के लिए समय निकालेंगे। ज्ञान पर सार्वभौमिक पहुंच मानव का

पाठकों के लिए

अधिकार है, लेकिन हमें केवल ज्ञान का इस्तेमाल करने से ज्यादा कुछ और भी करना चाहिए। हम सभी को समाजिक ज्ञानपूंज में योगदान भी करना चाहिए।

हम दोनों, तकनीकी क्षेत्र के लोग हैं। हमने पूरी ज़िंदगी दूरसंचार और कम्प्यूटर में काम कर के बिताये हैं। इंटरनेट एक ऐसा चमत्कार है जिसने दुनिया को बदल दिया है। लेकिन इसकी और भी अधिक करने की क्षमता है। परन्तु हम, हमारे जैसे अनेक तकनीकी लोगों को देखते हैं जो नए ऐप (App) पर काम कर रहे हैं या विज्ञापन के क्लिकों (Ad Clicks) को बढ़ाने में लगे हैं।

जैसे-जैसे व्यापार की दुनिया, मध्यस्थता (arbitrage) और एकाधिकार (monopoly) के जरिये निजी फायदे को बढ़ाती जाती है वैसे-वैसे दुनिया और भी असमान होती जाती है। हम आशा करते हैं कि हमारे क्षेत्र में काम कर रहे सहकर्मी लोग, सार्वजनिक काम करने के लिए कुछ समय निकालेंगें और गांधीजी के विचारों से प्रेरित होकर हमारी दुनिया को एक बेहतर जगह बनाने में मदद करेंगें। एक ऐसी जगह जो सिर्फ निजी लाभ पर नहीं, बल्कि समाज के हित के लिए काम करने पर भी ध्यान देगी।

कुछ लोगों को सूचना को डेमोक्रेटाईज़ करना, हवा में बात करने जैसा लग सकता है, जो शायद इन समस्या की घड़ी में, गंभीर लोगों द्वारा किया जाने वाला महत्वपूर्ण काम नहीं है। एक संशयात्मक संपादक यह पूछ सकता है कि जब लोग भूखे हैं और हमारा ग्रह नष्ट हो रहा है तो हम कंप्यूटर और नेटवर्क पर कैसे ध्यान दे सकते हैं?

हमारे पास इसके दो जवाब हैं। सबसे पहले यह कि, कंप्यूटर और नेटवर्क हमारे काम का क्षेत्र है। सभी अपनी दुनिया में जो कुछ कर सकते हैं, वे करते हैं। लेकिन हमारा असली जवाब यह है कि 'ज्ञान तक पहुंच (access to knowledge)' तरक्की के इमारत की आधार शिला है। सूचना को सार्वजनिक (डेमोक्रेटाईज़) करना तरक्की के उद्देश्य को पूरा करने का ज़रिया है, जिसके ही नींव पर हम सभी तरक्की की इमारत खड़ी कर सकते हैं।

यदि हम इस नींव को रखते हैं, तो हमारा मानना है कि हम अपनी दुनिया का पुनिर्माण कर सकते हैं, जैसा हमसे पहले कई लोगों ने पुराने समय में दुनिया को फिर से बनाया था। हम अपनी वित्तीय प्रणाली की गहरी खामियों को बदल सकते हैं, जो सार्वजनिक लाभ के बजाय केवल कुछ लोगों के पास सभी संसाधनों को इकट्ठा करने में मदद करती है। हम स्वास्थ्य, परिवहन, भोजन और आश्रय को प्रदान करने के तरीकों में क्रांतिकारी बदलाव ला सकते हैं। हम अपने बच्चों को और खुद को शिक्षित करने के तरीकों में भी क्रांतिकारी बदलाव ला सकते हैं। हमारी सरकारों के काम करने के तरीकों में बदलाव ला सकते हैं। हम अपने ग्रह की देखभाल करना आरम्भ कर सकते हैं। सूचना को सार्वजनिक (डेमोक्रेटाइज़) करने से दुनिया बदल सकती है। ज्ञान को वि-उपनिवेशीकरण (डीकोलोनाइजेशन) करने से दुनिया बदल सकती है। आइए हम उस यात्रा पर एक साथ चलें।

कार्ल मालामुद और सैम पित्रोदा

CWMG, vol. 3 (1898–1903), फ्रन्टीसपीस. सन् 1900 में जोहान्सबर्ग.

4

CWMG, vol. 9 (1908–1909), फ़्रन्टीसपीस, गांधी जी लंदन में, 1909.

दी इंस्टीटयूट ऑफ इंजीनियर्स (भारत) के समक्ष भाषण के बाद की अतिरिक्त टिप्पणियां

सैम पित्रोदा, अहमदाबाद, 3 अक्टूबर 2016

[भाषण निष्कर्ष]

धन्यवाद!

[तालियाँ]

मेरा एक मित्र हैं जो पिछले 25 या 30 वर्षों से इंटरनेट पर काम कर रहे हैं। इंटरनेट पर पहला रेडियो स्टेशन कार्ल ने बनाया था।

[तालियाँ]

कार्ल एक सक्रिय कार्यकर्ता भी हैं। वे सरकारी जानकारी जुटाते हैं और उसे सार्वजनिक तौर पर सुलभ कराते हैं। सरकार नहीं चाहती है कि उसकी सूचना सार्वजनिक हो, इसलिए कार्ल एक स्वतंत्र गैर-लाभकारी संस्था चलाते हैं।

उदाहरण के लिए, भारत में निर्माण, सुरक्षा, बच्चे के खिलौनें और मशीन के लिए भारतीय मानक ब्युरो की ओर से 19,000 मानक हैं। ये मानक भारतीय मानक ब्यूरो की ओर से प्रकाशित किए जाते हैं, लेकिन ये जनता के लिए उपलब्ध नहीं हैं। जनता को इन्हें खरीदना पड़ता है।

हम मानकों को पूरे विश्व में सार्वजनिक बनाने का प्रयास कर रहे हैं। हमने भारत में कुछ मानक खरीदें और कार्ल ने उन्हें इंटरनेट पर डाल दिया। भारत सरकार घबरा गई, कहा कि, "आप ऐसा नहीं कर सकते हैं। ये कॉपीराइट का उल्लंघन है।" यह मानक सुलभ हैं। पर यह मानक उनका नहीं है। ये जनता के मानक हैं क्योंकि जनता ने इस पर पैसा लगाया है और अपेक्षा की जाती है कि जनता को इसकी जानकारी हो।

वे सहमत नहीं हैं। वे कहते हैं, "आप ऐसा नहीं कर सकते हैं। इसके लिए आपको भुगतान करना होगा।" यदि आप कोई निर्माण मानक खरीदना चाहते हैं, तो आपको 16,000 रुपये भुगतान करना होगा। यदि आप भारत के बाहर रहकर भारतीय निर्माण मानक खरीदना चाहते हैं तो 1,60,000 रुपये देने होंगे।

यदि मैं सिविल इंजीनियरिंग का छात्र होता और निर्माण मानकों को सीखना चाहता तो मुझे भारत सरकार से मानकों को खरीदने की जरूरत होती। हम कह रहे हैं, "नहीं, यह सूचना जनता की है।" कार्ल ने भारत सरकार पर मुकदमा किया है। मामला अभी भी न्यायालय में

विचाराधीन है। हम कह रहे हैं, “यह स्थिति हरेक देश की है और पूरी तरह से सत्य है। यह अमेरिका में भी सत्य है क्योंकि सरकार नहीं चाहती है कि आप इन सब बारे में जानें। ”

प्रत्येक स्तर पर यह लड़ाई चलती रहती है। हम इस संघर्ष को यूरोप और संयुक्त राज्य अमेरिका में भी कर रहे हैं।

[तालियाँ]

डिजिटल डेपलपमेंट की क्रांति में शामिल होने के लिए हमें ऐसे लोगों की जरूरत है। डिजिटल डेवलमेंट, सिर्फ हार्डवेयर या सॉफ़्टवेयर नहीं है, बल्कि यह इसी तरह की कोशिश भी इसमें शामिल है। आपके स्वास्थ्य डाटा पर किसका स्वामित्व होता है? यह वैश्विक स्तर पर एक बड़ा मुद्दा है। आप अपने स्वास्थ्य डाटा की गोपनीयता और चोरी के मुद्दे के बारे में क्या करेंगे? लेकिन मुख्य चुनौती ओपन सिस्टम, ओपन सरकार, ओपन प्लेटफोर्म, और ओपन सॉफ्टवेयर की है।

कल मैंने गांधी आश्रम में पूरे दिन अहिंसा पर बात की। गांधीजी ओपन गवर्नमेंट प्लेटफॉर्म को पसंद करते। गांधीजी जरुर ही ओपन-सोर्स सॉफ्वेयर को विशेष महत्व देते। अगर गांधीजी आज होते तो वे ट्वीट कर रहे होते और फेसबुक पर भी होते। गांधीजी ने ब्लॉग लिखा होता क्योंकि यह मीडिया, प्रकाशन, प्रिटिंग और समाचार-पत्र से जुड़ा है।

हम बात कर रहे हैं कि सरकार इस सूचना को कैसे अपने पास संजो के रख सकती है? हमें इसके लिए लड़ना होगा। हमें आज की डिजिटल दुनिया में सत्याग्रह और गांधीवादी दृष्टिकोण अपनानी होगी। सत्याग्रह का अर्थ, कोर्ट केस और याचिका दायर करना है और सरकार को यह बताना है कि, “आप गलत हैं, जनता सही है। ” यह सूचना जनता की है, न कि आपकी अपनी निजी सूचना है। यह डिजिटल डेवलपमेंट का भी हिस्सा है। मुझपर भरोसा करें कई लोग इसे भलि-भांति समझते हैं।

पूरे विश्व में मुठ्ठी भर लोग ही ऐसे है जो इस महत्वपूर्ण मुद्दे को समझ सकते हैं। इन सबकी कुछ न कुछ भूमिका है। हमलोगों के दोस्तों का एक समूह है और मैं ‘वर्ल्ड वाइड वेब’ के बोर्ड में हूँ। मेरे साथ इस बोर्ड में, वेब के निर्माता 'टिम बर्नर्स-ली' (Tim Berners-Lee) भी हैं । मैं इनके साथ वेब के प्रचार-प्रसार को बढ़ावा देने में कार्यरत हूँ।

हमारे साथ काम करने वाले एक और मित्र 'विनटन सर्फ' (Vinton Cerf) हैं जो इंटरनेट के जनक हैं। जहाँ टिम बर्नर्स ली वेब के जनक हैं वहीं और विनटन सर्फ इंटरनेट के जनक हैं।

आपको इन सभी लोगों के साथ काम करने की जरूरत है। आपको इन मुद्दों को भली-भांति से समझने के लिए भी उनके साथ काम करने की जरूरत है। और ये सभी आपके प्रिय कार्य (labor of love) होने चाहिये। यह नौकरी नहीं है। कोई भी आपको नौकरी में विंट सर्फ के साथ काम करने नहीं भेजेगा। यह कोइ सरकारी पद नहीं है जहाँ कोई यह कहेगा कि "जाओ, अब तुम वेब के आविष्कारक को अपना दोस्त बनाओ।" लेकिन आपको इस तरह का काम करना होगा। किसी न किसी को तो यह काम करना ही होगा।

दी इंस्टीटयूट ऑफ इंजीनियर्स (भारत)

कार्ल और मैंने एक लम्बा समय एक साथ बिताया है। वे पिछले 6-7 साल से मेरे साथ रह रहे हैं। उनके लिए भारत में केस दायर करना, उनका काम नहीं है। वे यहां केस लड़ने के लिए नहीं आना चाहते हैं, लेकिन किसी न किसी को तो ऐसा काम करना होगा।

यह लोकहित में है। यह एक जनहित याचिका है। लेकिन यहाँ ऐसा काम नहीं हो पा रहा है। डिजिटल इंडिया को साकार करने के लिए हमें ऐसे गांधीवादी सत्याग्रहियों की जरूरत है। धन्यवाद।

कार्ल, क्या आप यहां मंच पर आएगें? कुछ लोग आपको एक भेंट देना चाहते हैं -

[तालियाँ]

मैं भूल गया, कार्ल के पास यह छोटा सा पैकेट भी है। इस पैकेट में एक डिस्क है, जिसमें भारतीय स्वतंत्रता काल की 90,000 तस्वीरें हैं।

[प्रशंसा]

गांधीजी के साथ, नेहरू, सुभाष चंद्र बोस जैसे सभी लोग की तस्वीरें हैं। इनके अलावा स्वराज इंडिया पर 4,00,000 पृष्ठों के दस्तावेज हैं।

[तालियाँ]

इनमें 19,000 भारतीय मानक (स्टैन्डड्र्स) भी हैं।

[तालियाँ]

ये सब 435 GB (गीगाबाइट) मेमोरी में है। मैं चाहता हूँ कि कार्ल उन सभी को यह, उपहार स्वरूप दे।

[तालियाँ]

[इंस्टीटयूट ऑफ इंजीनियर्स को, डिस्क ड्राइव उपहार स्वरूप प्रदान किया गया]

[कार्ल को फूलों की प्रस्तुति]

[सभा के अंतिम के प्रश्नोत्तर सत्र में, कार्ल के प्रति सम्मान प्रकट करते हुए उन्हें अन्य अतिथियों के साथ मंच पर बुलाया गया।]

The Institution of Engineers (India)
GUJARAT STATE CENTRE
Gujarat State Technicians Chapter
CELEBRATES
World Habitat Day~20
3rd October, 2016 at Bhaikaka Bhavan, Law Garden, Ahme

दी इंस्टीटच्यूट ऑफ इंजीनियर्स (भारत) परिचर्चा के बाद सैम पित्रोदा ने फोटो खिंचवाएं।

चर्चा के बाद की अनूठी भीड़

सैम के पास एक टेराबाइट डिस्क ड्राइव है, जिसमें 'हिंद स्वराज' के संकलन के साथ 19,000 भारतीय मानक भी है।

'गांधी ड्राइव' के 10 ड्राइवों में से 4 को बनाई जा रही है। प्रत्येक एक टेराबाइट 'वेस्टर्न डिजिटल' ड्राइव में 19,000 मानक, महात्मा गांधी का संग्रहित लेख, 129 'एयर इंडिया ब्रॉडकास्ट्स' और 12,000 फोटो भी शामिल हैं।

प्रत्येक ड्राइव सूती कपड़े से ढ़की है और उस पर गांधी जी की पैदल यात्रा की तस्वीर है, फिर उसे प्रामाणित लाल-फीते में रखा जाता है।

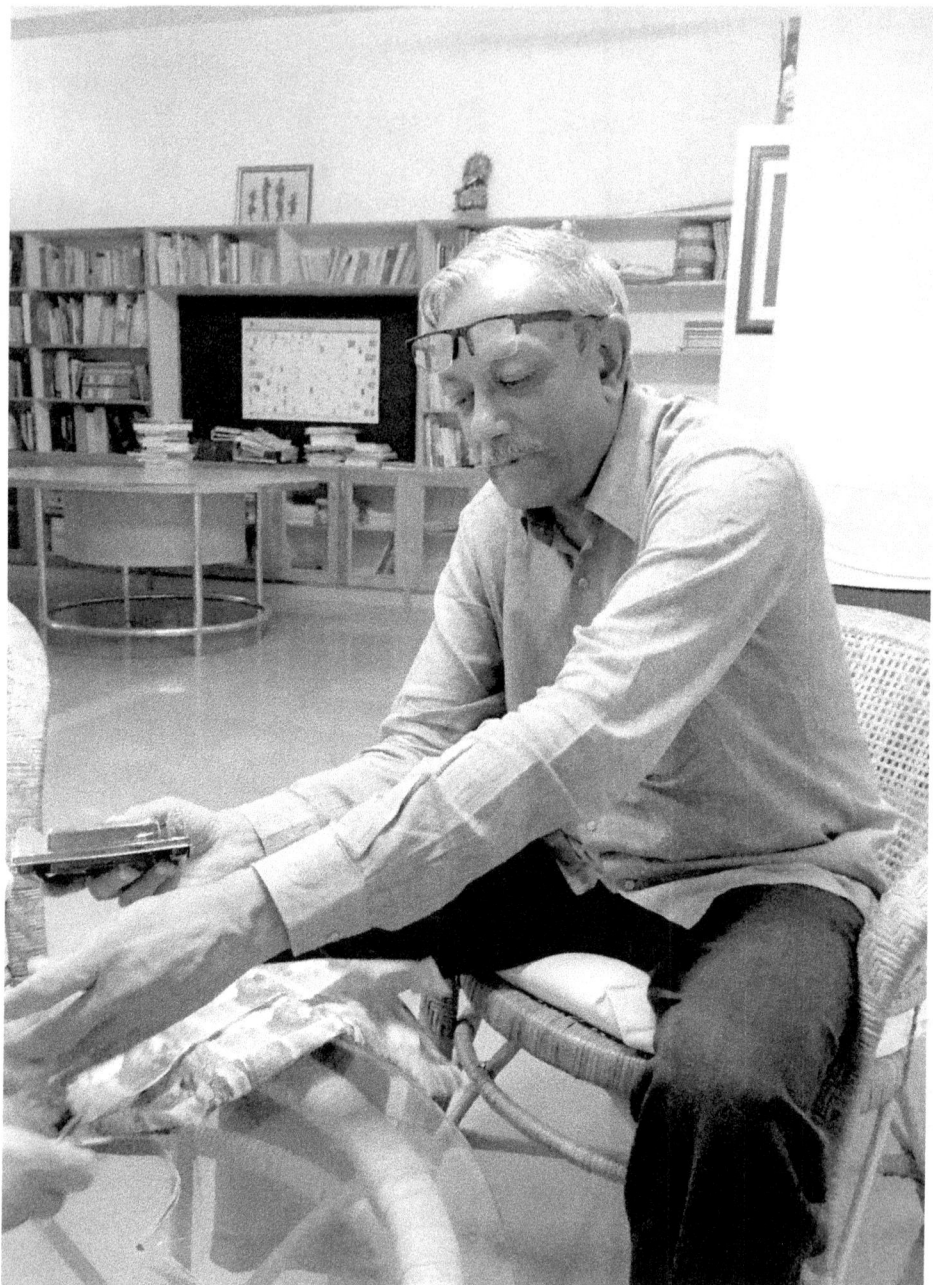

कार्ल मालामुद ने गुजरात विद्यापाठ के कुलपति अनामिक शाह को 'गांधी डिस्क ड्राइव' भेंट की।

राजस्थान के केंद्रीय विश्वविद्यालय के उप-कुलपति को उपहार की प्रस्तुति (प्रेजेंटेशन)

'बेयरफुट कॉलेज' के संस्थापक श्री बंकर राय को उपहार की प्रस्तुति

'गांधी डिस्क ड्राइव' के साथ साबरमती आश्रम की दीना पटेल।

साबरमती आश्रम के दौरे के नोट्स

कार्ल मालामुद, 5 अक्टूबर 2016, एयर इंडिया 173

हमारी कार भारत के अहमदाबाद में स्थित साबरमति आश्रम की ओर बढ़ रही थी। यह वही आश्रम है, जहां गांधी जी रहते थे। यहीं से उन्होंने समुद्र तट तक की अपनी ऐतिहासिक दाण्डी यात्रा शुरू की थी और ब्रिटिश सरकार के आदेशों का उल्लंघन करके नमक बनाया था। यहीं से 18 वर्षों की स्वतंत्रता की लड़ाई शुरू हुई, जिसने अंततः भारत को स्वराज दिलाया।

हमारी कार में ड्राइवर के बगल वाली सीट पर हिमांशु व्यास बैठे हुए थे, जो गुजरात में कांग्रेस पार्टी के आधिकारिक प्रवक्ता हैं। गुजरात वह राज्य है, जहां अहमदाबाद स्थित है। पीछे की सीट पर मेरे साथ दिनेश त्रिवेदी बैठे थे, जो एक सांसद हैं, और कुछ वर्ष पहले भारत सरकार में रेल मंत्री थे। उनके बगल में प्रसिद्ध वैज्ञानिक एवं तकनीकी विशेषज्ञ सैम पित्रोदा बैठे थे, जो देश के प्रमुख तकनीकी विशेषज्ञ के रूप में दो-दो प्रधान मंत्रियों के सलाहकार, कैबिनेट मंत्री के स्तर पर रह चुके हैं। यही वो व्यक्ति हैं, जिन्होंने भारत के हर गांव में टेलीफोन की सुविधा लाकर भारत में दूरसंचार क्रांति ला दी।

साबरमती आश्रम के गेट पर बहुत कड़ी सुरक्षा थी। यह 2 अक्टूबर का दिन था, अर्थात् गांधी जी का जन्मदिवस और राष्ट्रीय अवकाश भी। गुजरात के राज्यपाल और पूरे देश के अनेंक पदाधिकारी उनके जन्मदिन पर आयोजित पारंपरिक प्रार्थना सभा में आश्रम के अंदर मौजूद थे।

जैसे ही हमारी कार आश्रम के गेट की ओर मुड़ी, हमें तुरंत ही पुलिस ने घेर लिया। वे हमारी कार की छत पर जोर-जोर से पीटने लगे और हम पर चिल्लाने लगे कि हमें अपनी कार को वापस मोड़नी होगी। हिमांशु व्यास ने अपनी खिड़की का शीशा नीचे किया और जोर से बोले "सैम पित्रोदा! दिनेश त्रिवेदी! संसद सदस्य!"

जल्द ही गेट खुल गया और हमारी कार तेजी से कीचड़ भरे पार्किंग स्थल से होती हुई बिल्डिंग के करीब जा रुकी, जहां प्रार्थना सभा हो रही थी।

राज्यपाल को आश्रम से बाहर ले जाने के लिए उनकी कार और एक दर्जन सेना के वाहन, आश्रम के प्रवेश द्वार पर तैयार खड़े थे। हम अपनी कार से बाहर निकले और सैम और दिनेश को तुरंत लोगों ने घेर लिया। लोग उनके साथ सेल्फी लेने लगे और उनके पुराने मित्रगण उनसे मिलने के लिये दौड़ने लगे।

सैम और दिनेश ने खुद को उस भीड़ से निकाला और राज्यपाल का अभिवादन करने तेजी से आगे बढ़े। मैं उनके साथ-साथ ही था, इसलिए सुरक्षा कर्मियों ने मेरा रास्ता नहीं रोका। राज्यपाल का अभिवादन करने के बाद, भारी भीड़ ने सैम और दिनेश को घेर लिया। वे उनके साथ तस्वीरें खिंचवाने लगे और उनका अभिवादन करने लगे।

इस शुभ दिन पर हमारा आश्रम आने का उद्देश्य और सैम द्वारा मुझे भारत लाने का कारण था, "गांधीजी, हिंसा पर चर्चा (Gandhi: Dialogue on Violence)" नामक एक कार्यशाला, जहाँ हमें भाग लेना था। दो महीने पहले सैम ने मुझे एक शाम को फोन किया, वह घबराए हुए और परेशान थे। उन्होंने आतंकवादियों द्वारा किए गए बम विस्फोटों, अनेक राज्य सरकारों के द्वारा उनके अपने ही लोगों पर किये गये हमलों, और लोगों के बीच एक दूसरे के खिलाफ बढ़ती हिंसा की भावना के बारे में मुझसे बात की। उन्होंने कहा, "हमें जरूर कुछ करना चाहिये"। उन्होंने इस कार्यशाला को गांधी आश्रम में आयोजित करने का फैसला किया। वह यह जानना चाहते थे कि क्या मैं इस कार्यशाला के लिए उनके साथ भारत आऊंगा।

सैम ने समझाया कि वह चाहते हैं कि यह कार्यशाला महज़ बात-चीत और दुनिया की स्थिति पर दुःख व्यक्त करने तक सीमित न हो। वह चाहते हैं कि यह कार्यशाला एक शांति आंदोलन की शुरुआत करें। आज दुनिया में जो कुछ गलत हो रहा है, उसे ठीक करने के लिए, यह आंदोलन गांधी जी के तरीकों और शिक्षाओं पर आधारित हो।

जब सैम मुझसे कुछ करने को कहते हैं, तो अमूमन मैं हाँ ही कहता हूँ। अगले दिन सैम ने साबरमती आश्रम कॉल कर पता करने लगे कि क्या वे हमारी मेजबानी करेंगे और दूसरे लोगों को कॉल कर हमारे साथ जुड़ने के लिए चर्चा करने लगे। मैंने भी अपने वीज़ा आवेदन पर काम करना शुरू कर दिया।

...

जब सैम और दिनेश अपने प्रशंसकों का अभिवादन कर रहे थे, तब मैंने चारों ओर देखा। आश्रम सैकड़ों स्कूली बच्चों से भरा था, जो अनेक समूहों में एकत्रित थे। वे बिल्डिंग के चारों ओर घूम रहे थे। एक बिल्डिंग के बाहर अनेक संगीतकार एकत्रित थे। वे पारंपरिक भजन (प्रार्थना गीत) गा रहे थे, जो विशेषकर गांधीजी के प्रिय भजन थे। विद्यार्थी जमीन पर बैठे सूत कात रहे थे। गांधी जी को श्रद्धांजलि अर्पित करने के लिए गांधी जी के निवास के बाहर आगंतुकों का एक बहुत बड़ा समूह इकट्ठा था।

जब मैं वहां खड़ा था, तो लाल रंग की शर्ट पहने एक लंबा युवक मेरे पास आया और उसने अपना परिचय दिया। वे श्रीनिवास कोडाली थे, जिनसे मैं व्यक्तिगत रूप से कभी नहीं मिला था, लेकिन मैं उनके साथ कई वर्षों से काम कर रहा था। श्रीनिवास एक युवा परिवहन इंजीनियर हैं, जो भारत सरकार पर मुकदमा चलाने में मेरे साथ सह-वादी के रूप में जुड़े थे। मैंने उनका स्वागत किया और उनसे कहा कि वह मेरे पास ही रहें, अन्यथा वे खो जाएंगे।

दिनेश की कोहनी पकड़ कर सैम ने खुद को भीड़ से बाहर निकाला और उन्होंने मुझसे कहा, " 'बेयरफुट कॉलेज' के संस्थापक श्री बंकर राय को उपहार की प्रस्तुति" श्रीनिवास कोडली के साथ, हम गांधी जी के पुराने घर, आश्रम और आश्रम की दुकानों और गलियारों में गए, जहां इडली और उपमा का नाश्ता परोसा जा रहा था।

साबरमती आश्रम के दौरे के नोट्स

नाश्ते के बाद, हम प्रशासनिक बिल्डिंग में गए, जहां कार्यशाला होने वाली थी। फर्श पर गद्दे बिछे थे और आगे की प्रक्रिया को देखने के लिए बाल्कनी में विद्यार्थी और मेहमान मौजूद थे। सैम कमरे के बीच में फर्श पर बैठ गए। दिनेश और मैं उनके दोनो तरफ जाकर बैठ गए। जगह काफी छोटी थी और प्रतिभागी दर्जनों की संख्या में थे।

हमारे मेजबान कार्तिकेय साराभाई थे, जो एक प्रसिद्ध पर्यावरणविद् और भारत के अंतरिक्ष कार्यक्रम के निर्माता, विक्रम साराभाई, के बेटे हैं। आश्रम के एक ट्रस्टी के रूप में, कार्तिकेय जी उस दिन हमारे मेजबान थे। जैसे ही मैंने चारों ओर देखा, तो मैंने अपने चारों ओर कई प्रतिष्ठित गांधी विद्वानों, कार्यकर्ताओं और इतिहासकारों को पाया।

कमरे के दूसरी तरफ, पारंपरिक घर की बुनी सफेद खादी पहने अमृत मोदी थे, जो वर्ष 1955 से आश्रम में ही रहते हैं और जिन्होंने स्वर्गीय विनोवा भावे के साथ संपूर्ण भारत भ्रमण यात्रा में शामिल थे। उनके पास प्रसिद्ध इला भट्ट बैठी थीं, जिन्होंने वर्ष 1972 में 'सेल्फ-एम्पलॉयड वीमन एसोसिएशन ऑफ इंडिया - सेवा (Self-Employed Women 's Association of India) (SEVA)' की स्थापना की, और डेसमंड टूटू (Desmond Tutu) और अन्य सदस्यों के साथ, इसके वरिष्ठ सदस्य के रूप जुड़ गई।

इला जी के बगल में दीना पटेल बैठी थी, जिनके पिता ने 40 वर्षों तक 'कलेक्टेड वर्क्स ऑफ महात्मा गांधी' के 100 भाग वाली पुस्तक के 56,000 पृष्ठों का संकलन करने में मदद की थी। पिछले सात सालों से, दीना ने 'कलेक्टेड वर्क्स' के इलेक्ट्रॉनिक संस्करण बनाने में कड़ी मेहनत की है। उन्होंने कलेक्टेड वर्क्स के मूल संस्करणों को ऑप्टिकल कैरेक्टर रिकॉग्निशन (ओ.सी.आर) के द्वारा स्कैन करके, और फिर मूल संस्करणों में सभी त्रुटियों को ठीक करके, महात्मा गांधी के शब्दों का एक वास्तविक संस्करण बनाने के लिये कड़ी मेहनत कर रहीं है।

गांधी विचार धारा के विशेषज्ञों में से दुनिया के अग्रणी विशेषज्ञों में दीना एक वैसी महिला हैं, जिन्होंने लंबे समय से गांधी जी के लिखित लेखों पर काम किया है, और संकलित कार्य के प्रत्येक शब्द को अक्षरशः पढ़ा है। कुछ दिनों पहले मैं उनसे दिल्ली में मिला था। उन्होंने, अपने जीवन के अनेक कहानियों को सुनाकर , मुझे एकदम आश्चर्यचकित कर दिया था। उन्होंने मुझे पढ़ने के लिए कुछ पुस्तकों का सुझाव दिया, जिनके बारे में मैं जानता भी नहीं था। दीना, गांधीजी की जीती जागती विश्वकोश हैं और वह अपनी कहानियों को, जुनून से और काफी आकर्षक तरीके से बताती हैं।

चर्चा के दिन से एक दिन पहले, एक छोटे समूह ने इस विषय पर आश्रम में बैठक की थी, उस वक्त सैम और हम राजस्थान में थें जहां सैम ने राजस्थान के केंद्रीय विश्वविद्यालय में दीक्षांत समारोह की अध्यक्षता की, जहां वे कुलपति हैं। कार्तिकेय जी ने, हमारी दुनिया में हिंसा के विषय पर पिछले दिन की हुई चर्चा का सारांश पेश करते हुए सुबह की सभा की शुरुआत की।

हमारा मूल उद्देश्य हमारी दुनिया में हिंसा के मूल कारण पर चर्चा करना है, और इस बात को भी जानना कि गांधी जी की शिक्षाओं से हम आज क्या सीख सकते हैं। ऐसे आंदोलन को

शुरू करने के लिए क्या अगला कदम उठा सकते हैं जिस पर कार्य करने का प्रयास किया जा सके। हम एक ही दिन में हिंसा की स्थिति को हल करने के लिए एकत्र नहीं हुए थे। हम वहां इस बात पर विचार करने के लिए मौजूद थे कि हम, लंबे समय तक व्यक्तिगत रूप से क्या कर सकते हैं और क्या हम अपनी आवाज उठाने के लिए समुदाय के रूप में एकत्रित हो सकते हैं।

मैं बेकल (उद्विग्न) था। जब उस रविवार की देर रात को सैम ने मुझसे फोन किया था, तब से उस गंभीर बात को लेकर मैं काफी परेशान था क्योंकि मेरा दैनिक काम केवल सरकारी सूचना को एक डिस्क से दूसरी डिस्क में कॉपी करना था। हालांकि, मैं निश्चित रूप से कानून व्यवस्था, सीमा संबंधी मुद्दे, विश्व शांति, हिंसा रोको जैसे विषयों पर कई वर्षों से सुन रहा हूँ , पर गांधी जी की शिक्षाएं मुझसे कोसो दूर थीं। मेरे पास कोई उचित उत्तर नहीं था, ना ही कोई स्पष्ट अंतर्दृष्टि।

कार्तिकेय जी का पिछले दिन हुई चर्चा का सारांश, तीन बिंदुओं के रुप में सामने आया। पहला, हमें सहनशीलता सीखनी चाहिए और विविधता को प्रोत्साहित करना चाहिए। दूसरा, हमें सहन करना सीखनी चाहिए और असहमति (dissent) को प्रोत्साहित करना चाहिए। तीसरा, यदि हम वास्तविक प्रभाव डालना चाहते हैं, तो हमें निर्भयता के महत्व को समझना होगा। ये सभी तीन बिंदुएं, गांधी जी के शिक्षाओं पर आधारित हैं।

सैम पित्रोदा ने चर्चा की शुरुआत की और हमें समझाया कि हमें एक साथ क्यों बुलाया गया है। मैंने पिछले कुछ महीनों में इन विषयों पर कई बार सैम को सुना हूँ क्योंकि उन्होंने अपने उस किताब के बारे में चर्चा की, जिसपर वे आजकल काम कर रहे हैं और मैंने कई बार उनकी बातें सुनी है। उनका मानना है कि हमें अपनी दुनिया को दोबारा डिजाइन करना होगा - यह सैम की नई थीसिस है। जैसा कि हम सब देख रहे हैं, आज जो दुनियां देखते हैं, इसका डिज़ाइन दूसरे विश्व युद्ध के बाद किया था, और तब हमने संयुक्त राष्ट्रसंघ, अंतरराष्ट्रीय मुद्रा कोष और अन्य संस्थानों का निर्माण किया जिन्हें आज हम जानते हैं। यह दुनिया मूलतः कुछ अमीर और शक्तिशाली देशों की जरूरतों पर आधारित है, और जहाँ कहने के लिये उपनिवेशों की एक 'तीसरी दुनिया' है जो गरीबी से पीड़ित है, अनेक गैर-लोकतांत्रिक निर्धन देश भी इस प्रणाली के सहभागी हैं।

लेकिन, महान अर्थशास्त्री जॉन मेनार्ड कीन्स (John Maynard Keynes), अल्फ्रेड मार्शल (Alfred Marshall) और अन्य सभी लोगों ने जिस विचार धारा पर विचार नहीं किया वह था गांधी विचार धारा। गांधीजी के प्रयासों ने न केवल भारत को आजादी दिलाई, बल्कि वैश्विक स्तर पर उपनिवेश विरोधी आंदोलनों को फैलाया।

आज सोवियत संघ नहीं है। यूरोपीय संघ ने ग्रेट ब्रिटेन बाहर हो गया है। भारत और चीन काफी तेजी से विकसित हो रहे हैं। इसके बावजूद, हमारी दुनिया सुचारू रूप से काम नहीं कर पा रही है। सैम ने कहा, यह दुनिया टूट गई है , तबाह हो रही है। ऐसा इसलिए है क्योंकि इसका डिज़ाइन कई वर्ष पहले हुआ था, और वह डिज़ाइन आज के समय के अनुरुप नहीं है।

साबरमती आश्रम के दौरे के नोट्स

भारत अपनी जरुरत से ज्यादा भोजन (खाद्य पदार्थ) पैदा करता है, इसके बावजूद भारत की जनसंख्या का एक बड़ा हिस्सा आज भी भुखमरी का शिकार है। दुनिया भर में, समय के साथ घटने के बजाय, आय की असमानता बहुत बढ़ गई है। रोग, अपर्याप्त पानी और गरीबी जैसी अनेंक समस्या दुनिया को बहुत ही अधिक प्रभावित कर रही है।

और फिर यहाँ काफी हिंसा है। एक देश अन्य देशों के खिलाफ, और अपने ही लोगों के खिलाफ भी हिंसा का सहारा ले रही है। आतंकवादी हिंसा, और एक समुदाय का अन्य समुदायों के खिलाफ की हिंसा, चौंकाने वाली है। बलात्कार, हत्या और दुर्व्यवहार, व्यक्तिगत हिंसा के अनेक रूप काफी फैल रही हैं।

सैम तकनीक के दृष्टिकोण से आशावादी व्यक्ति हैं। उनका मानना है कि हमें आज के दुनिया में कुछ करने का एक अनूठा अवसर मिला है। मसलन हम अनेक रोगों का इलाज कर सकते हैं। हमारे पास साफ पानी हो सकता है। हम इंटरनेट की गति बढ़ा और उसे सार्वभौमिक बना सकते हैं, और तो और हम इंटरनेट को मुफ्त में उपलब्ध करा सकते हैं। हम ग्लोबल वार्मिंग को कम सकते हैं।

लेकिन, इनमें से कुछ भी करने के लिए, हमें अपने वैश्विक तंत्र को फिर से डिजाइन करना होगा कि हम अपनी दुनिया को किस तरह से चलाते हैं। सैम अक्सर कहते हैं कि हमें विशेष रूप से अपना ध्यान मानव अधिकारों पर केंद्रित करना होगा, हमें मानवीय जरूरतों पर अधिक ध्यान केन्द्रित करना होगा।

जब सैम ने अपनी बात खत्म कर ली, तब उसके बाद दिनेश त्रिवेदी ने बात की। दिनेश त्रिवेदी लंबे समय से सांसद रहे है और वे काफी आध्यात्मिक और धार्मिक व्यक्ति भी हैं। सैम और मैं दिल्ली में उनके ही घर में रुके थे और मुझे उन्हें करीब से जानने का मौका मिला।

दिनेश ने कहा, हमारी आधुनिक दुनिया की प्रमुख समस्या यह है कि कोई भी एक समुदाय, अन्य सभी समुदायों से काफी नफरत करता है। यह व्यक्तिविषेश रहित घृणा (depersonalized hatred) की वजह से, एक व्यक्ति यह मान लेता है कि इस सामुदायिक घृणा के बारे में वह निजी फैसला नहीं कर सकता । क्योंकि इस घृणा की उत्पत्ति उसके अपने समुदाय की आम सहमति से हुई है। इस तरह की सामुदायिक हिंसा के शिकार हुए व्यक्ति को हम एक खास व्यक्ति विशेष की तरह नहीं देखते हैं ब्लकि वह हमारी घृणा के एक बेनाम पात्र होते है।

यह हिंसा अक्सर राष्ट्रवाद के आधार पर या जाति-भेदों से पैदा होती है, लेकिन कई बार यह धर्म की भिन्नता से भी पैदा होती है। दिनेश जी ने कहा कि हमें अपने अंदर झांकना होगा कि दुनिया की जरूरत, केवल धर्म पर ध्यान केंद्रित करना नहीं है, बल्कि आध्यात्मिकता पर ध्यान केंद्रित करना है। यह केवल हम पर निर्भर करता है कि हम अपने आप को बदलें क्योंकि केवल तब हीं हम दूसरों को बदल सकते हैं।

फिर दीना पटेल ने बात की। उन्होंने कहा कि हिंसा रोकने का सबसे अच्छा तरीका यह है कि इसकी शुरुआत आप स्वयं से करें। उन्होंने एक युवक की कहानी सुनाई, जिसका

चित्रण वियतनाम युद्ध के दौरान किया गया था। उसने महान विज्ञानिक आइंस्टीन को खत लिखा और पूछा कि उसे क्या करना चाहिये। आइंस्टीन ने उसके खत का जबाव यह कहते हुए दिया कि "गांधी की तरह काम करो (Do like Gandhi)"

लड़का परेशान था और उसने आइंस्टीन को दोबारा खत लिखा और पूछा कि इसका क्या मतलब है। आइंस्टीन ने जवाब दिया, "कानून की अवमानना करो (disobey the law)"। वह लड़का तीन साल के लिए जेल गया। उस लड़के का नाम ज़ीन शार्प (Gene Sharp) था, जो अहिंसा के प्रमुख प्रचारकों में से एक था, और जिसके काम ने पूरे विश्व में शांतिपूर्ण क्रांतिओं को प्रभावित किया है।

बातचीत धीरे-धीरे आगे बढ़ी। मैंने कुछ नोट लिखें, तस्वीरें लीं और कुछ खास संक्षिप्त बिंदुओं को ट्वीट करने की कोशिश की, ताकि दुनिया के लोगों की इस कार्यवाही का पता चल सके। मैं इस बात से भी परेशान था कि मैं क्या बोलूंगा, मेरे हाथों में अस्पष्ट लिखावट में लिखे नोट्स थे और मैं उन प्रतिष्ठित इतिहासकारों को देखकर ढ़ाढस बंधा रहा था जिनकी पुस्तकों को मैंने उनके समक्ष घबराते हुए प्रशंसा की थी।

सुषमा अय्यंगार जिन्होंने गुजरात राज्य में ग्रामीण महिलाओं को आत्मनिर्भर बनाने, महिलाओं के प्रति हिंसा के खिलाफ आवाज़ उठाने के लिए एक सक्रिय संगठन का निर्माण किया है। उन्होने महिलाओं के प्रति हिंसा के बारे में बात करते हुए यह कहा कि हम किसी हिंसा पर चुप्पी रख कर, उस हिंसा को न्यायसंगत बना देते हैं। उन्होंने कहा कि हमें हिंसा के कारणों का वर्गीकरण करना होगा, जिनमें हिंसा के कुछ रूप, अन्य तरह के हिंसा के बजाय अधिक गंभीर बन जाते हैं। प्रायः हमलोग यौन उत्पीड़न को, और यहाँ तक कि बलात्कार को भी न्यायसंगत बना देते हैं। लेकिन जब कोई महिला उसके खिलाफ आवाज़ उठाती है तो हम उस पर ही उंगली उठाते हैं, उसके ही आवाज को न्याय असंगत कहते हैं और उसे ही अपराधी करार कर देते हैं।

गांधीजी, हिंसा के खिलाफ की गई हिंसा की प्रतिक्रिया के आलोचक थे। ब्रिटिश राज की ज़बर्दस्त क्रूरता और अत्याचार के बावजूद, और शासन द्वारा अपने ही लोगों के खिलाफ स्थापित हिंसक ढांचे होने के बावजूद, वे सन् 1857 के विद्रोह के आलोचक थे। जब भीषण कलकत्ता हत्याकांड में, और वर्ष 1946 के बिहार में दंगा फैलने के बाद, जब लोगों ने एक-दूसरों को मारना-काटना शुरू कर दिया तो गांधीजी ने तब तक अनशन जारी रक्खा जब तक लोगों ने हिंसा को रोका नहीं। यदि वे हिंसा नहीं रोकते तो वे अपने अंतिम सांस तक अनशन करने के लिए तैयार थे।

"द अफ्रिकन एलिमेंट इन गांधी (The African Element in Gandhi)," के लेखक अनिल नौरिया ने दक्षिण अफ्रीका के कनटेक्स्ट में, हिंसा के इस ढांचा के बारे में लिखा है। रंगभेद का तंत्र, संपूर्ण नस्ल के खिलाफ क्रूर हिंसा के विरोध में, मंडेला जैसे नेताओं ने जनशक्ति को सक्षम बना कर, दमन बल को, अपने बल से टक्कर देने का निर्णय लिया था। हालाँ कि मंडेला अफ्रीका में अन्य नेताओं की भांति गांधी जी के अनुयायी थे।

साबरमती आश्रम के दौरे के नोट्स

गांधी जी अपने अनुयायियों के साथ लगातार बातचीत करते रहते थे कि क्या असहनीय अतिक्रमण के लिए हिंसा आवश्यक थी। नेल्सन मंडेला ने लिखा है कि जब उन्होंने गांधी जी के शब्दों का अध्ययन किया, तो वे इस निष्कर्ष पर पहुंचे कि उन्हें सरल आंदोलन से ज्यादा कुछ करना होगा। इसलिए उन्हें एक अलग तरह की हिंसा का चयन करना चाहिए, और उन लोगों ने तोड़फोड़ (sabotage) के रास्ते को अपनाया जहाँ जानहानि का खतरा कम था।

इसके बाद इला भट्ट ने बाद में भाषण दिया, वे 'सेल्फ-इम्प्लॉयमेंट वीमेन्स एसोसिएशन', जिसमें 13 लाख महिलाए सदस्य हैं, की संस्थापिका हैं। उन्होंने कहा कि शांति आकांक्षात्मक लक्ष्य है। इससे कोई फर्क नहीं पड़ता है कि हम इसे कब हासिल करते हैं या कब कर पाएंगे, हमें इसके लिए हमें प्रयास करते रहना होगा क्योंकि अंधेरा ज्यादा देर तक नहीं रहता है।

इला ने न केवल गांधी की बात की बल्कि मार्टिन लूथर किंग की भी बात की और कहा कि अहिंसा की जड़, हिंसा के न होने में नहीं है, बल्कि यह प्रेम की उपस्थिति में है। किंग ने अक्सर अपने उपदेशों और भाषणों ने इस विषय पर बात की थी कि "घृणा कभी भी घृणा को नहीं मिटा सकती है, सिर्फ प्रेम की भावना ही घृणा को मिटा सकती है"। इला, जो हमेशा लोगों को सोचने पर मजबूर करती है, उनके भाषण के बाद टिप्पणियों का दौर शुरु हुआ और कमरे की भावना यह थी कि हिंसा की जड़े संरचनात्मक है, यह बम और बंदूक से बढ़ कर अब हमारे समाज के ढ़ांचे तक पहुंच गई हैं।

इसके बाद, अनामिक शाह ने भाषण दिया, जो गुजरात विद्यापीठ के उप-कुलपति है, जिसे "गांधी विश्वविद्यालय" के नाम से जाना जाता है और इसकी स्थापना वर्ष 1920 में हुई थी। विश्वविद्यालय सभी शोधों में गांधीवादी मूल्यों को शामिल करने का प्रयास करता है। छात्रों को रूई कातना सीखाता है। शारीरिक श्रम का कार्य स्कूली शिक्षा का एक नियमित भाग है।

प्रोफेसर शाह ने स्वास्थ्य के देखभाल के निरादर और दवाइयों को खरीदने में सक्षम नहीं होने से हुए लोगों की मृत्यु के विषय पर बात की। उन्होंने यह भी बताया कि कैसे इन सबकी जड़ें आर्थिक हिंसा में छिपी हुई हैं, जहाँ निरंतर बढ़ती हुई आर्थिक असमानता की दुनिया में मानवीय जरूरतों का बलिदान हो रहा है।

अनामिक जी ने उदाहरण दिया कि कैसे संपत्ति को पुनः परिभाषित करके, एक सरकार ने स्वास्थ्य हिंसा को कैसे संबोधित किया है। जापान में, पेटेंट प्रणाली को इस तरह संशोधित किया गया है कि अब स्वास्थ्य संबंधित सभी पेटेंट गैर-वाणिज्यिक उपयोग के लिए प्रभावी नहीं हैं। इसका अर्थ है कि यदि कोई सरकार या संस्थान लोगों को देने के लिए दवा का उत्पादन करती है, तो वे ऐसा कर सकते हैं।

यू.एस. के पेटेंट पर लंबे समय तक अपने अध्ययन करने के बावज़ूद मैंने, "ज्ञान के उपलब्धता" को इस प्रकार से अनिवार्य बनाने के नायाब तरीके के विषय पहले कभी नहीं सुना या सोचा नहीं था। मुझे यह अवधारणा बहुत ही रोमांचक लगा। पूरे दिन इस कार्यशाला में इस तरह के अनेक अंतर्दृष्टियाँ मुझे मिलती रही। लोग एक के बाद एक आते रहे, दीर्घ

विचारित ऐतिहासिक कहानियों के साथ, गांधी के दर्शन की समझ के साथ, और हमारी आधुनिक दुनिया के लिए उनकी शिक्षाओं के आवेदन के साथ।

गांधी के प्रमुख इतिहासकारों में से एक प्रोफेसर सुधीर चंद्रा ने हमारी चुनौतियों को संक्षेप में प्रस्तुत किया। उन्होंने उदाहरण दिया कि कैसे दिल्ली के सड़कों का नाम ऐतिहासिक घटनाओं और व्यक्तियों के नाम पर रखा गया था और अब वर्तमान घटनाओं के आधार पर उनका नाम बदलने का चलन चल रहा है। प्रोफेसर चंद्रा इस चलन को "वर्तमान को संजोये रखने वाला समाज (the society for the preservation of the present)" कहा। उन्होंने कहा कि हमें अपने इतिहास को प्राथमिक विद्यालय के छात्र की तरह नहीं देखना चाहिए, जिसे दिन के अभ्यास के बाद मिटा दिया जाता है। हमें हमारे इतिहास को जीवित रखना होगा और इससे सीख लेना होगा।

...

दिन के भोजन के समय, करीब की एक कैंटीन में, पूड़ी सब्जी, ढोकला और छाछ का भोजन करने के बाद हम सब आश्रम लौट गए। मुझसे कुछ टिप्पणियां करने को कहा गया और मैंने इसके लिए साहस इकट्ठा किया। इन टिप्पणियों से कुछ भी दर्ज नहीं किया गया। अगले दिन मेरे पास हाथ से लिखे हुए दो पन्नों का एक नोट था। अब मैं अपने घर अमेरिका वापस आ रहा था, इस 17 घंटों की फ्लाइट के दौरान, मैं "कानून का राज" की अवधारण और "हमारी दुनिया में हिंसा" इन दोनों के बीच के संबंध को समझने का प्रयास करने लगा।

वर्ष 1963 में, जॉन एफ कैनेडी, लैटिन अमेरिकी राजनयिकों के एक समूह को संबोधित कर रहे थे, और उन्होंने उन्हें कहा कि "यदि हम शांतिपूर्ण तरीकों से होने वाली क्रांति को असंभव बना दें तो फिर क्रांति के लिये हिंसापूर्ण रास्ता ही अवश्यसंभावी होगा"।

जॉन एफ कैनेडी, एक पागल आदमी के हिंसक कृत्य से मारे गए थे, लेकिन उनके शब्दों को मार्टिन लूथर किंग ने पांच साल बाद दोहराया, जब उन्होंने वियतनाम युद्ध के बारे में बात की थी। मार्टिन लूथर किंग ने कहा कि वियतनाम युद्ध वियतनामी लोगों के खिलाफ हिंसा का एक चौंकाने वाला क्रूर कृत्य था।

उन्होंने यह भी कहा कि यह यद्ध अमेरिकी लड़कों और लड़कियों के खिलाफ भी हिंसा का एक चौंकाने वाला कृत्य था, जिन्हें एक ऐसा युद्ध को लड़ने के लिए तैयार किया गया था, जो उसे ना तो समझ रहे थे, ना ही उसका समर्थन करते थे। किंग ने जोर दिया कि अमेरिकी राज्य में एक अन्य प्रकार की हिंसा की स्थिति है - यह है संयुक्त राज्य अमेरिका में काले पुरूषों और महिलाओं के खिलाफ हो रही हिंसा।

किंग ने कहा कि हम कैनेडी की बातों के अर्थ को भूल गए हैं। उन्होंने इसे "मान्यताओं में उग्र क्राति (radical revolution in values)" का नाम दिया। उन्होंने कहा कि यदि हम हमारे समाज में हिंसा के मूल कारणों को संबोधित करते हैं, तो हमें साधन उन्मुख समाज से व्यक्ति उन्मुख समाज में जाना होगा। उन्होंने कहा कि हमें अपनी दुनिया को नया स्वरूप देना होगा।

साबरमती आश्रम के दौरे के नोट्स

अाज जिस दुनिया में हम रह रहे हैं इसमें संरचात्मक बदलाव का एक मात्र तरीका है - हमारे राज-काज का तरीका, हमारी कानून व्यवस्था। हम इसे “कानून का राज” को स्थापित करके कर सकते हैं। अमेरिका में गुलामी के अंत की शुरूआत 'द इमैन्सपेशन प्रोक्लेमशन' और संविधान के 13 वें संशोधन के बाद हुई थी।

अमेरिका में, तथाकथित गुलामी की औपचारिक समाप्ति की जगह, तुरंत हीं खेत में बटाईदारी पर फसल लगाने के विरुद्ध हुए संघर्ष ने ले ली। भारत में, किसानों को बटाईदारी पर नील की खेती करने के लिये मजबूर किया गया था, और विदेशों में मजदूरों पर करारनामा (indenture) तंत्र को अपनाया जा रहा था जिसके विरुद्ध महात्मा गांधी दक्षिण अफ्रीका में लड़ाई लड़े चुके थे। भारत में अनैच्छिक दासता का अंत तब हुआ जब अंततः गिरमिटिया नामक क्लिष्ठ तंत्र वर्ष 1917 के ‘इंडियन इमीग्रेशन एक्ट, 1917’ के अधीन आया।

मतदान के अधिकारों के संघर्ष को, केवल मताधिकार के द्वारा ही समाप्त किया जा सकता है। रेसियल सेगरेगेसन (Segregation) को, संयुक्त राज्य अमेरिका में वर्ष 1964 के ‘नागरिक अधिकार अधिनियम (Civil Rights Act of 1964)’ के साथ, और दक्षिण अफ्रीका में रंगभेद की समाप्ति के बाद ही, संबोधित किया जा सका। प्रत्येक संघर्ष के अंत के साथ, एक नए संघर्ष की शुरूआत होती है।

इन समस्याओं को किसी भी तरीके से हमेशा के लिए सुलाझाया नहीं जा सकता है लेकिन हम इन्हें अनवरत संघर्ष के एक अभियान के रूप में देख सकते हैं। विश्व में दासता अब भी मौजूद है। संयुक्त राज्य अमेरिका सार्वजनिक मताधिकार का दावा करता है लेकिन मतदान कर (Poll Tax) की जगह अब ‘मतदान पहचान संबंधी कानून (Voter Identification Laws)’ ने ले ली है, जो न तो अवास्तविक मतदाता धोखेबाजी (voter fraud) को कम करता है बल्कि उल्टे लोगों को, मतदान के लिए हतोत्साहित करता है।

यद्यपि हम लोग अपनी दुनिया को बिलकुल ठीक नहीं बना सकते हैं, हमेशा कोई-न-कोई बाधा हमें मिल ही जायेगी, फिर भी हमें अपने उपलब्ध संसाधनों का प्रयोग करना चाहिए और उनमें जो सबसे शक्तिशाली तरीका है वह है 'कानून का राज' (Rule of Law)। लोकतंत्रिक समाज में हम अपनी सरकार का निर्माण करते हैं। हम लोग अपने नियमों और दायित्वों को परिभाषित करते हैं। हालांकि हमारी सरकार कभी कभार उदासीन और लापरवाह लगती है (और कभी कभी वे सचमुच में उदासीन और लापरवाह हो जाते हैं), लेकिन जब-जब हम अपने स्वामित्व का पुनः दावा करते हैं, और कानून के नियमों का उपयोग करते हैं तब वास्तविक बदलाव की शुरूआत हो जाती है।

'कानून का राज' के तीन सिद्धांत होते हैं। पहला सिद्धांत यह है कि कानून को पहले ही से लिख लेना चाहिए ताकि समय के साथ चलते चलते हम कानून को बनाते न जाएं और किसी पहले किये गये कार्य को, बाद में गैरकानूनी न घोषित कर दें। इस सिद्धांत की अर्थपूर्ण तरीके से व्याख्या, जॉन एड्मस (John Adams) ने की थी उन्होंने अत्यंत पटुता से कहा था कि “हम विधियों के साम्राज्य हैं, न कि इंसानों के राष्ट्र (we are an empire of laws, not a nation of men)”.

इसका दूसरा सिद्धांत यह है कि विधि को सार्वजनिक करना चाहिए। ऐसी दुनिया में जहां पर 'कानून की अज्ञानता' क्षम्य नहीं है ऐसे में ये सिद्धांत स्पष्ट और आसान लगते हैं लेकिन मैंने अपने अनुभव से यह सीखा है कि विधि के सार्वजनिककरण का अक्सर उल्लघंन किया जाता है।

विधि लिखने, और फिर उसे प्रकाशित करने के, ये दो सिद्धांत अनिवार्य तो हैं, लेकिन पर्याप्त नहीं है। हमारे पास ऐसा कानून हो सकता है, जिसमें यह कहा गया हो कि काले रंग के लोग, अमेरिकी दक्षिण में सफेद लोगों के लंच काउंटर पर खाना नहीं खा सकते हैं। हम इसे व्यापक रूप से प्रसारित कर सकते हैं ताकि ये दोनो सिद्धांतों की पूर्णतः तुष्टि हो जाय। लेकिन यह केवल विधि का नियम हुआ, विधि का शासन नहीं है।

तीसरा सिद्धांत यह है कि कानून सामान्य होंगे, वे केवल किसी विशेष व्यक्ति या समूह पर लागू नहीं होंगे। यह कहना कि "भारतीयों और एशियाई मूल के लोग को खुद को पंजीकृत करना होगा, और एक पाउंड पंजीकरण कर देना होगा, और हमेशा अपना पंजीकरण पत्र रखना होगा", 'कानून का राज' का मूलतः उल्लंघन है, और इसी के खिलाफ गांधीजी ने दक्षिण अफ्रीका में सत्याग्रह की लड़ाई लड़े थे।

यह स्पष्ट है कि हमारी आधुनिक दुनिया में अभी भी हिंसा मौजूद है, जिसके विरुद्ध हमें संघर्ष करना होगा, वह हिंसा जिसके बारे में सैम ने बताया था, राज्य की हिंसा, आंतकवाद की हिंसा, अपने पड़ोसी और परिवार के सदस्यों के खिलाफ, लोगों की हिंसा। लेकिन इन शारीरिक हिंसा से परे भी अनेक तरह की हिंसाएं हैं। ग्लोबल वार्मिंग और प्रदूषण के द्वारा हमारे ग्रह पर की जाने वाली शर्मनाक हिंसा है। बीमारियों की हिंसा, पानी की कमी की हिंसा, और उपज आधिक्य के बीच अकाल की हिंसा, भी हमारे बीच हो रही है।

'कानून का राज' के अनुसार, कानून सभी पर समान रूप से लागू होगा, लेकिन वर्तमान समय में ऐसा नहीं है। हमें इसे ठीक करना होगा, लेकिन हमें इससे अधिक और भी काम करने की आवश्यकता है। हमें लोगो के बीच आर्थिक अवसर, और राजनीतिक अवसर की समानता लाने की आवश्यकता है। हमारी सरकारें कैसे काम करती हैं केवल इन्हें बदलकर, और दुनिया को नया रूप देने की कोशिश कर, हम उन समस्याओं के समाधान की शुरुआत कर सकेगें जिनका हम आज सामना कर रहे हैं।

इंटरनेट की हमारी इस दुनिया में, हमें एक और मुद्दे को भी संबोधित करना होगा, और यह है 'ज्ञान तक पहुंचने की समानता' का है। इंटरनेट के प्रमुख वादे के बावजूद, हमने अधिकांशतः ज्ञान को अलग कर एक घिरे वाटिका में छुपा कर रख लिया जहाँ हमें निजी पार्टियों से लाइसेंस लेने की आवश्यकता होती है और तब जाकर हम खुद को उस ज्ञान से शिक्षित कर सकते हैं। 'ज्ञान तक सार्वभौमिक पहुंच' हमारे समय की प्रमुख प्रतिज्ञा है। इस तरह की समानता लाना हमारी पीढ़ी के लिए एक भव्य चुनौती है। यह हमारा लिए एक मौका है जो हम भविष्य के लिये विरासत में छोड़ सकते हैं। हम उस स्तर के लोग बन सकते हैं जो नींव रखते हैं, इसलिए हमें उन सभी प्रश्नों में भाग लेना है जो हमें यह प्रेरित करता है कि हम लोकतांत्रिक तरीके से खुद को कैसे प्रशासित करें।

साबरमती आश्रम के दौरे के नोट्स

...

वर्ष 2016 के अंत में सैम के साथ मेरी यात्रा ने मेरी आंखें खोल दीं। यह मेरे अमेरिका के 10 वर्षों के संघर्ष के विष को हरण करने वाली एक औषधि थी, जहां मुझ पर कानून संबंधी चीजों को पोस्ट करने के लिए मुकदमा चलाया गया था, जिसमें संघीय न्यायाधीशों ने सार्वजनिक सुरक्षा कोड को नहीं बताने के लिए मुझे आदेश दिया था। भारत की इस यात्रा ने मेरी आंखें खोल दी लेकिन मुझे विश्वास भी दिला दिया कि अगर हम संघर्ष करते रहते हैं, तो हम अपनी दुनिया बदल सकते हैं।

गांधी के आश्रम का दौरा, राजस्थान में भाषण, दिल्ली में सांसदों से मुलाकात जैसे इन अनुभवों को मैंने संजोए रखा है। जब मैं पहली बार दिल्ली आया तो मुझे पता था कि यह यात्रा विशेष होने वाली थी। सैम कुछ घंटों पहले वहां पहुंच गए थे। मुझसे एक प्रोटोकॉल अधिकारी विमान के द्वार पर मिले और मुझे सीधे कस्टम्स की प्रक्रिया से ले गये। मैं दिनेश त्रिवेदी के सरकारी बंगले पर पहुंचा और दिनेश से पहली बार आमने-सामने मिला। इसके अलावा एक व्यवसायी मानव सिंह भी वहां मौजूद थे, जो कई विमानन से जुड़े कंपनियों के मालिक हैं, जिनमें एयर एम्बुलेंस सेवा (Self-Employed Women 's Association of India) भी शामिल है, वे दिनेश और सैम के पुराने दोस्त भी हैं। मानव हमें रात के खाने के लिए ताज होटल के जापानी रेस्तरां में ले गए। जैसे ही हमने 'मात्सूतेक (Matsutake)' सूप पिया और 'सुशी' खाया, यकायक ही मदर टेरेसा के विषय पर बात आ गई।

मानव ने टिप्पणी की "ओह! उनमें तो कुछ बात थी!" मैंने पूछा कि क्या वह उनसे मिले थे। मानव मुस्कुराए, और मुझे बताया कि मदर टेरेसा ने उसके नामकरण समारोह की अध्यक्षता की थी। मैंने पूछा कि क्या वह कैथोलिक हैं, और वे हंसने लगे और कहा नहीं, इससे कोई फर्क नहीं पड़ा, वह मेरे परिवार की बेहद पुरानी दोस्त थीं। उसने अपना बटुआ निकाला और एक मुस्कुराती हुई मदर टेरेसा के साथ एक बच्चे के रूप में खुद की तस्वीर दिखाई।

मैं बेहद प्रभावित हुआ। फिर सैम ने कहा "हाँ, वे एक अनवरत काम करने वाली महिला थी. मुझे याद है वह एक बार, प्लेन पर मेरे पास आईं, और कहा सैम आपको यह पढ़ना चाहिये", और उन्होंने सैम को एक कार्ड दिया जिसपर बाइबल के कुछ शब्द लिखे हुए थे। उन्होंने ऐसा कई बार बहुत लोगों के साथ किया है, सैम ने कहा। उनके पास आज भी वह कार्ड है।

मैंने टिप्पणी की थी कि यह वास्तव में काफी उल्लेखनीय है, यहां हम चार लोग डिनर कर रहे थे और उनमें से दो लोग मदर टेरेसा को जानते थे। सैम और मानव ने हंसना शुरू कर दिया।

दिनेश कोलकाता से सांसद हैं, जहां मदर टेरेसा का मुख्यालय था। दिनेश ने मुस्कुराते हुए समझाया कि वह और उनकी पत्नी अपनी छोटी कार में पूरे शहर में मदर टेरेसा के साथ घूमा करते थे। वह सामने की सीट पर बैठी होती थी, जो दिनेश और उनकी पत्नी को ड्राइव करने और कहाँ ड्राइव करना है, ये निर्देश देती थीं। जब वह नोबेल शांति पुरस्कार प्राप्त करने के बाद वापस आ गई, तो दिनेश ने उनके साथ दिल्ली से कोलकाता तक की यात्रा की

और फिर उन्हें उनके घर तक छोड़ने गए। दिनेश ने टिप्पणी करते हुए कहा, “उनके पास अत्यंत दृढ़ इच्छा शक्ति थी”।

डिनर पर मौजूद चार लोगों में से तीन लोग मदर टेरेसा को व्यक्तिगत रूप से जानते थे। इस बात सें मैं बहुत प्रभावित हुआ। भारत से मुझे बहुत कुछ सीखना है। इसके चलते इस सत्याग्रह अभियान की संभावित सफलता पर मेरी आशाएं नवीकृत हुईं। मैं अमेरिका और यूरोप के कानूनी आक्रमण के तहत आई घनघोर निराशा के अंधकार में आशा की किरण दिखाई दी, और भारत में मुझे निराशा के सुरंग के अंत में प्रकाश दिख रहा था। भारत में शायद लोग इस बात को सुने, यह सोंच कर मैंने भारत बार बार आने का संकल्प लिया। मैं ऐसा करना चाहता था क्योंकि न्यायमूर्ति रानडे ने इसे सही तरीके से कहा है कि ‘खुद को शिक्षित करने के लिये, और मेरे शासकों को भी शिक्षित करने के लिए’। ‘ज्ञान तक सार्वभौमिक पहुँच’ हमारे समय का महान संकल्प है और इस संकल्प को वास्तविकता में साकार करना हमारे समय की सबसे बड़ी चुनौती है। मैं अपने प्रयासों में नई जान फूंकनें के दृढ़ निश्चय के साथ मैं भारत यात्रा से अमेरिका लौटा ।

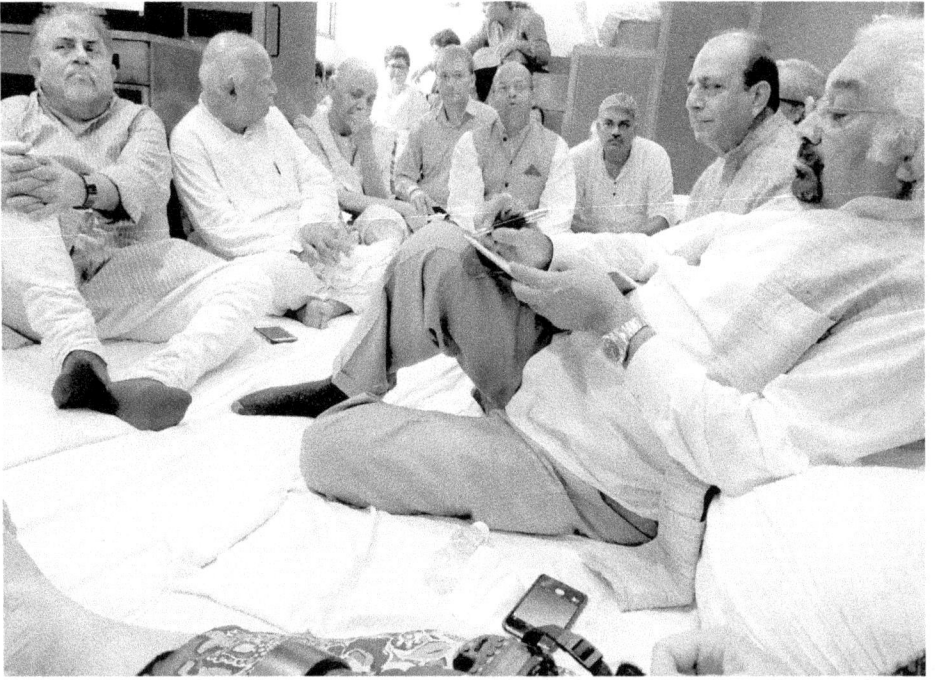

साबरमती आश्रम की कार्यशाला में महत्वपूर्ण बिंदुओं को नोट करते हुए सैम पित्रौदा।

साबरमती आश्रम में नाश्ता करते साराभाई जी (फोल्डर पकड़े हुए)

साबरमती आश्रम में तस्वीर खिंचवाते कार्ल, सैम और दिनेश त्रिवेदी।

कोचरब आश्रम में, सूत कातते छात्र।

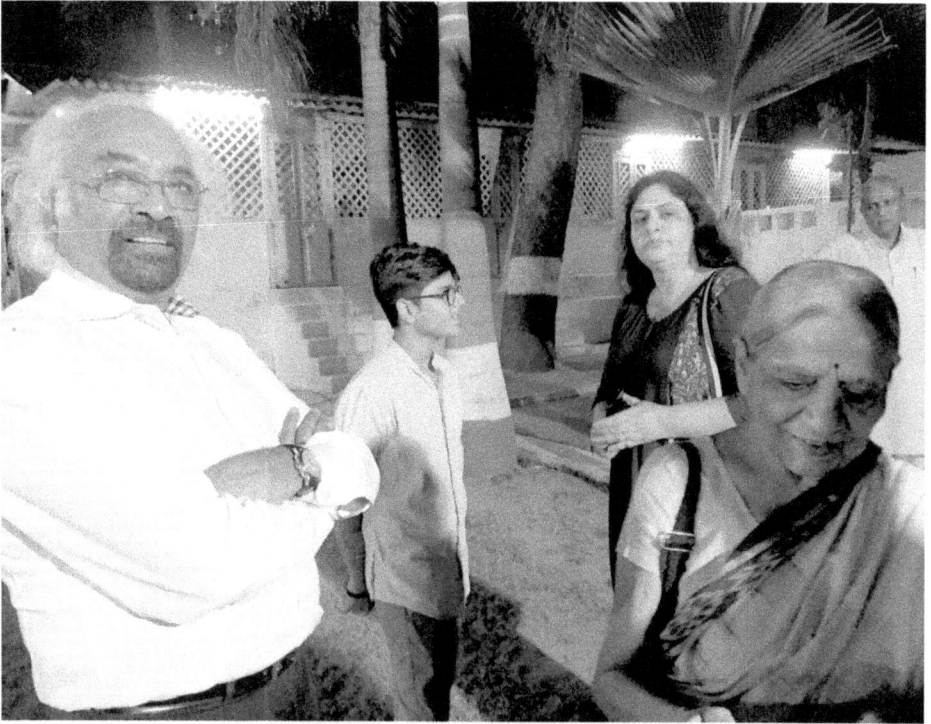

कोचरब आश्रम में गांधी जी के पोस्टकार्डों पर नजर डालती इला भट्ट।

साबरमती आश्रम में इकट्ठा हुए स्कूली बच्चे ।

अमेरिका और भारत में ज्ञान तक सार्वभौमिक पहुंच, डॉ.सैम पित्रोदा की टिप्पणियां

14 जून, 2017, इंटरनेट आर्काइव, सैन फ्रांसिस्को

राजदूत वेंकटेशन अशोक, मेरे दोस्त, कार्ल, जिन्हें मैं अब कई सालों से जानता हूं और जिनके साथ मैंने भारत और अमेरिका में कभी-कभी काम किया है। हमारे मेजबान श्री काहले. देवियो और सज्जनों। नमस्कार।

वास्तव में यह मेरे लिए विशेष सौभाग्य की बात है कि मैं, इस विशेष अवसर पर आपके साथ भारत और अमरीका के बीच ज्ञान के आदान-प्रदान पर बात करूं।

इस परियोजना में मेरी रुचि वास्तव में तब शुरू हुई थी, जब मैं डॉ. मनमोहन सिंह द्वारा संभवतः वर्ष 2006 के मध्य में स्थापित राष्ट्रीय ज्ञान आयोग (Knowledge Commission) की अध्यक्षता कर रहा था। उस समय हम, ऐसे संस्थानों और बुनियादी ढांचे के निर्माण में रुचि रखते थे जिनकी भारत को 21 वीं सदी में, ज्ञान आधारित अर्थव्यवस्था को चलाने के लिये आवश्यकता होती।

हमने अनिवार्य रूप से ऐसी ज्ञान तक अपनी सार्वभौमिक पहुंच पर ध्यान केंद्रित किया, जिसमें पुस्तकालय, नेटवर्क, अनुवाद, सकारात्मक कार्य (Affirmative Action) संबंधी कार्यक्रम, आरक्षण, ब्रॉडबैंड नेटवर्क आदि शामिल थे। हमने प्राथमिक विद्यालय से लेकर माध्यमिक विद्यालय, व्यावसायिक विश्वविद्यालयी शिक्षा, चिकित्सा शिक्षा, दूरस्थ शिक्षा, ओपन कोर्सवेयर, शिक्षकों के प्रशिक्षण जैसी सभी प्रकार की शिक्षा पर विचार किया।

तब हम ज्ञान के सृजन, ज्ञान के सृजकों, और ज्ञान के सृजन की विधि पर भी विचार करते थे। इसके साथ-साथ हमने कृषि, स्वास्थ्य, और छोटे और मध्यम स्तर के उद्योगों में बौद्धिक संपदा (Intellectual Property), पेटेंट्स, कॉपीराइट, ट्रेडमार्क और ज्ञान के अनुप्रयोग (Application) पर भी विचार किया। अंततः शासन में ज्ञान की भूमिका पर भी विचार किया। इस पहल के परिणामस्वरूप, हमने नेशनल नॉलेज नेटवर्क का निर्माण किया।

हमने पर्यावरण, ऊर्जा, जल, शिक्षकों के प्रशिक्षण के लिए कई पोर्टल तैयार किए हैं। इसके पश्चात अंततः हमने महात्मा गांधी पर एक विशाल पोर्टल तैयार किया।

जब मैं 10 साल का था तब मैने एक गांधीवादी स्कूल में दाखिला लिया था। हमें रोज़ाना के जीवन में गांधीवादी मूल्यों के बारे में बताया जाता था। ओड़िशा में रहने वाले एक गुजराती परिवार होने के नाते, मेरे माता-पिता का गुजरात से जुड़ने या यूं कहे कि गुजराती पहचान के एक मात्र साधन थे गांधी। हम गांधीजी को, अपने विचारों में और दैनिक कार्यों में हमेशा बनाए रखते थे।

लगभग उसी समय, जब हम गांधी पोर्टल पर काम कर रहे थे, मैंने कार्ल के काम को देखा था, और हम एक दूसरे से जुड़ गए। कार्ल का यह मिशन था, सरकारी दस्तावेजों से मानकों को लेना और फिर उसे इंटरनेट पर ड़ालना। मैंने सोचा कि यह एक बहुत ही महत्वपूर्ण पहल है, लेकिन हर बार कार्ल ने ऐसा करने की कोशिश की, उनपर सरकारों द्वारा कोर्ट केस किए गए।

सभी सरकारों का मानना है कि सरकारी मानक, चाहे वह सुरक्षा, अग्नि सेवा (Self-Employed Women 's Association of India), या बिल्डिंग कोड ही क्यों न हों, ये सभी सरकार की संपत्ति हैं। वे कहते हैं कि कार्ल, इन सभी दस्तावेजों को इंटरनेट पर डालकर, बौद्धिक संपदा (Intellectual Property) के कानूनों का उल्लंघन कर रहे हैं।

जब मैंने इसके बारे में सुना, तो मैं और अधिक उत्तेजित हो गया, क्योंकि मेरे लिए, यह सत्याग्रह का एक गांधीवादी तरीका था। मैंने कहा, “कार्ल, हमें यह लड़ाई लड़ने की आवश्यकता है। वे कानूनी तौर पर सही हो सकते हैं, लेकिन वे नैतिक तौर पर गलत हैं। ”

[हर्षध्वनि]

वास्तव में ये सभी मानक लोक सुरक्षा और लोक हित के लिये हैं। फिर आप आम आदमी को इन मानकों तक पहुंचने की अनुमति क्यों नहीं देते हैं? मुझे अपने घर में बिजली की वायरिंग के मानकों को क्यों खरीदना पड़ता है? जबकि मुझे पता है कि खराब तारों से आगजनी का खतरा हो सकता है?

सरकार आपको ऐसा करने की अनुमति नहीं देती। कार्ल को अमेरिका, जर्मनी, भारत और आप कह सकते हैं पूरे विश्व में अदालती मुकदमों का सामना करना पड़ रहा है।

हमारा काम मुख्य रूप से इसके लिए नैतिक आधार पर लड़ाई लड़ना है कि यह सार्वजनिक जानकारी है और इसे सार्वजनिक किया जाना चाहिए, और किसी को भी सरकार के इन पुराने, अप्रचलित (obsolete) कानूनों को नहीं मानना चाहिए।

जब मैं, इंटरनेट और इंटरनेट के सामर्थ्य को देखता हूं, तो मुझे लगता है कि इंटरनेट द्वारा उपलब्ध अवसरों और ज्ञान के क्षेत्र में हमारी सोच बहुत पिछड़ी है। भारत में अनेक अवसर पर मैने कहा कि हमारे पास 19वीं शताब्दी की मानसिकता (mentality) है, 20वीं सदी की प्रक्रियाएं (processes) हैं, और 21वीं सदी के सूचना युग (information age) के सुअवसर हैं।

कार्ल, इन मानकों को जनता की नजर में लाने का प्रयास कर रहे हैं जिससे की क़ानून को बदला जा सके।

जहां भी आप देखते हैं, आप पाएंगे कि सभी प्रक्रियाएं पुरानी हैं। हम यह नहीं पाते हैं कि कोई भी इन पुरानी प्रक्रियाओं के विरुद्ध खड़ा होकर कह रहा हो कि “ इसे बदलना चाहिए

डॉ.सैम पित्रोदा की टिप्पणियां

और हमें नई प्रक्रियाओं की आवश्यकता है"। कुछ बदलाव तो हो रहा है, लेकिन जिस गति से होनी चाहिए उस गति से नहीं हो रहा है।

जब हम ज्ञान अर्थव्यवस्था को देखते हैं तो हम अनुभव करते हैं कि ज्ञान वास्तव में भविष्य के लोकतंत्र का चौथा स्तंभ है। आज, लोकतंत्र के तीन स्तंभ हैं: कार्यपालिका, न्यायपालिका, और विधायिका।

हम आश्वस्त हैं कि ज्ञान और सूचना भविष्य के लोकतंत्र की कुंजी है। यद्यपि इस संदेश को प्रभावी ढंग से बड़ी संख्या में लोगों को नहीं पहुंचाया गया है। आज, एक तरफ, हमारे पास वे सभी कानून हैं जो अभाव की अर्थव्यवस्था economy of scarcity) पर आधारित हैं, जबकि हम एक ऐसी दुनिया में रहते हैं जहां हमारे पास प्रचुरता की अर्थव्यवस्था (economy of abundance) है।

उदाहरण के लिये, भारत में हम पर्याप्त मात्रा में खाद्य पदार्थ का उत्पादन करते हैं। बहुत ज्यादा समय पहले की बात नहीं है, जब दुनिया के लोग कहा करते थे कि भारत 60 करोड़ लोगों को नहीं खिला पाएगा। भारत को बास्केट केस (अन्न के लिए झोली पसारने वाला देश) माना जाता था। पर आज न केवल भारत 120 करोड़ लोगों को खाना खिला सकता है, बल्कि भारत के पास अतिरिक्त अनाज भी है। ऐसे समय में भी, लगभग 20 करोड़ लोग भारत में भूखे हैं क्योंकि हमने माल संभार (logistics) के लिये सूचना प्रौद्योगिकी का सही इस्तेमाल नहीं किया ताकि सही समय पर सही लोगों को रसद प्राप्त हो जाय।

ये ऐसी चुनौतियां हैं जिनके लिए नई मानसिकता और नई सोच की आवश्यकता है।

यह सचमुच मुझे उस दिशा में ले जाता है, जहाँ मैं कुछ समय से काम कर रहा हूं। मेरा मानना है कि दुनिया को अनिवार्य रूप से पुनः डिज़ाइन करने की आवश्यकता है।

कार्ल और मैं, लगभग दो वर्षों से इस पर बात करते आ रहे हैं। दुनिया को पिछली बार अमेरिका ने द्वितीय विश्व युद्ध के बाद डिज़ाइन किया गया था जब विश्व बैंक, आई.एम.एफ, नाटो, डब्ल्यू.टी.ओ, जी.डी.पी, जी.एन.पी, वैयक्तिक आय, भुगतान संतुलन, व्यापार घाटा, आदि जैसे संकेतकों/सूचकों के आधार पर तैयार किया गया और देखा जाने लगा।

उस डिजाइन को तैयार किए जाने के कुछ ही वर्ष बाद, 20 साल की छोटी अवधि में ही दुनिया से उपनिवेशवाद समाप्त हो गया। चीन के शासक देंग ज़ियाओ पिंग ने कहा कि, "मैं पूंजिवाद और साम्यवाद को जोड़ रहा हूँ"। सोवियत संघ में गोर्बाचेव आए और वे सोवियत संघ की जरूरतों के एकदम विपरीत बोले। वे अपने प्रयोग में असफल रहे, लेकिन वे बहुत से छोटे छोटे देशों की ऊर्जा को रिलीज करने में सफल रहे।

सभी लोग लोकतंत्र, स्वतंत्र बाजार, पूंजीवाद, मानवाधिकारों की सम्मान की आकांक्षाओं के साथ आये, जो दुनिया के पुराने डिजाइन की बुनियादी मान्यताएं थीं। वह डिजाइन अमेरिका के लिए बहुत अच्छी तरह से काम किया है। यह ऐसी मान्यताएं हैं, जो विश्व के

कई देशों के लिए वांछनीय मानक और व्यावहारिक नहीं हैं - एक शब्द में कहा जाय तो ये पुराना डिज़ाइन 'सार्वभौमिक' नहीं है।

सूचना (Information) हमें एक नया डिजाइन तैयार करने का अवसर प्रदान करती है जो मानव की जरूरतों पर, नए आर्थिक मापदण्डों पर, अर्थव्यवस्था के पुनर्जनन (regeneration) पर, पर्यावरण पर, खपत के बजाय संरक्षण/संवर्धन पर, और अन्ततोगत्वा अहिंसा पर, ध्यान केंद्रित करती है।

[ताली]

और फिर यह कार्य भी गांधीवादी विचारों से संबंधित है। मेरा मानना है कि इतिहास की तुलना में, गांधीवादी विचार आज की दुनिया के लिए अधिक प्रासंगिक हैं।

इंटरनेट के माध्यम से, हम वास्तव में गांधीवादी विचारों के साथ बड़ी संख्या में युवाओं तक पहुंच सकते हैं। नई तकनीक और संभावनाओं के साथ, दुनिया में सभी चीजों के साथ, लड़ाई का कोई कारण ही नहीं है, क्योंकि अगले 20 सालों में बहुत कुछ परिवर्तन होने वाला है - मसलन, मनुष्य की औसत आयु, उत्पादन, भोजन, परिवहन, संचार, चिकित्सा, पर्यावरण, ऊर्जा, इन सभी में क्षेत्र में खासा परिवर्तन होने वाले हैं।

ये सभी बदलाव हमारे समाज के पुनर्गठन का एकदम नया तरीका प्रदान करेगा।

दुनिया को नया स्वरूप देने के बारे में आज बहुत कम बातचीत होती है। हर कोई पुराने डिजाइन में ही फंस कर रह गए हैं। सभी का मानना है कि हमें अमेरिका की नकल करनी चाहिए, और हमें वही करना चाहिए जो 70 साल पहले अमेरिका ने किया था। मैं, उन लोगों में से एक हूं जो यह मानता हूं कि यह डिजाइन अब एकदम नहीं काम करता है।

मैं, यह सोचता हूं कि कार्ल, इंटरनेट आर्काइव, और अन्य सभी लोग एक प्रकार से सूचना को लोकतांत्रिक करने, लोगों को सशक्त बनाने, उन्हें अपने भविष्य पर अधिक अधिकार देने, उन्हें अपने लोकतंत्र में भाग लेने के लिए सहायता कर रहे है।

आज, कई देशों में, लोकतंत्र मौजूद है, फिर भी कोई कार्य करने के लिये बहुत ज्यादा आजादी नहीं है।

इंटरनेट आर्काइव और इंटरनेट, इन दस्तावेजों को, बड़ी संख्या में लोगों तक पहुंचा रहे हैं, इसे उपलब्ध करा रहे हैं कहीं भी, किसी भी समय पर, और वह भी मुफ्त में, जो वास्तव में दुनिया के भविष्य के लिए एकदम भिन्न आयाम प्रदान करता है।

मैं, संभावना को लेकर बहुत उत्साहित हूं। मैं भी इसमें शामिल होना चाहता हूं। मुझे खुशी है कि आज मुझे यह अवसर प्राप्त हुआ है कि मैं, कार्ल के साथ हूं।

डॉ.सैम पित्रोदा की टिप्पणियां

कार्ल और मैं पिछले साल 2 अक्टूबर को भारत गए थे। हमारे गांधी आश्रम में एक बड़ा आयोजन था, जहां मैंने लगभग 100 लोगों की एक बैठक बुलाई थी।

हम सभी ने एक दिन इस बात पर विचार करते हुए बिताया कि हम गांधीवादी विचारों को कैसे बाहर ला सकते हैं? हम कैसे घरों, समुदायों, शहरों, राज्यों, देशों, और देशों के बीच अहिंसा की बाते फैला सकते हैं?

दुर्भाग्य से, दुनिया में, अहिंसा पर शायद ही कोई संस्था हैं। मेज पर शांति की चर्चा करने वाले सभी लोग मूल रूप से सैन्यबल से हैं। अहिंसा में उनकी कोई रुचि नहीं है। अहिंसा कभी भी सिखायी नहीं जाती है।

मैं शिकागो मे रहता हूं। मैं 53 वर्षों से शिकागो में रह रहा हूं। मैं, आपको बता दूं कि सारी तकनीक और संपदा, सभी विशेषज्ञता के साथ, शिकागो 53 वर्षों में बिल्कुल भी नहीं बदला है। शिकागो में हर तरफ, पहले से कहीं ज्यादा गोलीबारी होती है।

इस सबके पीछे कोई भी कारण नहीं है।

आप यह जानकर हैरान होंगे कि अमेरिका में, आबादी के लगभग एक प्रतिशत लोग जेल में है। प्रति सैकड़ों के हिसाब से देखा जाय तो सबसे ज्यादा संख्या में कैदी अमेरिका में है। मुझे बताया गया है कि विश्व औसत के हिसाब से, प्रति हजार में एक व्यक्ति कैदी है जब कि अमेरिका में प्रति सौ व्यक्ति में से एक कैदी है, जो हमारी सोच से परे है।

मुझे लगता है कि सूचना प्रौद्योगिकी के माध्यम से जो भी आज हम करते हैं उसके ज्ञान को, बड़े स्तर पर प्रसार करने की आवश्यकता है। उन्हें सही साधन से लैस करें, और यहां हम यही करने का प्रयास कर रहे हैं।

भारत से 5,00,000 किताबें लेना और इसे इंटरनेट आर्काइव पर ड़ालना एक बड़ा काम है। मुझे पता है कि गुजराती, बांगला, ओड़िया, तमिल, हिंदी में भारतीय भाषाओं में कई महान किताबें हैं, जो दुनिया के पाठकों को पढ़ने के लिए नहीं मिल पाती हैं।

उन्हें यह भी पता नहीं है कि यह साहित्य सार्थक है। हर बार जब लोग साहित्य के बारे में बात करते हैं, तो यह केवल अंग्रेजी साहित्य के बारे में ही होती है। तमिल साहित्य के बारे में तो कोई सोचता भी नहीं है।

दो महीने पहले, मैं अपने एक दोस्त से मिला। उन्होंने कहा कि उन्होंने तमिलनाडु के पुस्तकालय में एक किताब देखी, जो 600 वर्ष पुरानी थी, जहां उन्होंने बच्चे के पालन-पोषण पर एक अध्याय पढ़ा। उन्होंने कहा कि यदि मैं उस अध्याय का अनुवाद आज अंग्रेजी में करूं तो आज के सभी डाक्टर अचम्भित हो जायेंगे, लेकिन किसी तरह यह साहित्य खो गया है क्योंकि यह स्थानीय भाषा में है।

हमें मशीनी अनुवाद की क्षमताओं की आवश्यकता है जो इन विभिन्न भाषाओं में से बहुत अच्छी किताबें ला सकते हैं और इसे अंग्रेजी में अनुवाद कर सकते हैं। कार्ल ने कुछ ऐसा करने की कोशिश की है। उनहोंने भारतीय भाषाओं की कुछ पुस्तकों को इंटरनेट आर्काइव पर ड़ाला है, जो एक बेहतरीन योगदान है। यह एक अच्छी शुरुआत है, और मुझे आशा है कि अन्य भारतीय भाषाओं की अधिक से अधिक पुस्तकें, इंटरनेट आर्काइव पर उपलब्ध होंगी।

कार्ल, मैं आपकी इस कड़ी मेहनत के लिए आपको धन्यवाद देता हूं, आप ने जो किया है, हम उसकी सराहना करते हैं। मेरा मानना है कि आप हमें इंटरनेट आर्काइव के बारे में थोड़ा और अधिक जानकारी देंगे। आपके द्वारा ड़ाली गई सभी पुस्तकें, और जो कुछ भी हो रहा है, उसके बारे में हमें थोड़ा और शिक्षित करेंगे।

मुझे यहां, इंटरनेट आर्काइव पर होने की खुशी हो रही है। यह वास्तव में एक मंदिर में आने की तरह है। यह मेरे लिए बहुत मायने रखता है, क्योंकि यह ज्ञान का मंदिर है। मुझे इसके बारे में पता नहीं था। मैंने इसके बारे में पढ़ा था। मैंने कार्ल से इस बारे में सुना था, लेकिन मैं यहां आकर बहुत खुश हूं।

मैं आशा करता हूँ कि मैं यहां अनेक बार आऊं, और इसमें भाग लूं और आप सबके साथ काम करूं, और वास्तव में यहां क्या हो रहा है, इसके बारे में थोड़ा सीखूं। इसके साथ ही साथ, एक बार फिर, मैं यहां आने के लिए आप सभी को धन्यवाद देना चाहता हूं।

मैं पैनल पर अपने सहयोगियों को धन्यवाद देना चाहता हूं। मैं कुछ प्रमुख लोगों के नामों का उल्लेख करना चाहता हूं, क्योंकि वे मेरे करीबी दोस्त और परिवार हैं, और यहां मौजूद हैं। मुझे खुशी है कि इसकी शुरुआत मैं, यहां उपस्थित अपनी पोती, आरिया से करता हूँ।

[ताली]

यह पहला अवसर है जब उसने मुझे व्याख्यान देते हुए सुना है। वह हमेशा मुझसे कुछ पूछती रहती है। इस बार भी उसने मुझसे कहा, "दादा" (पिताजी के पिताजी अर्थात पितामह को कहते हैं), "आप किस बारे में बात करने जा रहे हैं?" मैंने कहा, "मुझे पता नहीं।"

उसने पुछा, "क्या आपने नोट तैयार किए हैं?" मैंने कहा, "नहीं"

[हंसी]

उसने कहा, "क्या आप भारत में अपने टेलीफोन संबंधी कार्य पर बात करने जा रहे हैं?" मैंने कहा, "नहीं।"

तब उसने फिर से पूछा और कहा, "लेकिन फिर आप किस बारे में बात करने जा रहे हैं?" मुझे खुशी है कि वह यहां मौजूद है।

डॉ.सैम पित्रोदा की टिप्पणियां

मेरी बेटी भी यहां है, और जब मैं सार्वजनिक सभा में भाषण देता हूं, तब मैं उसके बारे में सोचता हूं कि कैसे मैं उसे खुश करूं। यदि मैं अच्छा भाषण नहीं देता, तो वह मुझे बताएगी कि, "पिताजी, यह अच्छा नहीं था।"

[हंसी]

मेरी पत्नी और मेरी बहु भी यहां है। मेरा एक करीबी दोस्त, भारतीय संसद के सदस्य, दिनेश त्रिवेदी, यहां अपने परिवार, उनकी पत्नी और उनके पुत्र के साथ मौजूद हैं।

[ताली]

मेरे एक और मित्र, रजत गुप्ता भी यहां हैं। यहां आने के लिए उनका धन्यवाद।

[ताली]

अंत में, मेरे एक और मित्र, निशीथ देसाई, और उनका पूरा परिवार मुंबई से यहां आया है। धन्यवाद, निशीथ भाई।

और यहां आने के लिए आप सभी का धन्यवाद, और हमें मेजबानी करने देने के लिए भी धन्यवाद।

जून 2017, के कार्यक्रम के आयोजन और इस अवसर को चिह्नित करने के लिए, गांधी के पोस्टर भवन के बाहर स्थापित किए गए थे। डेविड ग्लेन रीनहार्ट द्वारा ली गई फोटो।

समोसे, नान, आम की लस्सी और मुंबई से मंगाए गए अचार और मसालेदार ड्राय फ्रूट्स परोसे गये। डेविड ग्लेन रीनहार्ट द्वारा ली गई फोटो।

इंटरनेट आर्काइव में, दिनेश त्रिवेदी (बाएं) इस कार्यक्रम से, पहले अचार और समोसे का आनंद ले रहे हैं। डेविड ग्लेन रीनहार्ट द्वारा ली गई फोटो।

ब्रिवस्टर काहले *(Brewster Kahle)* और सैम पित्रोदा इस आयोजन से पहले बातचीत करते हुए। डेविड ग्लेन रीनहार्ट द्वारा ली गई फोटो।

दिनेश त्रिवेदी और उनका परिवार भाषण को सुन रहे हैं। डेविड ग्लेन रीनहार्ट द्वारा ली गई फोटो।

इंटरनेट आर्काइव में, कार्यक्रम के खत्म होने के बाद, आम की लस्सी का आनंद लेते हुए। डेविड ग्लेन रीनहार्ट द्वारा ली गई फोटो।

इंटरनेट आर्काइव में, माननीय राजदूत वेंकटेशन अशोक, पूजा की घंटी के महत्व को समझाते हैं। डेविड ग्लेन रीनहार्ट द्वारा ली गई फोटो।

इंटरनेट आर्काइव, जो ज्ञान का एक मंदिर है जो एक परिवर्तित चर्च में स्थित है, उसके लिये 20 पाउंड के पूजा की घंटी भेंट करने के कार्यक्रम की अध्यक्षता करते हुए, राजदूत अशोक। एडेविड ग्लेन रीनहार्ट द्वारा ली गई फोटो।

भारत और अमेरिका में ज्ञान तक सार्वभौमिक पहुँच, कार्ल मालामुद की टिप्पणियां

14 जून, 2017, द इंटरनेट आर्काइव, सैन फ्रांसिस्को

धन्यवाद सैम। मुझे खुशी है कि मैं, सैम के साथ अक्टूबर में उस समय जुड़ा जब वे भारत में जगह जगह पर बुद्धिउत्तेजक (brainstorming) भाषण देने के दौरे पर थे। हमने गांधी जी के जन्मदिन पर साबरमती आश्रम में व्याख्यान दिये। इंस्टिच्यूशन ऑफ इंजीनियर्स में, मायो बॉयज कॉलेज, और राजस्थान केन्द्रीय विश्वविद्यालय में भी भाषण दिए। वे जहाँ भी गए वहाँ उनके प्रशंसकों की भीड़ थी। गांधी आश्रम में जब हम कार से बाहर निकले तो लगभग 100 लोगों ने सेल्फी लेने के लिए उन्हें घेर लिया था।

वे पिछले 50 वर्षों से भारत सरकार को अपना योगदान दे रहे हैं, जिसमें सभी गांवों तक टेलिफोन पहुँचाने से लेकर, हाल ही में प्रधानमंत्री को फूड बैंक बनाने की, और अन्य कई अन्य चीजों की सलाह देना भी शामिल है। आज की रात हमें अपना समय देने के लिये आपको शुक्रिया।

मैं, अपना समापन विचार देने से पहले उन लोगों को धन्यवाद देना चाहूँगा जिनके प्रयासों से और जिनके कन्धों पर खड़े होकर हमलोग यहां तक पहुंचे हैं। डिजिटल लाइब्रेरी ऑफ इंडिया की स्थापना, 'कारनेगी मेलन विश्वविद्यालय' के और मिलियन पुस्तक परियोजना (Million Books Project) के अग्रदूत प्रोफेसर राज रेड्डी और डीन ग्लोरिया सेंट. क्लेयर (Dean Gloria St. Clair) के प्रयासों के बिना संभव नहीं था।

भारत में डिजिटल लाइब्रेरी ऑफ इंडिया परियोजना के अध्यक्ष प्रतिष्ठित कंप्यूटर वैज्ञानिक प्रोफेसर नारायणस्वामी बालाकृष्णन हैं। डिजिटल लाइब्रेरी ऑफ इंडिया अब भारत सरकार की परियोजना बन चुकी है और देशभर में इसके 25 स्कैन केंद्र हैं। यह एक बड़ा उपक्रम है।

लाइब्रेरी में स्कैन की गई 5,50,000 पुस्तकें हैं, और इंटरनेट आर्काइव में 4,00,000 से अधिक स्पिनिंग उपलब्ध हैं। हम इस परियोजना से जुड़ कर काफी प्रसन्न हैं।

यदि हम भारतीय भाषाओं की बात करें तो इस संग्रह को उत्कृष्ट माना जा सकता है। इसमें 45,000 से अधिक पुस्तकें हिंदी में, 33,000 संस्कृत में, 30,000 बंगला में, और अन्य कई भाषाओं में है। इसमें कुल 50 विभिन्न भाषाओं की पुस्तकें मौजूद हैं।

जब इंटरनेट आर्काइव पर पुस्तकों को डाला जाता है, तो वे पी.डी.एफ फाइलों के अलावा ओ.सी.आर के माध्यम से भी गुजारा होता है।

साथ ही इन पुस्तकों को ऐसे प्रारूपों में बदला जाता है, जिससे पाठक अपने ई-रिडर, किंडल और टैबलेट पर भी इसे पढ़ सके। इस तरह उन्नत तकनीक का प्रयोग करके वे इस

संग्रह में किताब खोज सकते हैं, और किताबों के अंर्तगत दी गई चीजों को भी खोज सकते हैं।

हमने इस पुस्तक के संग्रह में मेटाडाटा को सुधारने की कोशिश की है। हमारा एक इंजीनियर इंटरनेट आर्काइव पर शीर्षकों, रचनाकार और अन्य मेटाडाटा फिल्ड के अस्पष्ट मिलानों का परीक्षण करता रहा है। इसके साथ ही प्रत्येक पुस्तक को आई.एस.बी.एन (ISBN) संख्या और ओपन लाइब्रेरी कार्ड कैटलॉग से लिंक करता है।

डिजिटल लाइब्रेरी ऑफ इंडिया के प्रत्येक इकाई के निचले हिस्से में 'समीक्षा' के लिए स्थान पायेंगे। अलबर्टा विश्वविद्यालय के प्रतिष्ठित संस्कृत के विद्वान प्रोफेसर डोमिनिक वुज़ास्टिक (Dominik Wujastyk) उस स्थान का प्रयोग, अपनी जानकारी वाली दर्जनों पुस्तकों के उपयुक्त मेटाडाटा को जोड़ने के लिए कर रहे हैं।

आप भी वही काम कर सकते हैं। उदाहरण के लिए यदि आप गुजराती बोलते हैं तो आप 13,000 गुजराती के मूल पाठों को देखें और उनकी समीक्षा वाली स्थान को देखें और हमें यह बतायें कि क्या ये उपयुक्त शीर्षक या लेखक सही है या हमने यह सब गलत किया है। हमें आपकी सहायता चाहिये।

'हिंद स्वराज' इसका दूसरा संग्रह है, यह ऐसी परियोजना है जिसे करने में हमें बहुत आनंद आया। इस परियोजना का शुभारंभ तब हुआ जब मैं कुछ समय पहले सैम से मिलने गया। जब हम बातचीत कर रहे थे, तो उसने अपना लैपटॉप निकाल कर पूछा कि “क्या आपके पास पेनड्राइव है?”

मैंने उन्हें एक यू.एस.बी ड्राइव दिया, और हम बातचीत करते रहे। उन्होंने मुझे नौ गीगाबाइट की पी.डी.एफ फाइल दी। मेरे पूछने पर उसने बताया कि “महात्मा गांधी के संकलित कार्यों के 100 खंड, इस नए इलेक्ट्रॉनिक संस्करण में है”। सुनकर मैं आश्चर्यचकित हो गया था।

संकलित कार्यों के 100 खंडों का सृजन साबरमती आश्रम में खासकर, दीना पटेल द्वारा किया गया था। उन्होंने स्वयंसेवकों के साथ मिलकर, वर्षों के श्रम के बाद महात्मा गांधी के कार्यों का स्थायी इलेक्ट्रॉनिक संस्करण तैयार किया। वास्तव में यह एक बड़ी उपलब्धि है। फिलहाल वह इन 100 खंडों के हिंदी संस्करण तैयार करने के लिए संसाधनों को इकठ्ठा कर रही हैं। मुझे उस समय का इंतजार है जब वह यह काम कर लेंगी। उनके साथ काम करना मेरे लिए सौभाग्य की बात है।

मैंने इस संकलित कार्य को पोस्ट किया और नेट पर इसी तरह के अन्य कार्यों को खोजना प्रारंभ किया। मुझे सरकारी सर्वर पर जवाहर लाल नेहरू का पूरा कार्य मिला लेकिन उसकी रूप-रेखा सही नहीं थी। मैंने उसे पी.डी.एफ फाइल में संकलित किया। उनमें तीन खंड नहीं थे। मैंने उनमें से दो को ढूंढा और उसे स्कैन करके क्रमबद्ध किया। हमने 78 खंडों में से लगभग 77 को पूरा कर लिया है।

इसी प्रकार, सरकारी वेब सर्वर पर डॉ. भीमराव अंबेडकर के कार्यों के भी 20 खंड थे। मुझे यह बताते हुए अत्यंत प्रसन्नता हो रही है कि हमने उन छह खंडों को जोड़ कर इस संकलन को पूरा कर लिया है, जो पहले उपलब्ध नहीं थे। अब यह सेट पूरा हो गया है।

यह संकलन अनेक पुस्तकों से अधिक है। गांधी जी द्वारा आकाशवाणी में दिए गए भाषणों की 129 ऑडियो फाइलें भी इसमें शामिल हैं। मैंने उन ऑडियो फाइलों में से प्रत्येक के अंग्रेजी अनुवाद या रिपोर्ट, संकलित कार्य से निकाला है और उन्हें इस इकाई में शामिल कर लिया है। भाषणों को सुनने के बाद उसके अनुवाद को भी पढ़ा जा सकता है। साथ ही गांधी जी ने पिछले और अगले दिन क्या कहा था, यह जानने के लिए संकलित कार्य पर क्लिक कर सकते हैं। अपने जीवन के अंतिम वर्षों में उन्होंने जो सार्वजनिक भाषण दिए थे उन्हें इसके द्वारा जाना जा सकता है।

गांधीजी की ऑडियो फाइलों के अलावा, इसमें नेहरू, रबींद्रनाथ टैगोर, राजीव गांधी, इंदिरा गांधी, नेताजी सुभाष चंद्र बोस, प्रोफेसर राधाकृष्णन, सरदार पटेल आदि के भी अनेक ऑडियो फाइलें हैं।

मेरी खुशी का एक और कारण यह है कि इस संकलन में वर्ष 1988 में दूरदर्शन पर चलाया जाने वाले कार्यक्रम 'भारत एक खोज' की सभी 53 एपिसोड भी हैं। इसके अलावा 'भारत एक खोज' एक असाधारण किताब है। नेहरू जी ने कहा है कि यह पुस्तक उन्होंने जेल में लिखी थी।

इसके सभी 53 एपिसोडों के उपशीर्षक (सबटाइटल्स-subtitle) अंग्रेजी में हैं और हमने हैदराबाद की एक स्टार्टअप कंपनी, ई-भाषा लैंग्वेज सर्विसेज़ (E-Bhasha Language Services) के साथ मिलकर इस पर काम किया है। इसके गांधी और रामायण के छह एपिसोडों के सबटाइटल्स अब केवल अंग्रेजी भाषा में ही नहीं हैं बल्कि हिंदी, उर्दू, पंजाबी और तेलगु भाषाओं में भी उपलब्ध हैं। हमारी यह आशा है कि सभी 53 एपिसोडों के सबटाइटल्स विभिन्न भाषाओं में हों जिससे कि भारत का इतिहास, भारत और विश्वभर के स्कूली बच्चों के लिए उपलब्ध हो सकेगा।

हमारे पास भारत से संबंधित दो और संसाधन हैं।

सबसे पहले मुझे सूचना मंत्रालय के सर्वर पर ऐसे 90,000 चित्र मिले, जिन्हें सार्वजनिक रूप से देखा जा सकता था, लेकिन उनके देखने के तरीके सहज नहीं थे। मैंने उन्हें निकाला और उनमें से ऐसे 12,000 चित्र को चुना, जिनकी गुणवत्ता ज्यादा अच्छी थी और उनका ऐतिहासिक महत्व था और उन्हें श्रेणीबद्ध करके 'फ्लिकर (Flickr)' पर डाला। यदि आप रेलगाड़ी, मंदिरों, ग्रामीण भारत , क्रिकेट या नेहरू और इंदिरा गांधी के बचपन के चित्रों को देखना चाहते हैं, तो आप उन सभी को देख सकते हैं।

इसमें ऐसा भी संकलन है, जिस पर मैंने काफी समय लगाया है, वह है भारत का टैक्नीकल पब्लिक सेफ्टी स्टैण्डड्र्स, 19,000 से अधिक, अधिकारिक भारतीय मानक हैं। आप उन्हें इंटरनेट आर्काइव और मेरे सर्वर law.resource.org पर देख सकते हैं।

आज की दुनिया तकनीकी दुनिया है। टैक्नीकल पब्लिक सेफ्टी स्टैण्डड्र्स में नेशनल बिल्डिंग कोड ऑफ इंडिया, स्टैण्डड्र्स फॉर द सेफ्टी ऐप्लिकेशन ऑफ पेस्टिसाइड्ज़, स्टैण्डड्र्स फॉर प्रोसेसिंग स्पाइसेज एंड फुड, स्टैण्डड्र्स फॉर द प्रौपर ऑपरेशन ऑफ टेक्सटाइल मशीन्स, द सेफ्टी ऑफ ब्रिजेज एंड रोड, आदि शामिल हैं।

इनमें से कई मानक कानून के रूप में हैं या उनको मानना कानूनन अनिवार्य है। ये सभी कानून हैं। सीमेंट, घरेलू बिजली के उत्पाद, खाद्य उत्पाद और वाहनों के पुर्जे आदि ऐसे दर्जनों उत्पाद हैं, जिन्हें भारत में तब तक नहीं बेचा जा सकता जब तक वे भारतीय मानकों पर खरे नहीं उतरते हैं।

ऐसे कानूनों की जानकारी अनिवार्य है जो फैक्टरियों और उत्पादों को सुरक्षित रखता है और भारत में, और विश्व में कारोबार करने के लिए अनिवार्य है। जब तक आप इन्हें नियमों के अनुसार नहीं बनाते हैं, तब तक इन्हें भारत में नहीं बना सकते हैं। ये सभी कोड, कानून हैं।

लेकिन यह अर्थव्यवस्था से आगे की बात है। भारतीय मानक यह स्पष्ट करते हैं कि भारतीय शहरों और गांवों को कैसे सुरक्षित रखा जा सकता है, खतरनाक सामाग्री का परिवहन कैसे किया जा सकता है, आग लगने की स्थिति में स्कूलों और सार्वजनिक इमारतों में उपयुक्त निकास की सुविधा को किस तरह प्रदान की जाय, बिजली के तारों को सुरक्षात्मक तरीके से कैसे लगाएं। इस सरकारी जानकारी को प्रत्येक शहर के अधिकारी, स्कूल प्राचार्य, इमारतों के मालिकों और संबंधित नागरिकों तक पहुंचनी चाहिए।

यह बात केवल अर्थव्यवस्था और सार्वजनिक सुरक्षा की नहीं हैं बल्कि यह शिक्षा की बात भी है। भारतीय मानक भारत की तकनीकी दुनिया के बेस्ट कोडिफाइड नॉलेज का प्रतिनिधित्व करता है। इन मानकों का निर्माण प्रख्यात इंजीनियरों, सिविल कर्मचारी और प्रोफेसरों द्वारा किया गया था, जिन्होंने स्वेच्छा से समय देकर यह काम किया। ये मानक महत्वपूर्ण शिक्षात्मक साधन हैं, जिनका प्रयोग भारतीय विश्वविद्यालयों के साठ लाख इंजीनियरिंग छात्र करते हैं।

भारतीय मानकों के लिए, हमने सामान्य रूप से दस्तावेजों को स्कैन करने और पोस्ट करने से अधिक काम किया है। लगभग 1,000 मुख्य मानकों को मॉर्डन एच.टी.एम.एल में बदल दिया गया है। हमने चित्रों (डाइग्रामों) को ओपन एस.वी.जी फॉर्मेट में दुबारा से बनाया है, हमने फिर तालिका (टेबुल) को उसके अनुरुप बनाया है। जिसका अर्थ है कि आप अपने मोबाईल फोन पर मानकों को देख सकते है और उच्च गुणवत्ता वाले चित्रों को काट कर चिपकाना, और अपने लेख या शोध पत्र या सॉफ्टेवयर प्रोग्राम में इन चित्रों को शामिल करना आसान हो जाता है। इससे वे अधिक उपयोगी हो गये हैं।

केवल भारत में ही नहीं बल्कि विश्वभर में टैक्नीकल पब्लिक सेफ्टी लॉ काफी उँचें दामों पर बिकते हैं। उनमें से अधिकांश अपने कॉपीराइट कानून का प्रयोग करके उसकी नकल करने पर नोटिस भेज देते हैं। उदाहरण के लिए नेशनल बिल्डिंग कोड ऑफ इंडिया की कीमत 13,760 रूपये अर्थात् 213 डॉलर है, यदि इसे भारत में खरीदा गया, और यदि इसे भारत से बाहर खरीदा गया तो इसकी कीमत 1.4 लाख रूपये होगी अर्थात् 2,000 डॉलर होगी।

कार्ल मालामुद की टिप्पणियां

यह सोचा जा सकता है कि ये दस्तावेजें, जिसे कानून की शक्ति का समर्थन है और जो समाज की सुरक्षा को सुनिश्चित करते हैं, वे सहज उपलब्ध होने चाहिए। लेकिन विश्वभर में, ये पब्लिक सेफ्टी लॉ को भारी शर्तों के साथ और अत्यधिक दामों पर बेचा जाता है। यह एक वैश्विक समस्या है, यह ऐसी समस्या है, जो पक्षधर राजनीति और राजनैतिक विभाजन से परे है।

मैंने इस स्थिति को बदलने के लिए 10 वर्ष का समय लगाया है और यह काफी लंबी यात्रा रही है। भारत में, हमलोगों ने इन सरकारी दस्तावेजों के खुले वितरण के लिये मंत्रालय को एक औपचारिक याचिका दायर किया है। मेरी इस याचिका में, मेरे साथ सैम, इंटरनेट के जनक विंट सर्फ, और पूरे भारत से अनेक प्रख्यात इंजीनियरिंग प्रोफेसरों के हलफनामें (affidavits) भी जुड़ें हैं।

जब यह याचिका को ठुकरा दिया गया तो हमने जनहित मुकदमे के रूप में अपनी याचिका को दिल्ली के माननीय उच्चतम न्यायलय में पेश किया है। वहां यह मुकदमा अब भी चल रहा है। मैं, भारत में दायर इस याचिका में अपने दो सहयोगियों के साथ आवेदक के रूप में शामिल हुआ जिनमें से एक श्री. श्रीनिवास कोडाली, परिवहन इंजीनियर हैं और दूसरे हैं डॉ. सुशांत सिन्हा, 'इन्डियन कानून (Indian Kanoon)' के संस्थापक। 'इन्डियन कानून' एक सार्वजनिक सिस्टम है जो निःशुल्क सभी न्यायलयों के विचारों और सभी कानूनों से अवगत कराती है।

उच्च न्यायलय के समक्ष हमारा प्रतिनिधित्व श्री. निशीथ देसाई और उनकी फर्म, और माननीय सलमान खुर्शीद, पूर्व कानून मंत्री और पूर्व विदेश मंत्री कर रहें हैं। मैं काफी प्रसन्न हूं कि श्री. देसाई आज की संध्या में, हमारे साथ हैं।

कानून की उपलब्धता केवल भारत के लिए प्रश्न नहीं है अपितु यह वैश्विक चुनौती है। हमारे इस तरह का मुकदमा संयुक्त राष्ट्र अमेरिका की कोर्ट ऑफ अपील्स में, और यूरोप में जर्मनी के कोर्ट में भी लड़ रहें हैं, जहाँ हम वहाँ के नागरिकों के लिए यूरोपीय यूनियन से मान्यताप्राप्त सेफ्टी स्टैण्डड्र्स को निःशुल्क पढ़ने और पोस्ट करने की मांग कर रहे हैं। हमारे संयुक्त राज्य के मुकदमे के लिये डिस्ट्रिक्ट आफ कोलंबिया न्यायालय में हमारा प्रतिनिधित्व ई.एफ.एफ & फेनविक एवं वेस्ट (EFF and Fenwick & West) कर रहे हैं और मैं इस बात को लेकर प्रसन्न हूं कि आज की रात ई.एफ.एफ के मिच स्ट्रोलट्ज़ (Mitch Stoltz) भी आज दर्शकों के बीच मौजूद हैं।

इस वैश्विक कानूनी अभियान में उल्लेखनीय यह है कि श्री.देसाई और श्री.खुर्शीद समेत सभी वकील नि:शुल्क (pro-bono) कार्य कर रहे हैं। विश्व भर में, नौ लॉ फर्में हमारी सरकारों को याचिका दायर करने में हमारी सहायता कर रहे हैं, और वे दसो हजार घंटों की कानूनी सहायता का योगदान नि:शुल्क दे रहे हैं।

इसका कारण यह है कि वे विश्वास करते हैं कि देश, कानून के शासन से चलता हैं। अतः कानून अवश्य उपलब्ध होने चाहिए क्योंकि कानून की अनभिज्ञता उसे उल्लघंन करने का बहाना नहीं हो सकती। कानून सभी लोगों को पढ़ने के लिए उपलब्ध होने चाहिए क्योंकि

लोकतंत्र में कानून पर लोगों का अधिकार है। सरकार हमारे लिए काम करती है। हम कानून के स्वामी हैं। यदि हम शिक्षित एवं जागरूक नागरिक बनना चाहते हैं तो हमें अपने अधिकारों और दायित्वों की जानकारी होनी चाहिए। लोकतंत्र इन्हीं बातों पर निर्भर करता है।

जब गांधीजी दक्षिण अफ्रीका में थे, तो वे केवल एक वकील ही नहीं थे, बल्कि बहुत कुछ थे। वे एक प्रकाशक भी थे। उन्होंने विश्व को बदलने के लिये न्यायालयों और याचिकाओं के रास्ते के अलावा उस समय के सोशल मीडिया को भी अपनाया। वे ब्लॉगर और समाचार सिंडिक्टेर थे। वे प्रकाशन तकनीकी के प्रयोग में, उस समय के अग्रणी थे।

जब उन्होंने फीनिक्स (Phoenix) आश्रम खोला था, तो उन्होंने सबसे पहले डरबन के छापाखाने को विघटित किया, उसे चार वैगनों में लोड किया था, जिसमे प्रत्येक को 16 बैलों की टोली के द्वारा ढ़ो कर ले जाया गया था।

जब उन्हें फीनिक्स के लिए नई जगह मिली तो वहां पर कोई भी इमारत नहीं थी। वहाँ उन्होंने सबसे पहले जो इमारत बनाई वह थी प्रिटिंग प्रेस की इमारत। वे वहां पर तब तक रहे जब तक इमारत बनकर तैयार नहीं हो गई। फीनिक्स में सभी लोगों ने टाइपसेट करना सीखा, और सभी लोग कुछ समय के लिये तो प्रिंटिंग प्रेस पर काम जरुर करते थे।

गांधी जी इसे 'ब्रेड लेबर' कहते थे, अर्थात् प्रति दिन अपने हाथों से कुछ काम करना। Genesis 3:19 का कहना है कि 'अपने माथे का पसीना बहाकर अपना पेट पालो ("by the sweat of your brow you will eat your food")', यही उनके दर्शन का मूल मंत्र बना। गांधी जी ने कहा है:

"बौद्धिक ब्रेड लेबर सबसे उँची कोटि की सामाजिक सेवा (Self-Employed Women 's Association of India) है। इससे बेहतर क्या हो सकता है जहाँ एक व्यक्ति अपने व्यक्तिगत श्रम से देश के धन की वृद्धि कर रहा हो। अपना अस्तित्व ही कार्य करने के लिये है।"

यह कथन उल्लेखनीय है जिस पर हमें ध्यान देना चाहिए। हमलोगों को 'ब्रेड लेबर' करना चाहिए। और हमलोगों को सामाजिक कार्यकर्ता बनना चाहिए जैसा कि गांधी जी ने कहा, समाजिक कार्यकर्ता समाज को बेहतर बनाने के लिए काम करते हैं न कि अपने फायदे के लिये। ब्रेड लेबर और सामाजिक कार्य गांधीवादी दर्शन के दो बुनियादी आधार हैं और इन शिक्षाओं ने लोगों को उत्साहित किया है और यह लोगों को अपने लक्ष्य को पाने के लिये, एक साथ आने के लिए प्रेरित करता है।

आज का विश्व पेचीदा होता जा रहा है। मैं वाशिंगटन, डी.सी. में 15 वर्षों से काम कर रहा हूँ और मैंने अपनी सरकार को कभी भी इतनी परेशानी में नहीं देखा हूँ। संयुक्त राज्य अमेरिका ही ऐसा देश नहीं है जो अराजकता का सामना कर रहा है, हालांकि हमने अराजकता को एक ऐसे स्तर तक पहुंचा दिया है, जो पहले अकल्पनीय था।

कार्ल मालामुद की टिप्पणियां

विश्वभर में, युद्ध हो रहे हैं। अब केवल दो राज्यों के बीच ही हिंसा नहीं होती है बल्कि राज्य का लोगों के खिलाफ, और लोगों का एक-दूसरे के खिलाफ, महिलाओं और बच्चों के खिलाफ, और कभी उन लोगों के खिलाफ हिंसा कर रहे हैं जो सिर्फ उनसे भिन्न दिखते हैं। यहाँ पर आंतकवाद के, चौंका देने वाले क्रूर कृत्य दिखाई दे रहे हैं।

यहाँ अकाल और बीमारी है, जिसे हम यदि इच्छा हो तो रोक सकते हैं।

हमारे ग्रह पर चौंका देने वाली हिंसा हो रही हैं। ऐसी हिंसा जिसे हम अतीत में अज्ञानता से किये होंगे, लेकिन हम अब वैसी हिंसा को पूरी जानकारी होने के बावजूद कर रहे हैं।

व्यक्तिगत रूप में, अपनी दिनचर्या में खोये रहना और उन चीजों को नजरअंदाज करना जो हमारी शक्ति से परे है, सार्वजनिक जीवन में भागीदारी लेने से दूर भागना, अपने नेताओं को उनकी जवाबदेही की याद दिलाने से कतराना, यह सब लुभावना लग सकता है लेकिन यह गलत है।

जॉन एफ कैनेडी ने कहा था कि यदि हम क्रांति के शांतिपूर्ण तरीकों को निष्कृय बना देते हैं, तो क्रांति के हिंसक रास्ते अवश्यसंभावी हो जाते हैं। मैं, आपको यह बताना चाहता हूं कि हमारी दुनिया में अराजकता के बावजूद, आशा भी है। इंटरनेट वैश्विक संप्रेषण को संभव बनाता है और विश्व तक सभी सूचनाओं को पहुंचाता है। ये क्रांति के शांतिपूर्ण साधन हैं बशर्ते कि हम इन्हें अपनाते हैं।

शिक्षा का तात्पर्य है कि हम अपने समाज को कैसे बदले। हमें अपने बच्चों को शिक्षित करना चाहिए, हमें अपने शासकों को शिक्षित करना चाहिए। हमें स्वयं को शिक्षित करना चाहिए

जॉन एडम्स (John Adams) ने लिखा था कि अमेरिकी क्रांति तभी संभव हो पाई थी जब उसके संस्थापक ऐसे पुरूष और महिलाएं थे, जिन्हें इतिहास की जानकारी थी। उन्होंने कहा था कि "अज्ञानता और अविवेक दो ऐसे संगीन कारण हैं जो मानवता को विनाश के कगार पर ले जा सकते हैं"। उन्होंने कहा था कि लोकतंत्र तब तक कार्य नहीं कर सकता है जब तक उसके नागरिक एक ज्ञाता नागरिक नहीं बन जाते। उन्होंने कहा था कि "हमें कोमलता से और सहजता से, ज्ञान के साधन को पल्लवित करने चाहिये। हमें पढ़ने, सोचने, बोलने और लिखने का साहस करना चाहिये। प्रत्येक व्यक्ति और प्रत्येक श्रेणी के लोगों को सजग और सचेत हो जाना चाहिये ताकि वे अपनी बातों को प्रबलता से रख सकें"।

भारत में जहाँ स्वराज्य के लिए साहसपूर्ण लंबा संघर्ष हुआ था जिसने नए राष्ट्र को जन्म दिया - ऐसा संघर्ष जिसने हमें नियति से मिलाया - ऐसा संघर्ष जिसने विश्वभर को कार्य करने के लिए प्रेरित किया - ऐसा संघर्ष जो शिक्षित नागरिकता पर आधारित थी। गांधीजी ने न्यायधीश रानाडे की बात दोहराते हुए कहा था कि हमें स्वयं को शिक्षित करना चाहिए ताकि हम अपने शासकों को चुनौती दे सकें।

जिन पुरूषों और महिलाओं ने आधुनिक विश्व में भारत का नेतृत्व किया, वे विशेषज्ञ, इतिहासकार और नेता भी थे। नेहरूजी द्वारा जेल में लिखी असाधारण पुस्तक को देखें। डॉ.

अंबेडकर की विस्तृत सीख को देखें, जिन्होंने संविधान का मसौदा तैयार किया था। विश्वभर में प्रोफसर राधाकृष्णन की प्रतिष्ठा को देखें, जो एक प्रतिष्ठित नेता थे और जो अपने समय में, अपने पूरे कार्यकाल के दौरान में सबसे सृजनात्मक विद्वान थे।

भारत और अमेरिका, विश्व के सबसे बड़े लोकंतत्र हैं। हमारे पास नागिरकों को सूचित करने के लिए विशेष दायित्व है। हमलोगों को सक्रिय नागरिक होना चाहिए। हमें ब्रेड लेबर करना चाहिए। हम लोगों को समाज सेवक होना चाहिए।

विश्व भर में ज्ञान का संचार करना हमारे समय का अप्राप्य वादा है। स्वंय को शिक्षित करके, अपने बच्चों को शिक्षित करके और काल हमें हरा दे इसके बजाय विश्व को बदलने के लिए संघर्ष करके, हम विकास के रास्ते पर साथ मिलकर चल सकते हैं। जैसा कि मार्टिन लूथर किंग अक्सर कहा करते थे कि, "वक्र राहों को सीधा कर दिया जायेगा और रुखड़े राहों को समतल कर दिया जायेगा" हम तब तक कंधे से कंधे मिलाकर चलेंगे जब तक हम खुशहाली तक नहीं पहुंच जाते, ऐसी जगह जहां पर वैश्विक ज्ञान से भरपूर पुस्तकालय हो, एक नि: शुल्क पुस्तकालय, जिसे हम हमारी भावी पीढ़ी को उपहार के रूप में दे सकें।

कृपया इस पुस्तकालय का निर्माण करने में हमारी सहायता करें। यह ब्रेड लेबर है। यह सार्वजनिक कार्य है।

जय हिन्द! ईश्वर अमेरिका पर अपनी कृपादृष्टि बनाए रखें! धन्यवाद!

एक बुर्जुग महिला को मतदान पत्र दिया गया, जामा मस्जिद के समीप, दिल्ली, जनवरी 1952

केंद्रीय विधानसभा चुनाव के लिए मतदान केंद्र, दिल्ली, 1946

दिल्ली नगरपालिका चुनाव, 15 अक्टूबर, 1951

अमिट स्याही को लगाना, दिल्ली में, जनवरी, 1952

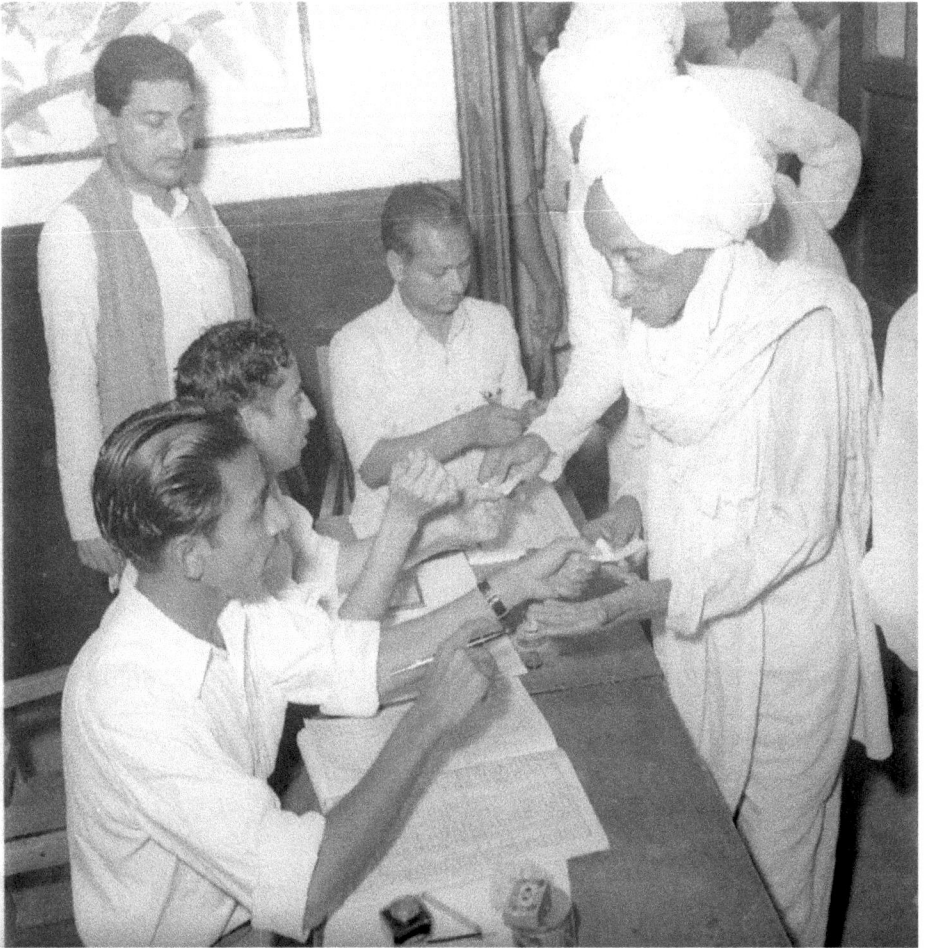

दिल्ली के निकट नांगलोई के ग्रामीणवासियों को मतदान पर्चियाँ दी जा रही है है, सितंबर 1951।

सी.डब्ल्यू.एम.जी, खंड 71 (1939-40), p.337, डॉ राजेंद्र प्रसाद के साथ, रामगढ़ कांग्रेस में

सी.डब्ल्यू.एम.जी, खंड 72 (1940), जमनालाल बजाज के साथ फ्रंटिसपीस, दिल्ली

डिजिटल युग में सत्याग्रह:एक व्यक्ति क्या कर सकता है?

कार्ल मालामुद, नेशनल हेराल्ड, 8 जुलाई, 2017, विशेष 75-वर्षीय स्मारक संस्करण

इंटरनेट ने हमारी पीढ़ी को मुक्त और सुलभ ज्ञान देने का अनूठा अवसर प्रदान किया है। अमेरिका और भारत की सरकारों से क्षुब्ध होकर लेखक इंटरनेट की उपयोगिता की बात करते हैं।

आज पूरी दुनिया में अशांति फैली है। विश्व में हर तरफ अनिश्चित हिंसा और आंतक फैला हुआ है। यदि हम इस पर कोई कदम नहीं उठाते हैं (वास्तव में हम कुछ नहीं कर रहे हैं) तो विश्व को जलवायु परिवर्तन से होने वाली आपदा का सामना करना होगा| आमदनी में असमानता बढ़ती जाएगी। भूखमरी और अकाल बढ़ता जाएगा। इस तरह के संकट का सामना करने के लिए कोई क्या कर सकता है?

मुझे इसका जवाब उन महापुरूषों द्वारा दी गई शिक्षाओं में मिला जिन्होंनें संसार में हुए अनुचित कार्यों को देखा और उसे सुधारने और उसमें बदलाव लाने के लिए कई दशकों तक संघर्ष किया। इस बात को हम भारत और अमेरिका में देख सकते हैं जहाँ आधुनिक दुनिया का सबसे बड़ा और महान लोकतंत्र है। भारत में गांधी, नेहरू और अन्य स्वतंत्रता सेनानियों की शिक्षाएं प्रेरणा देती हैं। संयुक्त राज्य अमेरिका में मार्टिन लूथर किंग, थर्गुड मार्शल (Thurgood Marshall) और उन सभी लोगों को देख सकते हैं, जिन्होंने नागरिकों के अधिकारों के लिए लंबे समय तक संघर्ष किया।

व्यक्ति विशेष के रूप में, दृढ़ता और लगन हमारे कार्य करने की कुंजी है। दृढ़ता से तात्पर्य है, विश्व में बदलाव लाने के लिए तत्पर रहना है। यह मात्र फेसबुक या ट्वीट पर की गई क्षणिक गतिविधि नहीं है अपितु उससे कहीं अधिक है। दृढ़ रहने का अर्थ है, अनुचित को सुधारने में, स्वयं को शिक्षित करने में, एवं नेताओं को शिक्षित करने में लगे रहना जिसमें दशकों लग सकते हैं। आत्म-शिक्षा क्या है, गांधी जी ने इसकी सीख दक्षिण अफ्रीका में अपने अनुयायियों को और भारत में, कांग्रेस पार्टी में दी। उन्होंने नैतिकता, आचार एवं चरित्र पर ध्यान केंद्रित करने की सीख दी। ऐसे लोग जो वर्तमान समय को अपने कमान में लेना चाहते हैं उन्हें गांधी जी की दी गई सीख को आत्मसात करना चाहिए।

गांधी जी और अमेरिका के मार्टिन लूथर किंग ने ध्यान को केंद्रित रखने को भी महत्वपूर्ण माना है। किसी खास मुद्दे को लेकर, उसे बदलने की कोशिश करें। कार्य धरातल पर करें। अपने लक्ष्य को विशिष्ट बनाएं। उदाहरण के तौर पर है, नमक पर लगे कर को हटाना, काउंटर पर दोपहर का खाना खाने का अधिकार, विद्यालय में पढ़ने का अधिकार, चुनाव में वोट देने का अधिकार, बटाईदारी पर खेती को समाप्त करना, इत्यादि।

मैंने एक दशक तक अपने एक विशिष्ट लक्ष्य 'कानून के सिद्धांत को विस्तृत करने' पर ध्यान केंद्रित किया है। जॉन एफ कैनेडी ने कहा है कि यदि हम शांतिपूर्ण तरीके से क्रांति करने नहीं देंगे तो अनिवार्य रूप से क्रांति हिंसा का रूप ले लेगी। एक न्यायसंगत समाज और विकसित

लोकतंत्र में हमलोग उन नियमों को जानते हैं जिसके द्वारा हम स्वयं को नियंत्रित करते हैं| विश्व को उन्नत बनाने के लिए हम उन नियमों को बदलने की क्षमता भी रखते हैं।

सार्वजनिक सुरक्षा कोडों तक की पहुंच सीमित क्यों है?

आधुनिक विश्व में कई विशेष प्रकार के नियम हैं, जिन्हें सार्वजनिक सुरक्षा कोड कहते हैं। ये तकनीकी मानक हैं जो विभिन्न कार्यों को नियंत्रित करते हैं। जैसे, हम सुरक्षित घरों और कार्यालयों का निर्माण कैसे करते हैं, कारखानों में मशीनरी से श्रमिकों की रक्षा कैसे करते हैं, कीटनाशकों का उचित प्रयोग कैसे करते हैं, ऑटोमोबाइल की सुरक्षा, नदियों और महासागरों की शुद्धता की सुरक्षा, इत्यादि। ये हमारे महत्वपूर्ण कानूनों में से हैं।

कुछ अपवादों को छोड़कर पूरे विश्व में 'फोर्स आफ लॉ' वाले सार्वजनिक सुरक्षा कोड जान-बूझ कर प्रतिबंधित कर दिए गए हैं। संयुक्त राज्य अमेरिका में गैर-सरकारी संगठनों की ऐसी शृंखला है जो इमारत एवं अग्नि के कोड का निर्धारण करती है। पुनः उन कोडों को कानून में अभिनीत किया जाता है। उन कोडों की लागत प्रति कॉपी सैकड़ों डॉलर होती है। महत्वपूर्ण बात यह है कि इनपर कॉपीराइट लगाया जाता है ताकि कोई व्यक्ति, एक निजी पार्टी से लाइसेंस लिए बिना, किसी को यह कानून नहीं बता सके।

भारत में भी यही हो रहा है लेकिन यहां महत्वपूर्ण सार्वजनिक सुरक्षा सूचना के वितरण को सरकार प्रतिबंधित करती है। भारतीय मानक ब्यूरो (Bureau of Indian Standards) इन कोडों पर कॉपीराइट लगाता है। नेशनल बिल्डिंग कोड ऑफ इंडिया की किताब के लिए 13,760 रूपये लेता है। ब्यूरो का कहना है कि ये महत्वपूर्ण सार्वजनिक सुरक्षा मानक उनकी निजी संपत्ति हैं और इस को पढ़ने या इस पर बोलने के लिए लाइसेंस लेना होगा एवं शुल्क का भुगतान करना पड़ेगा। अति महत्वपूर्ण बात यह है कि ब्यूरो का कहना है कि उसके अनुमति के बिना कोई व्यक्ति इन कोडों का इससे अधिक उपयोगी संस्करण भी नहीं बना सकता है।

मेरी जानकारी में यह बात आई है कि सरकारी आपदा निर्माण टास्क फोर्स की बैठक हुई थी। उसमें यह सुझाव दिया गया था कि जिन सरकारी अधिकारी पर आपातकालीन सुरक्षा का दायित्व है उन्हें इस महत्वपूर्ण सुरक्षा कोड की प्रतियाँ दी जाएं। परंतु ब्यूरो ने अधिकारियों को सूचित किया कि यह कॉपीयाँ तभी दी जाएंगी जब प्रत्येक अधिकारी इसके लिये लाइसेंस-समझौता करेगा है और 13,760 रूपये की कीमत अदा करेगा। प्रतियाँ लेने की अनुमति नहीं दी जायेगी।

एक दशक से मैं इस स्थिति को बदलने में लगा हूँ। मैंने एक छोटा सा गैर सरकारी संगठन शुरू किया। मैं इसके जरिए विश्व के सभी जगहों से कानूनन सुरक्षा कोड खरीदना शुरू कर दिया। अमेरिका में मैंने 1,000 से अधिक संघीय अनिवार्य सुरक्षा मानकों को खरीदा। उन्हें स्कैन किया और पोस्ट किया। भारत में मैंने 19,000 भारतीय मानक खरीदे और उन्हें इंटरनेट पर पोस्ट किया।

डिजिटल युग में सत्याग्रह

हमारा काम उन पेपरों को खरीद कर उन्हें कॉपी और स्कैन करने तक सीमित नहीं रहा। हमने कई प्रमुख दस्तावेज़ों का पुनर्लेखन किया। उन्हें आधुनिक वेब पेजों में डाला। आकृतियों को पुनः बनाया। पाठ का मुद्रण (टाइपोग्राफी) आधुनिक तरीके से किया। हमने इन कोडों का मानकीकरण किया जिससे दृष्टिहीन लोग इन दस्तावेज़ों पर आसानी से कार्य कर सकें। हमने इन कोडों को ईबुक के रूप में उपलब्ध कराया। ऐसी सुविधा दी कि पूरे पाठ को सर्च किया जा सके। हमने बुकमार्क्स दिये एवं वेब साइट को सुरक्षित भी किये।

अमेरिका और भारत की सरकारें इससे खुश नहीं हैं

अधिकारीगण खुश नहीं है। अमेरिका में हमारे ऊपर छह अभियोगों के साथ मुकदमा चलाया गया है। कानून बताने के अधिकार के लिए हमारा मामला अमेरिका के कोर्ट ऑफ अपील्स् में पेश है। भारत में ब्यूरो ने, हमें अन्य कोई दस्तावेज बेचने से इनकार कर दिया है। मंत्रालय में 'रिलीफ' की याचिका को खारिज कर दिया गया है। फिर हमने भारत में अपने सहयोगियों के साथ मिलकर एक जनहित याचिका दायर की, जो वर्तमान समय में माननीय उच्च न्यायालय दिल्ली में दर्ज है। हमारे वकील निःशुल्क अपना समय देते हैं। वे निःस्वार्थ कार्य करते हैं यानि कि इस कार्य के लिए रूपये नहीं लेते हैं। बल्कि उन्होंने हमारे कार्य का समर्थन करते हुए कानूनी सेवा (Self-Employed Women 's Association of India) शुल्क के रूप में करीब 1 करोड़ डॉलर से अधिक की निःशुल्क कानूनी मदद की है।

हम न्यायालय से न्याय मांग रहे हैं साथ ही प्रत्येक वर्ष इन दस्तावेजों को इंटरनेट पर लाखों दर्शकों के लिए उपलब्ध कराने का काम भी कर रहे हैं। भारतीय मानक भारत के प्रतिष्ठित इंजीनियरिंग संस्थानों में विशेष रूप से लोकप्रिय हैं। यहाँ के छात्र और प्रोफेसर खुश हैं कि उनकी शिक्षा के लिए आवश्यक महत्वपूर्ण मानक आसानी से मुफ्त मिल सकते हैं।

प्रत्येक पीढ़ी को अवसर प्राप्त होता है। वास्तव में इंटरनेट ने विश्व को अदभुत अवसर प्रदान किया है: इसके जरिए प्रत्येक व्यक्ति सार्वभौमिक रूप से ज्ञान प्राप्त कर सकता है। मैं बड़े लोकतंत्र के कानून, सरकार के अध्यादेशों तक लोगों की पहुंच बनाने पर ध्यान केंद्रित करता हूँ। परंतु यह एक वृहत कार्य का केवल एक सूक्ष्म भाग है।

हमारी सोच ऊंची होनी चाहिए। आधुनिक दुनिया में, विद्वानों के साहित्य, तकनीकी दस्तावेजों, कानून या ज्ञान के अन्य भंडारों तक पहुंचने की प्रक्रिया को प्रतिबंधित करने का कोई बहाना नहीं है। जैसा कि भर्तृहरि ने नीतिशतकम् में लिखा है, “ज्ञान एक ऐसा खज़ाना है जिसे चुराया नहीं जा सकता। ” ज्ञान, बिना किसी शुल्क के सभी के लिए मुफ्त उपलब्ध होना चाहिए।

ज्ञान और कानून तक की पहुंच को सार्वभौमिक बना कर, शायद हम संसार की उन बाधाओं को दूर कर सकते हैं जिन्हें हम आज देख रहे हैं। लेकिन यह तभी संभव है जब हम सामाजिक कार्य करें जिसकी चर्चा गांधी जी अक्सर किया करते थे। और यह तभी होगा जब हम विशिष्ट लक्ष्यों पर लगातार और व्यवस्थित रूप से ध्यान केंद्रित करते रहेंगे।

मार्टिन लूथर किंग ने हमें सिखाया है कि बदलाव अनिवार्यता के पहियों पर स्वयं चलकर नहीं आता, यह केवल निरंतर संघर्ष के साथ आता है। हम दुनिया को बदल सकते हैं, लेकिन उसके लिए हमें संघर्ष करना होगा। यदि हम ऐसा करते हैं, तो हम उस पथ पर होंगें जो हमें ज्ञान तक ले जाता है। और हम ऐसा शहर बसा पाएंगे जहां न्याय और धर्म की कमी नहीं होगी।

28 अक्तूबर, 1954 को शंघाई में 'यंग पायनियर्स पैलेस' की यात्रा

16 दिसंबर, 1956, पेन्सिलवेनिया में राष्ट्रपति आइजेनहावर के फार्म में

14 नवंबर, 1957 को नई दिल्ली में बाल दिवस समारोह में प्रधान मंत्री नेहरू

16 सितंबर 1958 को प्रधान मंत्री ने श्रमिकों के साथ जिन्होने उनकी भूटान की यात्रा के लिए एक सड़क बनाई।

सी.डब्ल्यू.एम.जी, भाग 73 (1940-1941), फ्रंटिसपीस, वाईसरॉय से मिलने के रास्ते पर, शिमला।

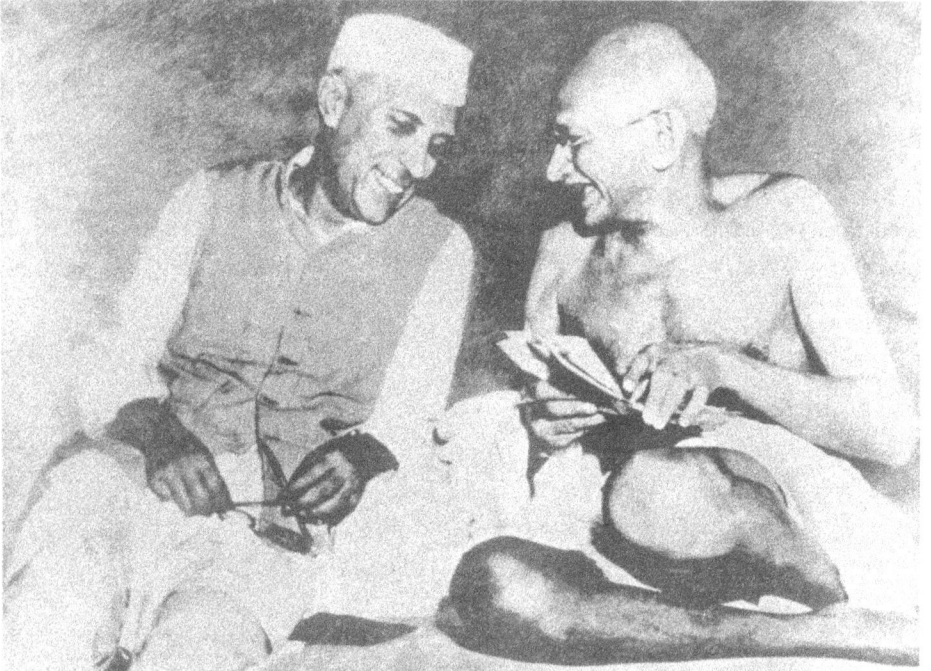

सी.डब्ल्यू.एम.जी, भाग 84 (1946), पृष्ठ 81, जवाहरलाल नेहरू के साथ

सूचना का अधिकार, ज्ञान का अधिकारःडॉ.सैम पित्रोदा की टिप्पणियां

(सार्वजनिक भाषणः अतिथि ज्ञानि द्वारा), न्यूमा (NUMA) बेंगलुरु, 15 अक्टूबर, 2017

नमस्कार दोस्तों! मेरे लिए आपसे मिलना काफी गौरव की बात है।

मुझे मालूम नहीं था कि मैं किस चीज से जुड़ने जा रहा था। जब मैं यहाँ आया, तो कार्ल ने मुझे बताया कि आज दोपहर में हमारी एक बैठक है। उन्होंनें मुझे कल ही बताया कि हम क्या करने जा रहे हैं, इसलिए मैं यहाँ न्यूमा (NUMA) आया और उनसे पूछा, “क्या तुम ठीक से जान रहे हो कि हम सही जगह पर आए हैं?”

लेकिन, मैं आप सभी को देखकर बहुत प्रसन्न हूँ। आज भारत में युवा वर्ग जो कर रहा है उसे देखकर मुझे आश्चर्य होता है। मुझे आप पर बहुत गर्व है। मैं एक ऐसे व्यक्ति से मिला हूँ जो आदिवासी लोगों पर काम कर रहे हैं। मैं ऐसे एक अन्य व्यक्ति से मिला जो कानून पर काम कर रहे हैं। मैं आप जैसे कई लोगों से मिला हूँ, जो वास्तव में नए भारत के निर्माण में बहुत रुचि ले रहे हैं।

जब मैं आप जैसे कुछ लोगों से मिलता हूँ, तब मैं भारत के भविष्य के बारे में बहुत उत्साहित हो जाता हूं। मेरा जन्म 1942 में हुआ था। आज में 75 वर्ष का हो गया हूं। वे दिन स्वतंत्र भारत के शुरुआती दिन थे।

जैसे-जैसे हम बड़े हुए, हमारे लिये गांधी, नेहरू, पटेल, कलाम आजाद, सुभाष चंद्र बोस जैसे लोग, असली आदर्श व्यक्ति थे। हम गांधी के आदर्शों के साथ बड़े हुए हैं और हमें, मिल-जुलकर रहने, सत्य, विश्वास, आत्म-निर्भरता, सरलता, बलिदान और साहस की शिक्षा दी गई थी।

बचपन में हमारे लिए इन शब्दों का बहुत महत्व था। मेरे पिताजी अनपढ़ थे। लेकिन हमारे घर में पांच बड़ी तस्वीरें थी। ये बड़ी तस्वीरें इन पांच नेताओं की थी। स्कूल-कॉलेज जाने के दिनों में, भारत के बारे में उनलोगों के विचार प्रमुख रूप से हमारे ध्यान में रहते थे।

मैं, वर्ष 1964 में संयुक्त राज्य अमरीका चला गया था और मैंने उन 60 के दशक में जो कुछ वहाँ सीखा उससे मुझे यह महसूस हुआ कि भारत में तीन मूल मुद्दे हैः असमानता, जनसांख्यिकी, और विकास। मैंने यह भी महसूस किया कि इन समस्याओं का समाधान करने के लिए, पहली जो सबसे बड़ी आवश्यकता है वह है आपसी संपर्क के साधनों की।

वर्ष 1979 में, मैं दिल्ली आया और यहाँ से, शिकागो में रह रही अपनी पत्नी के साथ टेलिफोन पर बात नहीं कर सका। उस समय मैं, एक पांच सितारा होटल में ठहरा हुआ था।

इसलिए मैं कुछ नाराजगी और अंजाने में कहा कि “मैं इस टेलिफोन सिस्टम को दुरुस्त करने जा रहा हूं।” फिर मैंने, भारत में टेलिफोन लगाने के प्रयास में, अपने जीवन के 10 वर्ष व्यतीत किए।

राजीव गांधी ने मुझे राजनीतिक इच्छा-शक्ति दी और मुझे ऐसा महसूस हुआ कि कनेक्टिविटी के अभाव में, यहां कोई भी काम शुरु नहीं किया जा सकता है। उसके बाद हमने बीस लाख टेलिफोन लगवाए, जब कि इसके पहले एक टेलिफोन कनेक्शन लगवाने में लगभग 15 वर्ष लग जाया करते थे। हो सकता है कि यह बात आज न आप जानते हैं, न आपके पिता जी, लेकिन आपके दादाजी यही जानते थे। आज हमारे पास 1.2 अरब फोन कनेक्शन हैं। आज हमारा देश सौ करोड़ लोगों का एक जुड़ा देश है।

मूल प्रश्न यह है कि कनेक्टिविटी हमारे लिए किस प्रकार उपयोगी है?

दूसरी चुनौती ज्ञान की है। और ज्ञान को सार्वजनिक अधिकार क्षेत्र (पब्लिक डोमेन) में लाने के लिए, और सूचना का लोकतंत्रीकरण करने के लिए, आपको कनेक्टिविटी की जरूरत है। इसीलिए हमने ज्ञान आयोग, सूचना का अधिकार, ज्ञान का अधिकार, आदि की शुरुआत की। और जिन लोगों के साथ हम कार्य कर रहे हैं उनके लिए इनका कोई अधिक महत्व नहीं था। वे नहीं समझ रहे थे कि हम किस बारे में बात कर रहे हैं। मुझे याद है जब मैंने टेलिफोन पर काम करना शुरु किया, तो उस समय भारत में कई मोर्चों पर टेलिफोन को अनुपयोगी बताया जा रहा था। वे यह कह रहे थे कि ये विदेश से लौटने वाले युवागण (foreign return guys) भोजन और कृषि की चिंता छोड़कर भारत में फोन लगाने पर क्यों तुले हैं।

मेरा उनको जवाब था कि “मुझे नहीं मालूम कृषि की समस्याओं को कैसे सुलझाना है और कृषि के काम को कैसे सुलझाया जाय इसके लिये किसी और को ढूढ़ें। मैं अपना काम करना जानता हूं। मैं फोन की मरम्मत करने की कोशिश कर सकता हूं, लेकिन मैं गारंटी नहीं दे सकता कि मैं यह कर पाऊंगा । लेकिन भारत में हर छोटे से छोटे प्रयासों का भी मूल्य है। जो आप सबसे अच्छा कर सकते हैं, वह करते रहें, कोई और किसी काम में निपुण होगा, वह वो काम करेगा। हम सभी के थोड़े-थोड़े सहयोग से बड़े उद्देश्य की प्राप्ति होगी। ”

सालों पहले हमने जो सपने देखे थे, आप उन्हें सच में साकार कर रहे हैं। आपकी मदद के बिना, हमारे सभी काम बेकार हो जायेंगे। और यह, कोई नहीं समझेगा।

मेरे लिए पारदर्शी सरकार बहुत महत्व रखती है, और ओपन डाटा इसकी नींव है। जब ओबामा यहां आए थे, तो मुझे उनसे साथ आधे घण्टे का समय बिताने का अवसर मिला। मैंने उन्हें स्पष्ट करने का प्रयास किया कि हम ग्रामीण भारत की कनेक्टिविटी बढ़ाते हुए हम क्या करना चाहते हैं। हमने उनसे राजस्थान में सम्पर्क किया और उन्हें जब हमने बताया कि हम किस तरह का कनेक्टिविटी प्लेटफोर्म बना रहे हैं, जैसे कि जी.आई.एस, यू.आई.डी, डाटा सेंटर्स, साइबर सिक्योरिटी एप्लिकेशन इत्यादि, तो यह सब सुनकर वे बहुत विस्मित हुए।

उन्होंने कहा, “सैम, तुम सभी इन सब बारे में कैसे सोचते हो?” मैंने उनसे कहा, “अगर हम इस तरह नहीं सोच सकते तो हम नए भारत का निर्माण नहीं कर पाएंगे।“ पुरानी तकनीकों से नए भारत का निर्माण करना काफी कठिन होगा।

डॉ.सैम पित्रोदा की टिप्पणियां

नई तकनीकें और हमारी युवा प्रतिभा पर ही हमारी आशा है । भारत की युवा प्रतिभा में मेरा दृढ़ विश्वास है। 1984 में जब हमने सी.डॉट. (C-DoT) की स्थापना की, तब संगठन में भर्ती हुए लोगों की औसत आयु 23 वर्ष थी। वे काफी प्रतिभाशाली, मेहनती, ईमानदार, प्रतिबद्ध, साहसी, समर्पित, राष्ट्रवादी लोग थे, और उन्होंने ही सभी चीजें बनाई।

लोग कहते थे, "आप सिर्फ युवाओं को ही क्यों ले रहे हैं?" मैने कहा " क्योंकि वे फ्रेशर, ऊर्जावान, उत्साहित और मानसिक तौर पर भ्रष्ट नहीं हैं। "

भारत में बहुत-सी समस्याएं और चुनौतियां हैं, इसलिए जब लोग मुझे भारत की समस्याओं के बारे में बताते हैं, तो मैं उनसे कहता हूं, "भारत में समस्याओं को खोजने के लिए आपको विशेष प्रतिभा की जरूरत नहीं है।" और न ही उनके समाधान करने के लिए आपको प्रतिभा की जरूरत है। आपको सिर्फ साहसी लोगों की जरूरत है, जो आपको कुछ कर के देने को तैयार हैं, और जो भारत के लोगों के लिए कुछ करना चाहते हैं।

अभी हमें मीलों चलना है। अगले 50 साल के लिए काम पड़े हुए हैं। मैं पिछले 40 सालों से में कहता आ रहा हूं, "दुनिया के प्रतिभाशाली लोग अमीरों की समस्याओं का निराकरण करने में व्यस्त, वास्तव में जिनके पास कोई समस्या है ही नहीं। "

फलतः गरीबों की समस्याओं का निराकरण करने के लिए उपयुक्त प्रतिभा की सेवा (Self-Employed Women 's Association of India) नहीं मिल पाती है। भारत ही एक ऐसा देश है जो अन्य देशों की तुलना में ऐसे प्रतिभा से भरा हुआ है, जिससे गरीबी दूर की जा सकती है। भारत एकमात्र ऐसा देश है जिसमें 40 करोड़ लोग गरीबी रेखा से नीचे जीवन-यापन कर रहे हैं और यहाँ के सफल हुए समाधान के तरीकों को दूसरे देशों की गरीबी मिटाने के लिए भी किया जा सकता है।

हमारा देश विषमताओं का देश है। भारत के बारे में मैं जो भी कहूँ, आप उससे बिलकुल विपरीत कह सकते हैं, और आप फिर भी 100% सही माने जाएंगे। यही भारत की विशेषता है। सामाजिक विविधता, नवप्रवर्तन (इन्नोवेशन) के लिये बहुत ही उपजाऊ जमीन है। सबसे ज्यादा विविधता भारत में ही पाई जाती है। हो सकता है कि भारत के विभिन्न राज्यों में रहने वाले लोग दिखने में वैसे न हो, जैसा कि एक आम भारतीय दिखता हो।

मुझे याद है एक बार जब मैं मेक्सिको में भारत के राजदूत से मिलने की प्रतीक्षा कर रहा था। जहां मैं मुख्य वक्ता था, 500 व्यक्तियों को संबोधित करने के लिये। तभी किसी ने मुझसे कहा, " भारतीय राजदूत आ रहे हैं " मैं उनसे मिलने पहुंचा, लेकिन वे मुझे नहीं मिले। अखिकार मैंने कहा, " कहाँ हैं वे?" तब एक व्यक्ति ने बताया, " वे सामने की लाइन में बैठे हैं और आपका ही इंतजार कर रहे हैं। "

चूंकि वे पूर्वोत्तर भारत से थे, इसलिए कुछ चीनी की तरह दिख रहे थे। और मैंने अपने इतने अनुभव के बावजूद, मैं यह सोंच रहा था कि भारतीय राजदूत मेरी तरह ही दिखना चाहिए।

भारत की यही विशेषता है। यहां कई त्योहार और उत्सव मनाए जाते हैं। लेकिन आज मैं, भारत की ओर देखता हूँ तो मुझे कई बार चिंताएं घेर लेती हैं।

जब लोग सूचनाओं को पहरे में सीमित रखना चाहते हैं, जब लोग सोशल मीडिया पर झूठ को फैलाते हैं, किसी की स्वतंत्रता पर प्रहार करते हैं, इससे बुरा असर पड़ता है। ये सभी के जीवन से जुड़े मामले हैं जहाँ आपकी जरुरत है। सभी के हित के लिए आपको कम से कम साइबरस्पेस में तो यह विश्वास बनाकर रखना ही होगा। इस बात से कोई फर्क नहीं पड़ता कि प्रोग्राम एक क्षेत्रविशेष का है, या ब्राह्मण या हिंदू या मुस्लिम का है, इसमें कोई अस्पृश्यता या विभेद नहीं करना चाहिए।

हम हर प्रकार से समावेशी हैं। सूचनाओं पर सभी का अधिकार है। आज भारत में, आजकल जिस तरह की परिचर्चाएं चल रही वे निम्न स्तर की है। हमें सच में भारत में संवाद के स्तर को ऊपर उठाने की जरूरत है।

मैं, आजकल एक किताब लिख रहा हूँ। कुछ साल पहले मैंने अपने जीवन पर एक किताब लिखी थी। मैंने वह किताब अपनी पोती के लिए लिखी थी, जो अभी सिर्फ 6 साल की है और सैन फ्रेन्सिस्को में रहती है। जो एक दिन बड़ी होगी और पूछेगी, “यह बूढ़ा व्यक्ति कौन है जो 100 साल या 75 साल पहले अमरीका आया था?”

और उसके पिता, जिसका जन्म और जिसकी परवरिश संयुक्त राज्य अमरीका में हुई, जो कुछ भी उसे कहेंगे वह बिलकुल ही अलग होगा, क्योंकि उसके पिता नहीं जानते है कि मैंने किस तरह की गरीबी देखी है। वह यह भी नहीं समझ सकता कि मेरा जन्म भारत के छोटे आदिवासी गांव में हुआ था, जहां उसकी मां ने अपने घर पर ही अपने 8 बच्चों को जन्म दिया। उस समय न कोई डॉक्टर, न नर्स, न हॉस्पिटल या फॉर्मेसी, कुछ भी नहीं था। न कोई स्कूल था। अगर मैं उनसे यह बताऊँ भी तो, वे मेरा विश्वास नहीं करेंगे।

यह वास्तविकता और नहीं रह सकती। इसी भारत को हमें बदलना है। यदि हम 40 करोड़ गरीबी की रेखा से नीचे रहने वाले लोगों को, उनकी गरीबी से मुक्त कराने के लिए तकनीकी का उपयोग नहीं करते, तो हमने अपना काम नहीं किया।

हम ऐसा भारत नहीं चाहते हैं, जहाँ कई अरबपति हों। यदि वे हैं, तो वे और भी शक्तिशाली होंगे। मैं उनके विरुद्‌ध नहीं हूँ। लेकिन मैं भारत में हर चीज बदलने के लिए तकनीकी का उपयोग करना चाहता हूँ, जो सिर्फ ज्ञान से ही संभव है।

सिर्फ आप जैसे लोग ही यह कर सकते हैं, जो केवल खुलेपन/उदारता से ही हो सकता है। मेरे अनुसार सूचना से खुलापन आता है, पहुँच बढ़ती है, दायित्व, नेटवर्क, लोकतांत्रीकरण, विकेंद्रीकरण आता है। ये सभी बातें गांधीवाद पर आधारित हैं।

यदि आज गांधीजी होते, तो वे आप से मिलकर बहुत खुश होते। मैं अहमदाबाद में परसों एक व्याख्यान देने जा रहा हूँ। दरअसल कार्ल और मैं पिछले 2 अक्टूबर को साबरमती आश्रम में थे और हमने, इस सूचना और कनेक्टिविटी के युग में, गांधीजी के विचारों पर

ध्यान केन्द्रित किया और लोगों को यह बताया कि गांधीजी के विचार, मानवजाति के पूरे इतिहास के वनिस्पत, आज के संदर्भ में ज्यादा ज्यादा प्रासंगिक हैं।

जब मैं आपको दूसरी किताब के बारे में बता रहा था तो मैं कुछ भूल गया। मैं दुनिया की पुनर्रचना पर किताब लिख रहा हूं। हमने जो दुनिया रची है वह आज बिलकुल पुरानी हो चुकी है। द्वितीय विश्व युद्घ के बाद संयुक्त राज्य अमरीका ने यू.एन, विश्व बैंक, नाटों, आई.एम.एफ, जी.डी.पी, जी.एन.पी, व्यक्ति की वार्षिक आय, भुगतान संतुलन, लोकतंत्र, मानवाधिकार, पूंजीवाद, उपभोग और युद्घ आदि जैसे संस्थओं और सिद्धांतों का गठन किया।

इन सभी चीजों का अब कोई अर्थ नहीं है। जी.डी.पी अब कुछ महत्व का नहीं है। लेकिन हम आज भी इसका अनुसरण करते हैं। आज के सभी प्रकार के मेजरमेंट्स बिग डाटा, क्लाऊड कम्प्यूटिंग, डेटा एनालिटिक्स का लाभ उठा सकते हैं। तब यह संभव नहीं था, इसलिए आपने इसे 'सकल घरेलू उत्पाद' कहा (gross domestic product) और सभी लोग सहमत हो गए। आज कुछ भी खोज सकते हैं, और कई छोटी-छोटी सूचनाओं तक पहुच सकते हैं, क्योंकि आपके पास विश्लेषण करने के लिए बहुत डाटा हैं।

मुझे इस बात की बहुत खुशी है कि कोई है जो कोर्ट से डाटा लेकर उन्हें वेब पर डाल रहा है। मैं सात साल तक अपने सभी मुख्य न्यायाधीशों से झगड़ा। जब भी किसी नए न्यायाधीश की नियुक्ति होती, तो मैं उन्हें अगले दिन ही कॉल करता और उनके घर पर जाता। हमने चाय पी और उन्हें विश्वस्त करने की कोशिश कि न्याय प्राप्त करने में 15 साल क्यों लग जाते हैं? हम सभी रिपोर्टों को कम्प्यूटराइज़ क्यों नहीं कर सकते हैं और सिर्फ 3 साल में हीं न्याय क्यूँ नहीं दिला सकते हैं? वे कहते, "बिल्कुल सैम, मैं आपसे सहमत हूँ; पिट्रोदा जी, हम सभी आपके साथ हैं, इसे करते हैं, यह विचार शानदार है।" लेकिन इसका बाद कुछ भी नहीं होता।

औसतन हर आठ महीन में दूसरे नए मुख्य न्यायाधीश आते हैं। तो मैं उनके पास दुबारा जाता और वे कहते, " आप सही कहते हैं, हम यह जल्द ही करेंगे।" सभी अच्छे मनसूबों के साथ यह कहते। उनकी मंशा तो सही होती थी, लेकिन वे कुछ नहीं कर पाते थे।

भारत में एक कोर्ट केस के निपटान में 15 साल क्यों लग जाते हैं? आपकी विशेषज्ञता के अनुसार यह एक वर्ष में, या दो वर्ष में, या तीन वर्ष में निपटाया जा सकता है। अतः बदलाव के लिए आपको हर स्थान पर आई.टी. का उपयोग करने की जरूरत होगी। आप यहाँ, इस समाज के, पूरे ताना-बाना बदलने के लिए हैं। घर से ऑफिस, पुलिस से कोर्ट, सरकार से शिक्षा, स्वास्थ्य सेवाएं, कृषि और मौलिक तौर पर आपका एकमात्र औजार "सूचना" होगा। सूचना में हमें, ज्ञान, प्रज्ञता और कर्म जोड़ना होगा और साथ साथ इसके लिए, साहसिक और युवा लोगों को भी जोड़ना होगा।

भारत में आप मुझे या किसी को भी जो संभवतः 45 से अधिक है, खारिज कर सकते हैं। दरअसल उनमें इस दुनिया को संभालने का सामर्थ्य नहीं बचा है। भारत में सभी बीते हुए वक्त की बात करते हैं, भविष्य की बात कोई भी नहीं करता। यहाँ राम के इतिहास की

बहुत बात की जाती है, तो कोई तुरंत हनुमान की बात करने लगता है और कोई किसी और भगवान की बात करने लगेगा, सब कहते हैं कि यह हमारी विरासत है।

कोई भी भविष्य की बात नहीं करता है। हमारी विरासत महत्वपूर्ण है। हमें हमारी विरासत, कला, संस्कृति, संगीत पर गर्व है, और हम इनमें से बहुत कुछ को कम्प्यूटराइज़ करने के कोशिश कर रहे हैं।

15 साल पहले हमने 10 लाख पांडुलिपियों (मेनुस्क्रिप्ट्स) को डिजिटाइज़ किया। 15 साल, 40 साल, या 37 साल पहले, हमने कपिला वत्सायन के साथ इंदिरा गांधी संस्थान में लघु फ़िल्म (माइक्रोफिल्म) में अपनी कला को स्टोर किया। अब ये सभी कृतियां एक ऐसे स्थान पर सुरक्षित है, और जहां इन पर और अनेक कार्य हो सकते हैं। पहले हमारे पास उपयुक्त औजार / टूल्स नहीं थे, लेकिन अब चीजों को स्टोर करना बहुत ही सस्ता हो चुका है।

एक उदाहरण देता हूँ, एक समय मैंने 6-bit RAM 16 डॉलर में खरीदा था। आशा है कि आपमें से कुछ इसे समझ पाएंगे। मैंन चार-इनपुट नैंड (NAND) गेट्स खरीदे थे, जिनमें प्रत्येक की कीमत 37 डॉलर थी। जब इंटेल ने पहला माइक्रोप्रोसेसर डिजाइन किया, तब मैं वहीं पर था। इंटेल के सभी फाऊंडर्स, बॉब नॉसे, लेस्टर, होगन, गोर्डन मूर, मेरे मित्र हैं। पहला फोर-बिट-प्रोसेसर (four-bit processor) का इस्तेमाल हमने टेलीफोन के लिए किया था।

हमने सोचा था कि यह एक चमत्कार है। हमने सोचा, "हे भगवान, यह कितना शक्तिशाली यंत्र है। "

अब देखिये कि आपके पास क्या है। आपके पास गीगाबिट्स (Gigabits) और टेराबिट्स (Terabits) है, और आपके सेल फोन में भी बहुत सारी प्रोसेसिंग पावर है, और यही सेल फोन की प्रोसेसिंग पावर है जो आज भारत को बदल रही है। लेकिन आपको इसे उसी तरह बदलना चाहिए जिस तरह से आप इसे बदलना चाहते हैं, न किसी संयुक्त राज्य अमरीका में बैठे ऐसे व्यक्ति के अनुसार जो इसे अपने अनुसार बदलवाना चाहता है। हमें स्थानीय (लोकल) विषय वस्तु (कंटेंट), स्थानीय एप्लिकेशन, स्थानीय समाधान, और विकास के प्रारूप की आवश्यकता है। हमें विकास के उस प्रारूप की आवश्यकता है जो भारत के लिए प्रासंगिक हो, न कि विकास के उस प्रारूप की जो पश्चिमी देशों से अतीत में हमें मिला है या हमने लिया है।

यह बहुत ही दुर्भाग्यशाली है कि हर कोई संयुक्त राज्य अमरीका की तरह बनना चाहता है। यह मॉडल, न तो बड़े पैमाने पर उपयोग किया जा सकता हे, न टिकाऊ है, न इसे अपने लिये पुनः डिजाइन किया जा सकता है, न यह दीर्घ काल तक चल सकता है। हमें विकास का भारतीय मॉडल गढ़ना चाहिए और गांधीजी यही चाहते थे।

जब मैं युवाओं से बात कर रहा था, तो मैंने कहा, "क्या आप सभी जिलों के लिए डाटा सेट ला सकते हैं?" मैं सभी जिलों के लिए बस यह चाहता हूं कि सब कुछ ऑनलाइन उपलब्ध हों। न्यायालय के मामलें, पुलिस, अध्यापक, स्कूल, अस्पताल, डॉक्टर सभी के। मुझे

डॉ.सैम पित्रोदा की टिप्पणियां

भारत के राष्ट्रीय डाटाबेस की उतनी परवाह नहीं है। हां, यह बहुत महत्वपूर्ण है, मैं यह नहीं कहता कि यह जरूरी नहीं है। लेकिन मैं जिला स्तर पर काम करना चाहता हूं। यदि जिला स्तर पर मुझे 500 अध्यापकों की जरूरत है, तो मुझे दिल्ली जाकर यह पूछने की जरूरत नहीं होनी चाहिए, "मैं उनकी नियुक्ति कहां से करुँ?" मुझे उन्हें उसी वक्त नियुक्त करना है।

हमें बड़े स्तर पर विकेंद्रीकरण करने की जरूरत है। आज भारत में सत्ता दो लोगों के पास है है, प्रधान मंत्री और मुख्य मंत्री।

आज सुबह मेरी मीटिंग बैंगलोर के मेयर के साथ थी, और मैंने कहा, "पहली बात तो यह कि हमें मेयर को और ज्यादा पावर देना चाहिए। " भारत में मेयर के पास कोई अधिकार नहीं होता है। कोई नहीं जानता की मेयर कौन है। वे सिर्फ एक साल के लिए मेयर होते हैं। सुनने में थोड़ा अजीब लगता है। एक साल में तो यह भी पता नहीं चलता कि बाथरूम कहां है। आपको पता लगाने में तीन से चार साल लगते हैं कि आपका काम क्या है। यह एक साल वाली नीति के पीछे कारण यह है कि हम आपको चीजों को समझने के लिए समय नहीं देते हैं। हम सिर्फ वही कर सकते हैं, जो हम कर रहे हैं और इसलिये सभी चीजें ऐसी हैं। इसलिए मैंने उनसे यह कहा कि मेयर का कार्यकाल पांच वर्ष के लिए निश्चित किया जाए, इसके लिए प्रयास किया जाना चाहिए। जिले में भी यही बात लागू होती है। जिला प्रमुख कौन है? जिलाधीश। जिला स्तर पर कोई निर्वाचित सदस्य नहीं होता। शक्ति का वास्तव में विकेंद्रीकरण करने के लिए जो कुछ भी आप कर रहे हों उसके माध्यम से हम जिला स्तर विकास मॉडल को क्यों नहीं अपनाते हैं?

मैं आपका ज्यादा समय नहीं लूंगा, लेकिन मेरे पास कई सुझाव हैं, जो मैं आपसे साझा करना चाहता हूं, मैं आपसे जुड़ा रहना चाहता हूं। आप जो कर रहे हैं उस पर मुझे बहुत गर्व है। मैं आपकी सहायता करना चाहता हूं। मैं यह जानता और पहचानता हूं कि मैं बीता हुआ कल हूँ, मैं इसका सम्मान करता हूं, लेकिन मैं फिर भी काम करना चाहता हूं और व्यस्त रहना चाहता हूं। मेरा दिन सुबह 8 बजे शुरू होता है और मैं शनिवार, रविवार हर दिन 11, 12 बजे रात तक काम करता हूं, क्योंकि मैं जानता हूं कि यह कैसे किया जाता है। मैं कभी छुट्टी नहीं लेता, मैंने पिछले 50 वर्ष में छुट्टी नहीं ली है। ऐसा इसलिए है क्योंकि यहां भारत में बहुत काम है। समुद्र तट पर जाकर शराब पीने से अच्छा है, काम में व्यस्त रहना है। छुट्टियां लेना मुझे पसंद नहीं है।

रविवार दोपहर आप सभी से मिलकर मुझे बहुत अच्छा लगा। और मुझे बहुत अच्छा लगा कि आप रविवार दोपहर यहां आएं, क्योंकि यही समय मेरे लिये उपलब्ध था। इसलिए मैंने कार्ल को कहा, जो मेरा दोस्त है और एक दिलचस्प व्यक्ति है। मुझे नहीं मालूम कि आप कार्ल को जानते हैं या नहीं, लेकिन आपको उन्हें गुगल पर सर्च करना चाहिए। कार्ल मेरा बहुत करीबी मित्र है, और वह और मैं सभी तरह की जुनूनी चीजें करते रहते हैं।

हमने हाल ही मैं ब्रिउस्टर काह्ले के साथ, सेन फ्रेनसिस्को में एक इंटरनेट आर्काइव शुरु की है, जहां हमने भारत की 4.5 लाख किताबों को नेट पर डाला है। भारत सरकार ने घबरा कर कहा, "रुकिये, आप यह कैसे कर सकते हैं? यह अभी भी कॉपीराइट के अधीन है।" हमने कहा, "चिंता न करें। जब वे हम पर मुकदमा करेंगे तब हम निर्णय लेंगे कि हम क्या करें।"

क्योंकि भारत सरकार को हमें यह नहीं बताने का अधिकार है कि हमें क्या पढ़ना चाहिए और क्या नहीं पढ़ना चहिए।

आपको, ऐसे लोगों की जरूरत है जो अंतरराष्ट्रीय स्तर पर सिस्टम का सामना कर सके। एक समय कार्ल और मैंने भारतीय मानक ब्यूरो का सारा डाटा ऑनलाइन करने का निर्णय लिया। मुझे नहीं पता कि क्या आप जानते हैं कि भारतीय मानक ब्यूरो का एक मानक, भारत में 14 हजार रुपए और विदेश में 1.4 लाख रुपए पर खरीदना पड़ता है। ये हमारे सुरक्षा मानक है, अग्नि मानक, जो हमारे कानून है, लेकिन एक नागरिक के तौर पर आपकी पहुंच इन तक नहीं हैं, लेकिन आपसे अपेक्षा की जाती है कि आप इनका पालन करें। यह थोड़ा विचित्र है।

जब आप इन सूचनाओं को ऑनलाइन करते हैं, तो सरकार कहती है, इंतजार करें, आप ऐसा अभी नहीं कर सकते। उत्तर, दुर्भाग्यपूर्ण है। हम यह करने जा रहे हैं।

मैं चाहता हूं कि युवा वर्ग ऐसा नजरिया अपनाएं और योद्धाओं की तरह बर्ताव करें। अपने को कम न आंके। कोई भी आपको यह न कहे कि आप अमुक कार्य नहीं कर सकते हैं। आप गांधी की तरह संघर्ष करें।

फर्क केवल इतना है कि आप अपने भाई-बंधु (देशवासियों) के लिए लड़ रहे हैं, और यह लड़ाई तो और भी मुश्किल है। आपको मेरी शुभकामनाएं, आपने अपना किमती समय देने के लिए शुक्रिया।

मैं कार्ल से यह सुनने की प्रतीक्षा कर रहा हूँ, उसके बाद हम विस्तृत चर्चा करेंगे। मुझे मालूम है कि मुझे 15 मिनट दिए गए थे, संभवतः मैंने 5 मिनट अधिक लिए। लेकिन मुझे आप जैसे दर्शक कहाँ मिलेंगे? मुझे आपसे स्नेह है।

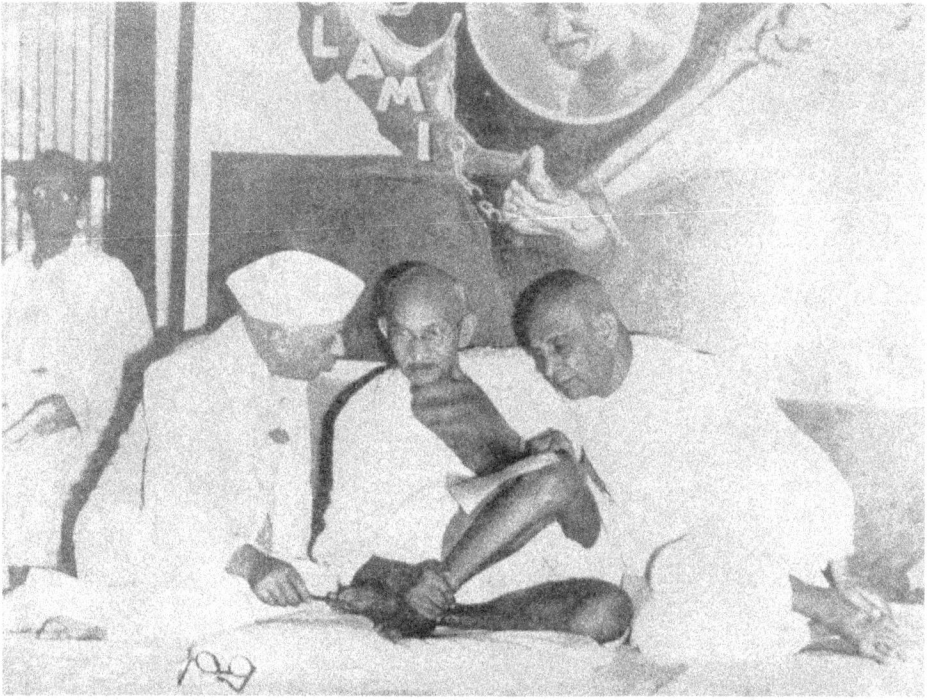

सी.डब्लू.एम.जी, खण्ड 84 (1946), p. 161, जवाहरलाल नेहरू एवं सरदार पटेल के साथ।

सी.डब्लू.एम.जी, खण्ड 86 (1947), p. 224, 'ऑवर ए बैम्बू ब्रिज अक्रोस ए लगून'

सी.डब्लू.एम.जी, खण्ड 38 (1928 –1929), फ्रंटिसपीस.

सी.डब्लू.एम.जी, खण्ड 86 (1946-1947), फ्रंटिसपीस, कैप्शन रीड्स एकला चलो।

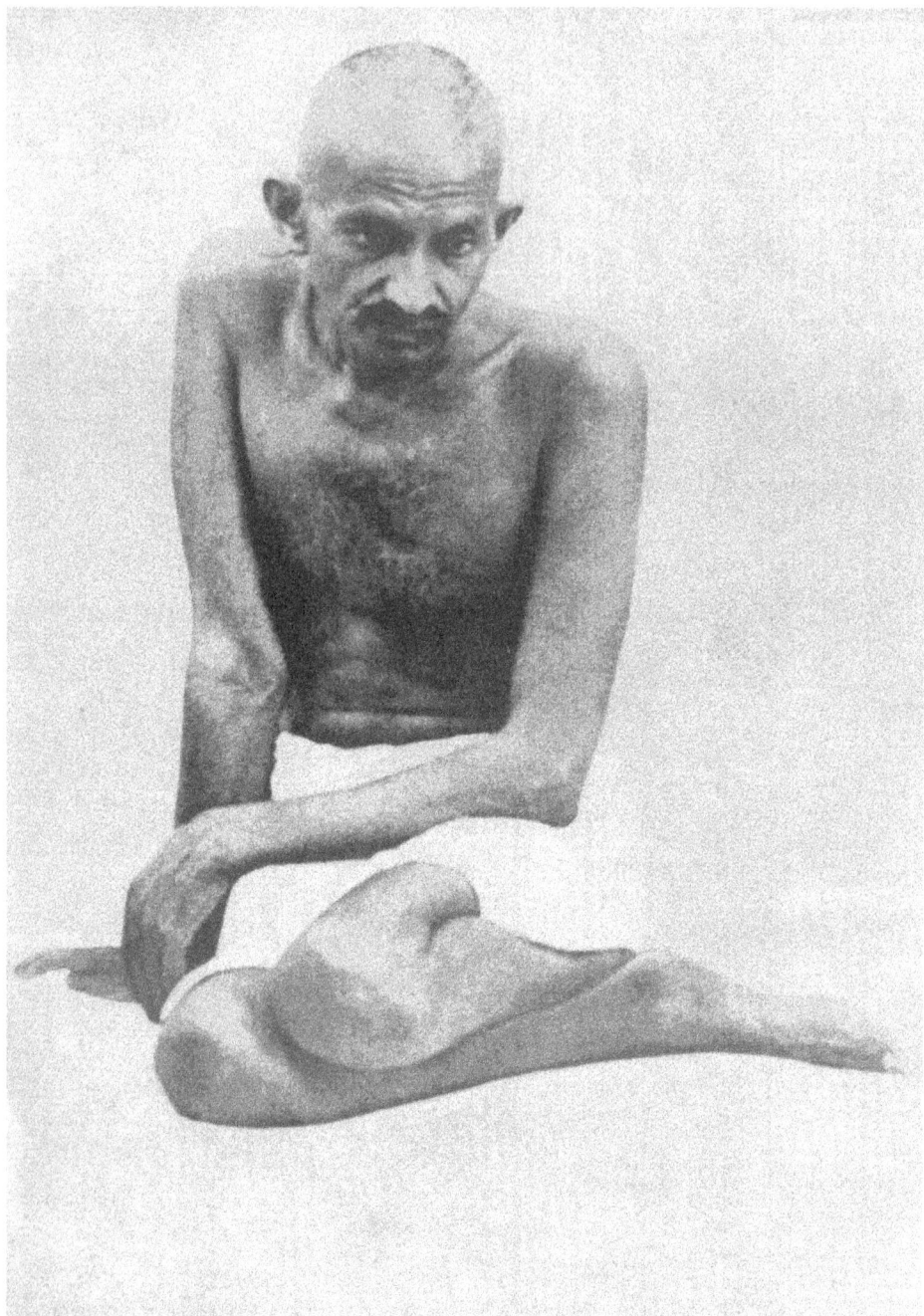

सी.डब्लू.एम.जी, खण्ड 100, फ्रंटिसपीस,' गांधी चिन्तनशील भाव में', साबरमती आश्रम, 1931.

सूचना का अधिकार, ज्ञान का अधिकार: कार्ल मालामुद की टिप्पणियां

'हैज़ गिक गिकअप' (अतिथि विचारक द्वारा सार्वजनिक व्याख्यान), न्युमा (NUMA) बेंगलुरु, 15 अक्टूबर, 2017

धन्यवाद, सैम क्या आप मुझे सुन सकते हैं? हाँ, यह एक बेहतरीन सुविधा है।

हमारी मेजबानी करने के लिए मैं न्यूमा को धन्यवाद देना चाहता हूँ और विशेष रूप से, इस समारोह का आयोजन करने के लिए 'हैज़ गिक' को धन्यवाद देता हूँ। खास कर संध्या रमेश ने, जिन्होने, सभी चीजों को अच्छे तरीके से संयोजित किया है। हमारा परिचय इतना अच्छा देने के लिए प्रनेश आपको धन्यवाद, और इतनी अच्छी उपदेशात्मक प्रस्तुतिकरण के लिए श्रीनिवास और टी.जे आपको भी धन्यवाद। साथ ही मैं सैम को भी धन्यवाद देना चाहूँगा जिन्होंने पुनः मुझे भारत में आमंत्रित किया।

यहाँ आना मेरा सौभाग्य है।

मेरा पेशा अजीब है। मैं एक सार्वजनिक प्रिंटर हूं।

आपने निजी प्रिंटर के बारे में सुना होगा, है ना? वे हॉलीवुड में उपन्यास लिखते हैं, और इन चीजों को प्रकाशित करते हैं।

सार्वजनिक प्रिंटर की शुरूआत सालों पहले हुई है। उस समय एक सार्वजनिक प्रिंटर था, जिसका नाम अशोक था। जो सभी का प्रिय शासक था, जिन्होंने अनेक खम्भों पर अंकित कर सरकार के अध्यादेशों को जारी किया और उन्हें पूरे भारत में फैलाया था। उन्होंने ऐसा इसलिए किया ताकि लोग कानून और धर्म को जान सकें, और यह भी जान सकें कि जानवरों के साथ भी सही व्यवहार करना चाहिए। विभिन्न धर्मों के साथ सहिष्णुता बरतनी चाहिए।

कुछ सौ साल पहले रोम में, लोगों ने अपने शासकों के खिलाफ विद्रोह किया था और कहा था कि "आपको कानूनों को लिखना होगा। आप ऐसा कर नहीं सकते कि हम जब भी न्यायालय जाएँ आप एक कानून बना दें।" उन्होंने रोमन कानून की 12 तालिकाएँ ली और फिर उन्हें पीतल के धातु पर और लकड़ी के तख्ते पर अंकित कराया और उन्हें रोमन साम्राज्य के बाजार में रखवाया ताकि लोगों को उनके कानून का ज्ञान हो सके।

ऐसा इसलिए किया गया था क्योंकि सार्वजनिक मुद्रण ऐसी चीज है, जो हम सभी से संबंधित है। यह निजी मुद्रण से भिन्न है जहां पर आप, कुछ पैसा कमाने के लिए काम करते हैं, और फिर यह हो सकता है कि 70 सालों के बाद, या इस दिन और इस समय और 150 सालों के बाद, यह भी सार्वजनिक विषय में शामिल हो जाए। लेकिन सार्वजनिक मुद्रण ऐसी चीज है, जो हम सभी का अपना हैं। और मैं, संयुक्त राष्ट्र अमेरिका में, यह काम 37 सालों से कर रहा हूँ, सभी चीजें, सांस्कृतिक अभिलेखों से लेकर कानूनी दस्तावेजों तक।

मैंने 6,000 सरकारी वीडियो लिया है, जिन्हें सरकार ने ऑनलाइन कर दिया था। मैने उन्हें कॉपी किया और उन्हें यूटयूब पर डाल दिया, जिन्हें 5 करोड़ से अधिक देखने वाले मिले। ये वीडियो अब भी वहां मौजूद हैं।

उदाहरण के लिए, ' द सिक्योरिटीज एंड एक्सचेंज कमीशन' (Securities and Exchange Commission) से, किसी सार्वजनिक निगम की आई.पी.ओ. रिपोर्ट प्राप्त करने के लिए 30 डॉलर की कीमत अदा करनी होती है। हमने इसे नि:शुल्क रखा है। और अब, लाखों लोग इस जानकारी का उपयोग कर रहे हैं।

लगभग पांच साल पहले, मैंने भारतीय डेटा पर काम करना शुरू किया। मैंने संयुक्त अमेरिका में काम करना जारी रखा लेकिन भारत में ऐसी दो जगहें हैं, जहां पर अब मैं अपना काम करता हूँ और मैं अब पांच संग्रहों की देख रेख करता हूँ।

पहला फोटोग्राफ का: सूचना मंत्रालय के पास अनेक तस्वीरों का संग्रह है, जो ऑनलाइन है। लेकिन वे छिपी हुई हैं। आप उनका पता नहीं लगा सकते। आप इंडेक्स पेज को देख सकते हैं, जहां पर हजारों तस्वीरें हैं। आपको असली तस्वीर देखने के लिए वहां पर क्लिक करना होगा। इसलिए मैंने उनमें से 12,000 तस्वीरों को निकाल कर उसे 'फ्लिकर' से जोड़ा दिया। ये अद्‌भुत तस्वीरें हैं। यह भारत के प्रथम प्रधानमंत्री जवाहर लाल नेहरू के वर्ष 1947, 1948 और 1949 के गणतंत्र दिवस समारोहों की तस्वीरें हैं। क्रिकेट खेलते हुए लोगों की, ओलंपिक की, जानवरों की, और भारत के मंदिरों की तस्वीरें हैं - ये सभी तस्वीरें बेहद ही खुबसूरत हैं। वहां पर, ऐसी और कई तस्वीरें होनी चाहिए और वह भी अच्छे रिजोल्युशन में होनी चाहिए।

दूसरा, भारतीय मानक ब्यूरो: 'द बिल्डिंग कोड ऑफ इंडिया', मूल्य 14,000 रुपये। भारत में प्रत्येक वर्ष इंजीनियरिंग में 6,50,000 विद्यार्थी होते हैं, जिन्हें इस दस्तावेज को देखने की आवश्यकता है। और इसके लिये उन्हें पुस्तकालय जाना पड़ता है और एक खास CD-ROM लेना पड़ता है या उन्हें वहाँ से एक खास पुस्तक लेनी पड़ती है। हमने उन्हें ऑनलाइन कर दिया है और अब उन पर, प्रति माह लाखों की संख्या में लोग देखने (व्यूज़) आते हैं।

वास्तव में, भारत सरकार ने हम पर कोई मुकदमा नहीं चलाया है। हम पर संयुक्त राष्ट्र अमेरिका, और यूरोप में विभिन्न संगठनों द्वारा मुकदमा चलाया गया है, लेकिन भारत मानक ब्यूरो ने हमें अगला कोई उत्पाद बेचने से मना कर दिया और इसी कारण मैंने उन्हें एक पत्र भेजा। मैंने उनसे मानक प्राप्त करने के लिए प्रतिवर्ष 5,000 डॉलर का भुगतान किया। उसे कुछ सालों तक चलाया और उन्होंने मुझे नवीनीकरण का नोटिस भेजा। मैंने कहा कि "जरूर, मैं नवीनीकरण कराने के लिए तैयार हूँ। लेकिन मेरे पास सारे मानक हैं, क्या यह बड़ी बात नहीं है। क्या मैं इनको एच.टी.एम.एल. (HTML) में आपको दूँ ?"

क्यों कि बहुत सारे मानकों को जो भारत का है, उन्हें एच.टी.एम.एल. में फिर से टाइप किया, चित्रों (डायग्राम) को एस.वी.जी. (SVG) में ड्रा किया, फॉर्मुलों को मैथएमएल (MathML) में कोड किया ताकि आप इसे अपने फोन पर देख सकें, इसका डायग्राम ले सकें, इसे बड़ा बना सकें, और इसे अपने दस्तावेजों पर चिपका सकें।

कार्ल मालामुद की टिप्पणियां

अब हम जन हित के लिए भारत सरकार पर मुकदमा कर रहे हैं। श्रीनिवास कोडाली मेरे सह-याचिकाकर्ता हैं। मेरे दोस्त, सुशांत सिन्हा, जो यहां मौजूद हैं, वो एक अद्भुत पत्रिका 'इन्डियन कानून' का प्रकाशन करते हैं, जो न्यायालय के सभी मामलों के बारे में सूचना देती है। वे मेरे सह-याचिकाकर्ता हैं। निशीथ देसाई और उनके सहयोगी, उच्च न्यायलय दिल्ली में, निःशुल्क रूप से हमारा प्रतिनिधित्व कर रहे हैं। सलमान खुर्शीद इस मामले में हमारे वरिष्ठ अधिवक्ता हैं।

पुनः हमें नवंबर महीने में अदालत में पेश होना है। इससे संबंधित कागजी कार्य समाप्त हो गए हैं और केंद्रीय सरकार चौथी बार भी अपनी प्रतिक्रिया देने में विफल रही है। हम मौखिक बहस कर इस केस को जीतने की उम्मीद कर रहे हैं। भारत में सरकारी सूचना का अधिकार, संविधान पर आधारित है। ये मानक सरकारी दस्तावेज हैं, जिन्हें कानून की शक्ति प्राप्त है।

तीसरा संग्रह, सरकारी राजपत्रों का है, जिसके बारे में श्रीनिवास ने अभी बात की है। हमने अभी इन पर काम करना शुरू किया है। हमने अभी 'भारत के राजपत्र' को प्रदर्शित किया है। अब मुझे कर्नाटक, गोवा, दिल्ली और अन्य कई प्रदेशों का राजपत्र मिल गया है। हम उन्हें अपलोड करने की तैयारी कर रहे हैं और यह पता लगाने की कोशिश कर रहे हैं कि बाकी बचे राजपत्रों को कैसे प्राप्त किया जा सकता है।

चौथा संग्रह 'हिंद स्वराज' है। मैं एक दिन सैम से मिलने गया और उन्होंने पूछा कि " क्या आपके पास पेनड्राइव है?"

"क्या?" फिर मैंने उन्हें एक यू.एस.बी. ड्राइव दिया। उसे उन्होंने कंप्यूटर में लगाया और फिर लगभग 15 मिनट के बाद मुझे वह वापस कर दिया। मैंने पूछा कि "यह क्या है?"

उन्होंने उत्तर दिया कि "महात्मा गांधी के संकलित कार्य हैं, सभी 100 भाग, जो 50,000 पृष्ठ की हैं।" मैंने पूछा, "आपने इसे कहाँ से प्राप्त किया?"

"यह मुझे आश्रम ने दिया"

"अच्छा, अब वे इसका क्या करेंगे?"

सैम ने कहा कि वे उनको वेबसाइट पर डालेंगे।

पुनः मैंने पेनड्राइव को देखा और पूछा, "क्या मैं इसे वेबसाइट पर डाल सकता हूँ?"

सैम ने आत्मविश्वास से कहा "हाँ, जरूर!"

"क्या वे नाराज नहीं होंगे?"

"नहीं, कोई इसकी परवाह नहीं करेगा"

इसलिए मैंने उन्हें इंटरनेट पर डाल दिया। मैंने यह निर्णय उसी समय ले लिया था जब हम इस संग्रह के 100 भागों पर काम कर रहे थे। आप उन्हें सर्च कर सकते हैं और इसे ई-बुक के रूप में डाउनलोड भी कर सकते हैं। मैं दूसरे सरकारी सर्वर पर भी गया। मुझे उनमें जवाहर लाल नेहरू द्वारा किए गए कुछ चयनित कार्य मिलें। लेकिन उनमें तीन खंड गायब थे। मैंने उन तीन खंडों की तलाश की। वे सभी इंटरनेट पर मौजूद थे।

अब हमारे पास नेहरू जी के काम का संपूर्ण संग्रह है। डॉ. भीमराव अंबेडकर का संपूर्ण कार्य महाराष्ट्र से संबंधित सर्वर पर मौजूद था। लेकिन उनमें से भी छह प्रचलित खंड गायब थे। मैंने सर्वर से दस्तावेज लिए और शेष खंडों को प्राप्त किया। अब हमारे पास अंबेडकर जी के कार्यों का पूर्ण संग्रह है जो हिंद स्वराज संग्रह में 'इंटरनेट आर्काइव' पर है।

उसमें महात्मा गांधी द्वारा आकाशवाणी पर दिए गए 129 भाषण भी मौजूद हैं। उनके जीवनकाल के अंतिम वर्ष, प्रत्येक दिन, वह प्रार्थना सभा के बाद भाषण देते थे। इस तरह आप गांधीजी के अद्भुत जीवन के अंतिम वर्षों में उनके द्वारा दिए गए भाषण सुन सकते हैं। आप उनके संग्रहित कार्य को देख सकते हैं। उनके भाषणों के अंग्रेजी संस्करणों को भी देख सकते हैं और फिर आप उनके अगले दिन पर जाएँ – अगले दिन उनके द्वारा लिखे गए पत्रों को देख सकते हैं। अगले दिन उनके द्वारा दिए गए भाषणों को सुन सकते हैं। यह उनके जीवन को, दिन प्रतिदिन लगातार देखने का शानदार तरीका है।

हमने दूरदर्शन आर्काइव को देखा। उसमें नेहरू जी द्वारा कही गई भारत एक खोज, द डिस्कवरी ऑफ इंडिया की 1980 के दशक की श्रृंखला को पोस्ट किया। अब वे सारे एपिसोड इंटरनेट पर मौजूद हैं। हमने उनमें से कुछ एपिसोडों के तेलुगू और उर्दू भाषा के उपशीर्षक भी तैयार किए। उसके उपशीर्षक हमारे पास पांच भाषाओं में उपलब्ध हैं। इन सभी कार्यों को हम इसी रूप में करना चाहेंगे।

लेकिन मैं 'डिजिटल लाइब्रेरी ऑफ इंडिया' के बारे में बात करना चाहूँगा क्योंकि यह वर्तमान समय का सबसे अहम मुद्दा है। जिस पर हम काम कर रहे हैं। वहां पर ऐसा सरकारी सर्वर था जिसमें 5,50,000 पुस्तकें मौजूद थी। कम-से-कम उतनी तो थी ही जितना उन्होंने कहा था।

एक साल पहले की बात है। मैं सैम के साथ बैठा था। हमने साप्ताहिक दौरे पर भारत का भ्रमण कर लिया था और काफी थक चुके थे। मेरी तबीयत खराब थी। हम संयुक्त राष्ट्र अमेरिका वापस जाने के लिए अपनी देर रात की फ्लाइट का इंतजार कर रहे थे। सैम से मिलने बहुत लोग आ रहे थे। मैं चारो तरफ देख रहा था और मुझे डिजिटल लाइब्रेरी ऑफ इंडिया दिखी।

मैंने देखा तो मुझे ऐसा लगा कि वहाँ से चीजे निकाल ली जा सकती थीं। वहां पर बहुत सारी पुस्तकें थीं। उन्हें देखना सुविधाजनक नहीं लग रहा था इसलिए मैंने एक छोटा-सा स्क्रिप्ट लिखा और वह काम कर गया। जब हम हवाईजहाज की यात्रा पूरी करके घर गए और अपने सर्वर को देखा। मैं इस बात को लेकर संतुष्ट हो गया कि हमने कुछ पुस्तकों को

हथिया लिया है। अगले तीन महीनों तक, मैंने उनकी पुस्तकों को हथिया कर अपने सर्वर पर उतारना शुरू कर दिया।

इस काम में थोड़ा समय लगा। यह डाटा लगभग 30 टेराबाइट का था। मैंने उनके 4,63,000 पुस्तकों को प्राप्त करने में मैं सफल रहा। जिनमें से कुछ मुझे नहीं मिल पाए और कुछ पुस्तकों के URL अधूरे थे, लेकिन हमें 4,63,000 PDF फाइलें प्राप्त हुईं।

यह पिछले वर्ष (2016) का दिसबंर का महीना था और जनवरी महीने में मैंने इसे 'इंटरनेट आर्काइव' पर अपलोड कर दिया। जब आप इतनी अधिक मात्रा में कार्य करते हैं और उन्हें अपलोड करते हैं, तब ऐसी चीजें को अपलोड होने में समय लगता हैं। अब मैंने इस संग्रह को बारीकी से देखना शुरू किया है। मैं तब तक इसके बारे में वास्तविक रूप से कुछ नहीं बता सकता जब तक मुझे डाटा न मिल जाए।

यहां 50 विभिन्न भाषाओं की पुस्तकें उपलब्ध हैं। मेरा मानना है कि यहां 30,000 पुस्तकें संस्कृत भाषा में हैं। जहां दस हजार पुस्तकें गुजराती, बंगाली, हिंदी, पंजाबी और तेलगू आदि भाषाओं में उपलब्ध हैं। इस संग्रह में लगभग आधी पुस्तकें अंग्रेजी, फ्रेंच और जर्मन भाषाओं में उपलब्ध हैं, लेकिन फिर भी यह अद्‌भुत संग्रह है।

अभी, इसमें भी कई समस्याएं हैं। जब मैंने इनको 'मिरर सर्वर' पर कापी करना शुरू किया तो करीब 500 बार सिस्टम ने गलती (एरर) बताये। अनेक बार प्रोगाम रुका, अनेक बार मेरा स्क्रिप्ट भी। अगले दिन फिर मैं जाता और फिर मैं अपना स्क्रिप्ट चलाता। इस तरह मुझे बहुत से डाटा प्राप्त हुए। और फिर कई बार उनका DNS भी काम करना बंद कर देता। उनका DNS लगातार डाउन होता रहता था।

यदि आप DNS को नाम से खोजेगें तो यह बताएगा कि "होस्ट नहीं मिला," और ऐसी समस्या बार-बार आएगी। मैंने आई.पी. एड्रेस को 'हार्ड कोड' करना शुरू किया क्योंकि मेरे पास दस्तावेजों को प्राप्त करने का केवल यही तरीका बचा था। वहां पर, खराब हॉस्टिंग के अलावा अन्य मुद्दे भी हैं। मेटाडाटा एक अव्यवस्थित रूप में है। अधिकांश शीर्षक टूटे हुए हैं। कुछ स्कैनिंग, सही तरीके से हैं और कुछ ठीक तरीके से नहीं हैं।

यहां पर अनेक प्रतिलिपि दुबारा डाले हुए हैं लेकिन फिर भी यह अद्‌भुत संग्रह है। मैंने यह भी देखा कि वहां पर ऐसी कुछ पुस्तकें थी, जो कॉपीराइट के आधार पर बहुत रोचक लग रही थी। मैंने उन्हें देखा और कहा कि इनमें से कुछ पुस्तके हाल के ही छपे हुए हैं। लेकिन मैंने नीचे कॉपीराइट वाले स्थान पर "इस पर कॉपीराइट नहीं है" लिखा हुआ देखा। इसलिए मैंने सोंचा "उन्हें जरुर ही पता होगा कि वे क्या कर रहे हैं।"

मैं आर्काइव पर कुछ ऐसा करता हूँ कि मैं उन्हें इंटरनेट पर डालता हूँ। यदि लोग इसकी शिकायत करना शुरू करते हैं तो हम कहते हैं "ठीक है, मैं इसे हटा देता हूँ।" इसलिए मैंने इसे इंटरनेट पर डाल दिया है और वह इस वर्ष के फरवरी महीने से ऑनलाइन हो गया है। हमें अब तक, इस संग्रह पर पचासी लाख लोग देखने आ चुके हैं।

यह संग्रह ऑनलाइन है। गूगल ने इसे देखना शुरू कर दिया है। लोग भी इसे देखते हैं। लगभग आधे दर्जन लोगों ने हमें पत्र लिखा है और कहा है कि "अहा! आपके पास मेरी पुस्तक है!" यदि किसी ने संयुक्त राज्य अमेरिका के डी.एम.सी.ए. (DMCA) मानक के बारे में एतराज किया तो हमारा उत्तर है "कोई समस्या नहीं। ठीक है, हम इन सभी पुस्तकों को हटा देंगे।"

यूनिवर्सिटी ऑफ नोर्थ कैरोलिना प्रेस ने हमें एक पत्र भेजा। उनके पास 35 पुस्तकों की एक सूची थी। यह एक बेहतरीन पत्र था जिसमें उन्होंने कहा कि: "हमें इस बात से आपत्ति नहीं है कि आपके पास हमारी पुस्तकें ऑनलाइन हैं। लेकिन अब हमलोग अपने पुराने फाइल को ऑनलाइन कर रहे हैं और इसे बेचने जा रहे हैं। इसलिए आपके पास वह नहीं होनी चाहिए।"

हमने उनकी सूची देखी और फिर अपना डाटाबेस सर्च किया। यह पाया कि हमारे पास उनकी कुछ और पुस्तकें भी हैं जो उन्होने नहीं देखा हैं। उन्हें एक पत्र लिखकर यह बताया और कहा कि "ये आपकी पुस्तकें हैं। यदि आपको कोई और समस्या है तो हमें सूचित करें।" कुल मिलाकर हमने उनकी लगभग 127 पुस्तको, अब हटा दिया है, जो कोई बड़ी बात नहीं है।

रूस में एक आदमी था, जिसे 'इंटरनेट आर्काइव' पर उसके पिता की पुस्तक मिली। वह ऐसे प्रोफेसर को जानता था जो 'डिजिटल लाइब्रेरी ऑफ इंडिया' में शामिल था। वह उनपर मुकदमा करने वाला था। उसे बहुत गुस्सा आया हुआ था। उसके चलते जिन वरिष्ठ लोगों ने इस परियोजना की शुरूआत की थी, वे डर गए और सरकार के पास गए। सरकार भी परेशान हो गई। मुझे ऐसे पत्र मिलने लगे जिनमें लिखा था कि "आपको इन सभी पुस्तकों को हटाना होगा। आपको यहाँ से हटाना ही होगा।"

मैंने सोंचा "नहीं, मैं ऐसा नहीं करूँगा।" और तब वास्तव में उन्होंने अपने सर्वर को डाउन कर दिया। इसलिए अब हमारे पास इंटरनेट पर, 'डिजिटल लाइब्रेरी ऑफ इंडिया' की एकमात्र प्रतिलिपि है। मैंने पुनः इसका नामकरण किया क्योंकि वे चिंतित थे कि हम उनसे किसी न किसी रूप में उनसे जुड़े हुए हैं। मैंने कहा "ठीक है, ये पब्लिक लाइब्रेरी ऑफ इंडिया है।" इसलिए उन्होंने पहले सभी पुस्तकों को हटा दिया, उसपर आप मेटाडाटा को सर्च कर सकते हैं लेकिन आप पुस्तक नहीं प्राप्त कर सकते हैं।

फिर उन्होंने नीचे देखा। वहां एक नोटिस था। उसमें लिखा था कि "कॉपीराइट अतिक्रमण की वजह से यह अभी उपलब्ध नहीं है। जल्दी ही फिर उपलब्ध होगी।" और मेटाडाटा फिर से उपलब्ध हो गया, पर सर्वर एकदम गायब हो गया और कॉपीराइट नोटिस फिर से आ गया। और अभी यह फिर से गायब है। नेट से यह पूर्णतः गायब है।

मैंने जो समझा वह यह है कि सरकारी अधिकारियों का एक समूह इन 10 विभिन्न पुस्तकालयों और इन स्कैनिंग केंद्रो में फैल गए, जहां पर वे पुस्तकें प्राप्त कर सकते थे। वे इस सूची को ध्यान से देखते थे और निर्णय लेते थे कि इन में से कौन-सी पुस्तक उपलब्ध

कार्ल मालामुद की टिप्पणियां

होगी और कौन-सी उपलब्ध नहीं होगी। उन्होंने हमें बताया था कि वे हमें इसकी जानकारी दे देंगे कि कौन सी पुस्तक उपलब्ध होनी चाहिए।

जब वे घबरा गए तो मैं गया और सिस्टम पर नज़र डाली। मेरी आंतरिक भावना यह थी कि हम कुछ भी हटा नहीं सकते हैं। मैंने कहा कि "नहीं, हमलोग प्रति माह के एक मिलियन व्यूज और 5,00,000 पुस्तकों को नहीं हटा सकते हैं। हमलोग ऐसा नहीं करेंगे।"

उन्होंने कहा कि "ठीक है, सन् 1900 के बाद की सभी चीजें हटा दो।" और फिर उन्होंने हमारे लिए 60,000 पुस्तकें छोड़ी। मैंने कहा "सन् 1900 ही क्यों?" उन्होंने शायद ऐसे ही एक अंतिम तारीख तय कर ली थी। और इसलिए मैंने कहा, "ठीक है, मैं सन् 1923 के बाद की सभी चीजें हटा दूँगा।" और उन्होंने मेरे लिए 2,00,000 पुस्तकें छोड़ी हैं।

मैंने फिर बाकी बची 2,50,000 पुस्तकों को देखा और उस सूची को ध्यान से देखा। उनमें से बहुत सारे अधिकारिक राजपत्र थे। या फिर वे महात्मा गांधी के कार्य थे, जिनके बारे में हमें पता था कि उनका कॉपीराइट नहीं है। या फिर वे अन्य चीजें हैं।

और फिर इस सूची को ध्यान से देखने के बाद, मुझे कुल 3,14,000 पुस्तकें मिलीं। जिन्हें अब आप देख सकते हैं। वे अब भी हमसे कहना चाहते हैं कि हमें सभी चीजों को ऑफलाइन रखना चाहिए। मुझे ऐसा लगता है कि यह सरकारी काम नहीं है कि वे आपको यह बताएँ कि आपको क्या पढ़ना चाहिए और क्या नहीं पढ़ना चाहिए।

यहां पर कुछ और अधिक महत्वपूर्ण चीजे हैं: कॉपीराइट कोई बायनरी चीज नहीं है। उदाहरण के लिए, मैं उन सभी पुस्तकों को दृष्टिहीन व्यक्ति के लिए उपलब्ध करा सकता हूँ। क्योंकि ऐसा अंतरराष्ट्रीय अनुबंध है, जो यह कहता है कि जब आप दृष्टिहीन व्यक्ति के लिए पुस्तक का निर्माण करते हैं तो उस पर कॉपीराइट लागू नहीं होता है। यह कॉपीराइट के कानून में प्रगतिशील चीज है। उसमें कुछ बिंदु पर कोई कॉपीराइट नहीं होगा। क्योंकि उस समय तक कॉपीराइट की अवधि खत्म हो जाएगी। मुझे इस बारे में कुछ नहीं पता है कि यह सब कब होगा। इसलिए हम लोग इन्हें हटा नहीं रहे हैं क्योंकि अतंत: हमने उन्हें उपलब्ध कराया है।

आप दिल्ली विश्वविद्यालय में हुए मामले से तो परिचित ही होंगे। दिल्ली विश्वविद्यालय का मामला कॉपीराइट अधिनियम से संबंधित है जो यह कहता है कि आप पुस्तक को शिक्षण के लिए, शिक्षक और विद्यार्थी के बीच शैक्षिक व्यवस्था के लिए तैयार कर सकते हैं। इसलिए हम इन सभी पुस्तकों को विश्वविद्यालय परिसर के भीतर उपलब्ध करा सकते हैं।

पुस्तकों को हटाना सही उत्तर नहीं है। मेटाडाटा को व्यवस्थित करके इसे बेहतर बनाना है। हम अनुवाद पर काम कर रहे हैं। बेहतर ओ.सी.आर. (OCR) तैयार कर रहे हैं क्योंकि हम कुछ भाषाओं का ओ.सी.आर. कर सकते हैं लेकिन कुछ को नहीं कर सकते हैं। इसे बेहतर बनाना है। कॉपीराइट मामलों की प्रतिक्रिया देनी है।

जब डिजिटल लाइब्रेरी ऑफ इन्डिया (DLI) का सर्वर ऑनलाइन था और मैं उनकी प्रतिलिपि ले रहा था उस वक्त मैने उन्हें लिखने की कोशिश की। मुझे कोई उत्तर नहीं मिला। अंत में एक विख्यात प्रोफेसर मेरे पास आए और उन्होंने कहा कि, “तुमने इसे हमलोगों से सलाह किए बिना ही यह कर डाला” तो मैंने कहा, “यह डेटा वर्ष 2015 से रक्खी है।“

हमने अंदाजा लगाया कि वहाँ कोई देखने वाला नहीं था। हम किसी से बात करना चाहते थे पर किसी ने बात नहीं की। इसलिए मैंने आगे बढ़कर इसे हासिल कर लिया।”

इतना ही नहीं, ये पुस्तकें हैं। जब ये इंटरनेट पर है मैं आपके सर्वर को हैक नहीं कर सकता। परंतु यदि यह सार्वजनिक डाटा है - जिसका संचालन सरकार द्वारा किया जाता है तो मुझे उसे प्राप्त करने और देखने का अधिकार है। यदि कॉपीराइट का कोई मामला सामने आता है तो मैं इसकी जिम्मेदारी संभाल सकता हूँ। हम लोग ऐसी समस्याओं से निपटने के लिए तैयार हैं। इसलिए इस पुस्तकालय को ऑनलाइन कर दिया गया है।

अब, आप पूछ सकते हैं कि “ये चीजें क्या महत्व रखती हैं? हमें पब्लिक प्रिंटिंग की जरूरत क्यों है?” आज दुनिया की स्थिति खराब है। इसके बारे में आप क्या सोचते हैं यह मैं नहीं जानता। परंतु, आय की असमानता से गरीबी, बीमारी, भूख की समस्या में वृद्धि हुई है। भारत में खाद्य पदार्थ का उत्पादन जरूरत से ज्यादे है फिर भी यहाँ 20 करोड़ लोगों के पास खाने के लिए भोजन नहीं है।

हम इन समस्याओं का समाधान कर सकते हैं। जलवायु परिवर्तन जैसी चीजें हमारे ग्रह के प्रति अपराध करने जैसा है। आप ग्लोबल वार्मिंग को देख सकते हैं, यह असंभव बात नहीं है, यह सत्य है। यह विज्ञान है।

असहिष्णुता को ही लें। दूसरे जाति और धर्म के लोगों के प्रति हिंसा करना। महिलाओं और बच्चों के खिलाफ हिंसा करना। असहिष्णुता की भावना रखना। विचारों के प्रति असहिष्णुता। बैंगलोर में गौरी लंकेश की हत्या जैसे भयानक कांड।

मिथ्या समाचार? फेसबुक पर जातिवाद फैल रहा है? मिथ्या विचारों को लोग साझा करते हैं, संयुक्त राज्य अमेरिका में हमारे राष्ट्रपति को चुनाव में जीतने में मदद करते हैं? प्रश्न यह उठता है कि ऐसी स्थिति में आप क्या कर सकते हैं?

मेरा यह मानना है कि प्रत्येक पीढ़ी को किसी-न-किसी रूप में अवसर प्राप्त होते हैं। यदि आप तकनीक से संबंधित व्यक्ति हैं और 1960 के दशक के प्रारंभिक समय के हैं तो आप सैम की उम्र के हैं। आपने डिजिटल फोन की स्विच, या कंप्यूटर का आविष्कार करने में योगदान दिया होगा। यदि आप 1950 के दशक के व्यक्ति हैं तो आप शायद एरोस्पेस में काम कर रहे होंगे। कुछ चीजें समाजिक मुद्दों से संबंधित होते हैं। ऐसी कई चीजें है जो हम कर सकते हैं। यदि आप 1880 के दशक के हैं तो आप अनैच्छिक दासता के खिलाफ लड़ाई लड़ रहे होंगे। आप गांधीजी के अनुयायी बने होंगे।

कार्ल मालामुद की टिप्पणियां

मेरा यह मानना है कि हमारे समय में प्राप्त अवसर हैं, ज्ञान तक हमारी पहुंच को सार्वजनिक बनाना, यही वह नायाब संकल्प है जिसे पूरा करना है। यह ऐसी चीजें हैं जिसे हम कर सकते हैं। हम इसे अंजाम दे सकते हैं। इसका महत्वपूर्ण कारण यह है कि लोकतंत्र का संचालन जनता द्वारा होता है।

नागरिकों को सभी चीजों से अवगत कराना लोकतंत्र की कुंजी होती है। मैं परिवर्तन में विश्वास करता हूँ। आज हम ग्लोबल वार्मिंग का समाधान नहीं कर पा रहे हैं। परंतु यदि हम यह समझ जाएं कि हमारे पर्यावरण के साथ क्या हो रहा है तो मेरा विश्वास है कि हम इसके लिए कार्य करना शुरू कर देंगे। मैं मानता हूँ कि परिवर्तन के लिए दो चीजें होनी चाहिए। गांधीजी ने हमसे कहा था कि परिवर्तन की एक कुंजी प्रेम है। जब आप नाज़ी (Nazis) को देखें तो उन पर हाथ नहीं उठाएं। इस संदर्भ में, वर्तमान समय में, संयुक्त राज्य अमेरिका में हो रहे वाद-विवाद जो मुझे पसंद नहीं है वह है अति-दक्षिणपंथ, है ना? फिर दूसरी तरफ लोग हैं जो बोलते हैं कि “नाजियों को खत्म करों।”

समाधान यह नहीं है। गांधी और किंग दोनों ने हमें बताया था कि इस समस्या का समाधान प्यार है। उन्होंने हमें कुछ और भी बताया था। यहाँ हम जस्टिस रानाडे के विचार को याद करते हैं, 'यदि हमें विश्व को बदलना है तो हमें स्वयं को शिक्षित करना होगा, और हमारे शासकों को भी शिक्षित करना होगा'।

किंग और गांधी दोनों ने यह बात स्वीकार की थी कि सत्याग्रह से पहले उन्होंने स्वयं को शिक्षित करने में काफी समय लगाया था और उसके बाद अपने शासकों को शिक्षित किया। गांधीजी के दांडी जाने से पहले उन्होंने उस आश्रम में काफी समय बिताया था, स्वयं को और अपने साथ चल रहे साथियों को प्रशिक्षित किया था। उन्होंने सरकार को याचिका भेजी थी और उसमें कहा था, 'मैं यह करने जा रहा हूँ'। इसलिए मेरा भी यह मानना है कि शिक्षा और प्रेम, प्रमुख चीजें है। रविंद्रनाथ टैगोर भी यही महसूस करते थे। गांधी जी मूल शिक्षा को हटाने का प्रयास कर रहे थे क्योंकि वे ब्रिटिश विद्यालयों को पसंद नहीं करते थे। टैगोर ने उनके ‘सत्य का आवाहण’ का प्रकाशन किया और उन्होंने कहा कि “हमारे मस्तिक को ज्ञान के सत्य को स्वीकार करना चाहिए। उसी तरह हमारे हृदय को, प्रेम के सत्य को सीखना चाहिए।” आपको यह दोनों कार्य करना होगा।

मेरा यह मानना है कि मिथ्या समाचारों की समस्या का समाधान ज्ञान से होता है। आप गलत खबरों को रोक कर उनका समाधान नहीं कर सकते। लेकिन आप बेहतर समाचार प्राप्त कर, कर सकते हैं। आप सच्ची खबरें पढ़ कर, कर सकते हैं। यदि आप आर्थिक अवसर की समस्या का समाधान करना चाहते हैं, तो इसमें हमें मदद करनी होगी, क्योंकि इसे केवल एक व्यक्ति नहीं कर सकता है।

गांधीजी “ब्रेड लेबर” के बड़े प्रशंसक थे। जिसे बाईबल से लिया गया था और उनके अनुसार, उनका ब्रेड लैबर, उनका प्रिटिंग का काम था।

जब वे फिनिक्स आश्रम गए तो सभी को उनकी प्रिटिंग प्रेस का प्रयोग करना पड़ता था। प्रति दिन, सभी लोग प्रिटिंग प्रेस पर काम करते थे। इसके बाद उन्होंने चर्खें का प्रयोग शुरु

किया। यदि आज गांधीजी जिंदा होते तो वे कह सकते थे कि प्रतिदिन ओपन सोर्स सॉफ्टवेयर की कोडिंग करना, ब्रेड लैबर की तरह है। वास्तव में ऐसा ही है। यह मानवीय श्रम है और यह आपकी दुनिया को बेहतर बना सकता है। इससे आप वास्तविकता में कुछ कर रहे होंगे।

गांधी ने जो दूसरी चीज हमें बताई है वह सार्वजनिक कार्य से संबंधित है। जिसपर हमें अपना कुछ समय जरुर बिताना चाहिए - किसी व्यवसाय में होना अच्छा होता है, पैसे कमाना अच्छा है। लेकिन यदि हम अपनी सरकार चाहते हैं जैसा हम लोकतंत्र में करते हैं - तो हमें उसका महत्वपूर्ण हिस्सा बनना होगा।

जो भी मानक मैंने प्रकाशित किया है उन पर एक कवर शीट थी। उस पर हाथियों के चित्र थे और उस पर 'लोगो' भी था, और अन्य आभूषण थे। लेकिन उसके नीचे नीति शतकम् का उद्धरण था और जिस पर लिखा था कि "ज्ञान एक ऐसा खजाना है जिसे कोई चुरा नहीं सकता।" मैं इससे पूरी तरह से सहमत हूँ। ज्ञान को साझा करना चाहिए और मुझे ऐसा लगता है कि यही हमारा मौका है। इसलिए आपका बहुत- बहुत धन्यवाद। अब यदि आप लोगों के कुछ सवाल हैं तो बताएं, मैं और सैम उसका जवाब देंने की कोशिश करेंगे।

सी डब्लु एम जी भाग 87 (1947), पृ. 193, सुबह में अब्दुल गफ्फार खाँ के साथ टहलते हुए.

सी डब्लु एम जी भाग 90 (1947–1948), पृ. 449, प्रार्थना सभा में पहुँचते हुए

सी डब्लु एम जी भाग 88 (1947), फ्रंटिसपीस, लाहौर स्टेशन पर, कश्मीर जाने के रास्ते पर.

सी डब्लु एम जी भाग 13 (1915–1917), फ्रंटिसपीस, भारत पहुँचने पर, 1915.

श्रीमती. एलेनोर रूज़वेल्ट को, एलोरा की गुफाओं के चारों तरफ से घुमाया गया, जहां वे 9 मार्च, 1952 को गई थी।

मैसूर हवाईअड्डे पर श्रीमती. एलेनोर रूज़वेल्ट का स्वागत, श्री. एच.सी दसप्पा, मैसूर के वित्त और उद्योग मंत्री के द्वारा किया गया।

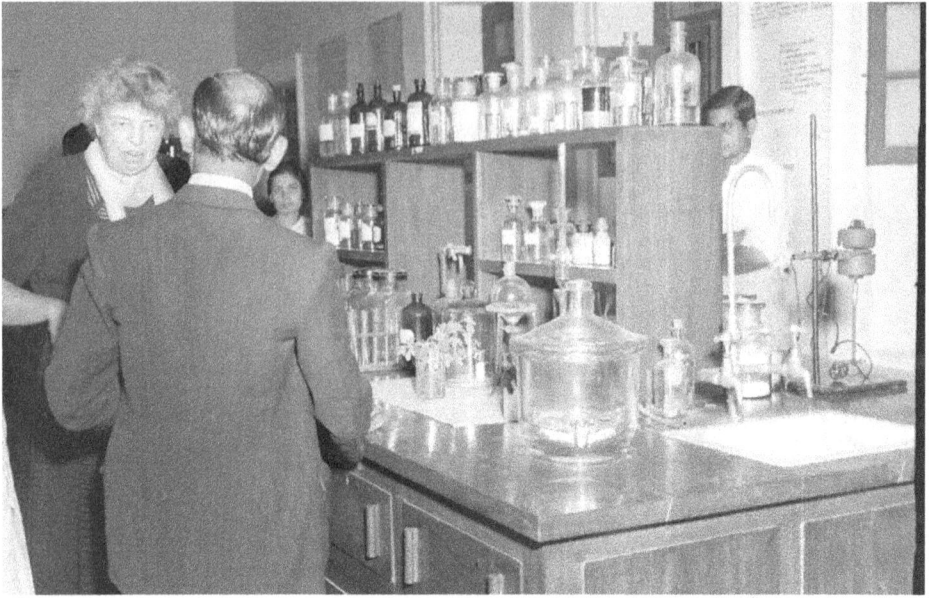

श्री. एलेनोर रूज़वेल्ट, केन्द्रीय खाद्य प्रौद्योगिक अनुसंधान संस्थान, मैसूर की एक प्रयोगशाला में, जहां वह 7 मार्च, 1952 को गई थी।

श्री. एलेनोर रूज़वेल्ट, महारानी गर्ल्स स्कूल, जयपुर में घूमती हुईं, जहां वे 13 मार्च, 1952 को गई थी।

सी डब्लु एम जी भाग 57 (1934), फ्रंटिसपीस

सी डब्लु एम जी भाग 61 (1935), फ्रंटिसपीस, प्लेग प्रभावित गाँव का भ्रमण, गाँव बोरसाड.

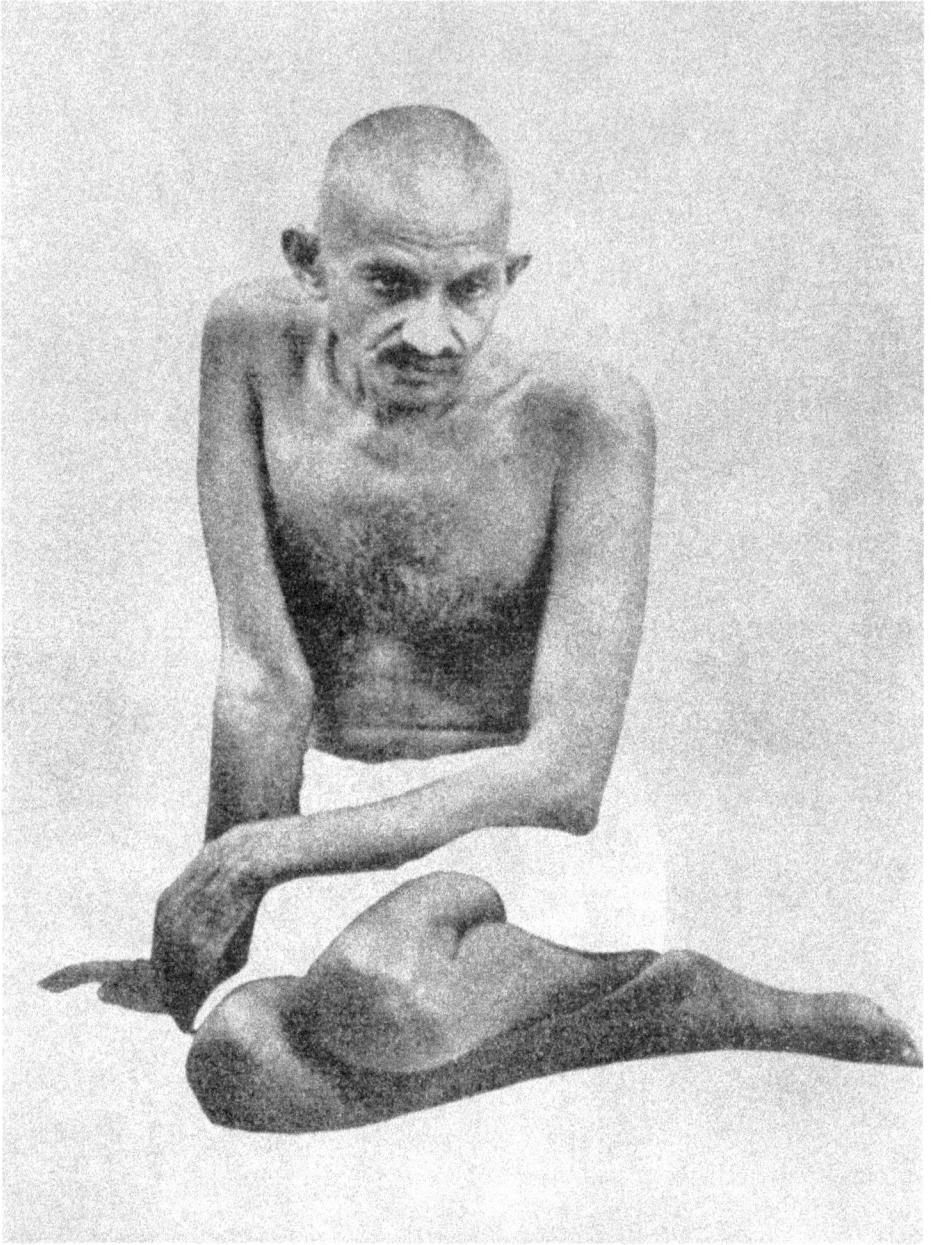

सी डब्लु एम जी भाग 24 (1924), फ्रंटिसपीस, गांधी जी 1924 में.

साक्षात्कार: 'इस छोटे से यूएसबी में 19,000 भारतीय मानक हैं। इसे सार्वजनिक क्यों नहीं किया जाना चाहिए? '

द वायर, अनुज श्रीवास, 26 अक्टूबर, 2017 (द वायर के अनुमति से प्रकाशित)

भारतीय मानक ब्यूरो द्वारा अधिसूचित कोड और विनियमों को कानूनी अनुसंधान करके उसे निःशुल्क रूप से जनता के लिए उपलब्ध कराने वाले एवं Public.Resource.Org के संस्थापक कार्ल मालामूद के साथ साक्षात्कार

[अनुज श्रीनिवास] नमस्ते, आज हम 'सार्वजनिक जानकारी सबके लिए उपलब्ध कराना' के विषय पर चर्चा करेंगे। द वायर की इस चर्चा में आप सबका स्वागत है। मेरा नाम अनुज श्रीनिवास है। आज हमारे अतिथि कार्ल मालामुद हैं।

कार्ल को 'इंटरनेट के ओन इन्स्टीगेटर (Internet's own instigator)' से लेकर 'अमेरिका के अनौपचारिक सार्वजिनक प्रिंटर - (अमेरिका का अनऑफिसियल पब्लिक प्रिंटर - Americas's unofficial public printer)' की तरह जाना जाता है। यहां 'इंटरनेट के ओन इन्स्टीगेटर' से तात्पर्य एक ऐसे व्यक्ति से है जो सरकारों को अपने खिलाफ खुद उकसाता हो या कार्यवाही करने का न्योता देता हो। 25 वर्षों में कार्ल का मिशन रहा है इंटरनेट का उपयोग करके लोगों तक, जितनी संभव हो उतनी जानकारी मुफ्त पहुंचाना है। पिछले दस वर्षों में, उनके कई काम कानून, और कानूनी कोड मानको पर केंद्रित रहे हैं। अक्सर यह उन्हें सरकारी अफसरों के विरूद्ध ला खड़ा करता है, जो लोग एक बहुत ही सीमित एवं संकीर्ण तरीके से इन जानकारियों को विनियमित करना या प्रसारित करना चाहते हैं।

कार्ल, आज हमारे साथ इस विषय पर चर्चा करने के लिए धन्यवाद।

[कार्ल मालामुद] मुझे खुशी है कि आपने मुझे अवसर दिया।

[अनुज श्रीनिवास] हमारे उन दर्शकों के लिए जो आपके काम से परिचित नहीं हैं, क्या आप यह बता सकते हैं कि जो जानकारी सार्वजनिक होनी चाहिये उसे जनता के लिए सार्वजनिक कराना, उसे जनता तक उपलब्ध कराने के आम तरीके क्या हैं और जिसे आम जनता कर सकती है।

[कार्ल मालामुद] अच्छा, मैं जिन चीजों के साथ काम करता हूं वह ऐसी जानकारी है, जिससे ज्यादातर लोग सहमत हैं कि इसे सार्वजनिक किया जाना चाहिए, लेकिन किसी कारणों से ऐसा नहीं किया जा रहा है। जड़ता के कारण, यह एक शुल्क की तिजोरी में बंद है, या सरकारी एजेंसी समस्या को सुलझाने में तकनीकी रूप से सक्षम नहीं है, या कोई व्यक्ति इसका विक्रेता बनना चाहता है, और उस जानकारी को मुख्यतः अपने ही अधिकार में रखना चाहता है। अमेरिका के पेटेंट डेटाबेस की तरह ही, मैं भी सिर्फ बड़े डेटाबेसों की ओर देख रहा हूं। इस मामले में, मैंने उनके सभी डेटा खरीद लिए हैं जब पेटेंट कार्यालय इसे बेच रहा था। इन डेटा को खरीदने में हजारों डॉलर लगे थे, और इसके लिये पैसा मैंने लोगों

से मांग कर जुटाया था। मैंने इसे खरीदा, और फिर मैंने इसे इंटरनेट पर डाला, लाखों लोगों ने इसका निशुल्क इस्तेमाल करना शुरू कर दिया, और मैं पेटेंट कार्यालय के दरवाजे पर दस्तक देने लगा और कहा, "आपको मालुम है यह आपका काम है, और आपको इसे करना चाहिये।"

मुझे पेटेंट व्यवसाय या किसी अन्य व्यवसाय में नहीं जाना है। मेरा हमेशा यह लक्ष्य रहा है, सरकार को बेहतर बनाना, उन्हें यह दिखाना कि लोग वास्तव में इस जानकारी के प्रति रुची रखते हैं। पेटेंट डाटाबेस के बारे में, पेटेंट आयुक्त ने मुझसे कहा था कि उन्होंने यह नहीं सोंचा था कि सामान्य अमेरिकियों को इन मानकों की परवाह होगी। इसे इंटरनेट पर डाल देने के बाद; लाखों लोगों ने इसका उपयोग करना शुरू कर दिया है।

[अनुज श्रीनिवास] कुछ मामलों में, उदाहरण के लिए यह जानकारी जनता के लिए उपलब्ध हैं; लेकिन एक निर्धारित शुल्क पर उपलब्ध है। जब सरकारी एजेंसी की बात आती है, तो आप इससे कैसे निपटते हैं, जो इससे पैसा बनाते हैं?

[कार्ल मालामुद] हाँ, किसी भी सरकारी एजेंसी, या गैर सरकारी संगठन के लिए राजस्व बहुत महत्वपूर्ण होता है। पेटेंट कार्यालय के मामले में, वे प्रति वर्ष 4 करोड़ डॉलर का पेटेंट बेच रहे थे। आप जानते हैं, पेटेंट का पूरा उद्देश्य क्या है - यह एकमात्र डेटाबेस है जो विशेष रूप से संयुक्त राज्य अमेरिका के संविधान में शामिल है। यह बेचे जाने के लिए नहीं है। वे किसी अन्य कार्यों को करके धन कमा सकते हैं, और वे वास्तव में, इन्हीं डेटा को ज्यादा सुचारु बना कर बेच सकते हैं। सवाल यह उठता है कि एक बार जब मैंने यह खरीद लिया, तो क्या मैं इसे फिर से अन्य रुप में प्रकाशित करने में सक्षम हूँ, जिससे यह बेहतर और अधिक उपयोगी हो? मुझे इस बात से कोई दिक्कत नहीं है कि अपनी सेवा (Self-Employed Women 's Association of India) के लिए कोई शुल्क ले। तो सवाल यह उठता है कि उस जानकारी का उपयोग करने के लिए, इसे बेहतर बना कर रखने के लिए, अपने साथी नागरिकों को सूचित करने के लिये, इसके साथ कुछ और करने के लिए, क्या आपको लाइसेंस के बिना अनुमति है?

[अनुज श्रीनिवास] यह सच है। पिछले दो सालों में आपका कुछ काम, भारत में भी बढ़ा है। जैसा कि मैं इसे समझता हूं, उदाहरण के लिए, आप भारतीय मानक ब्यूरो के साथ कानूनी लड़ाई में हैं। क्या आप इस बारे में हमारे साथ थोड़ी बातचीत कर सकते हैं कि इसकी शुरुआत कैसे हुई?

[कार्ल मालामुद] यहां कई प्रकार के कानून, अधिकार और कानूनी संबंधी सामग्री उपबध हैं। इनमें सरकारी फरमान, संसद के कार्य, सरकारी नियम हैं; लेकिन सुरक्षा मानक हमारी आधुनिक दुनिया के महत्वपूर्ण कानूनों में से हैं। नेशनल बिल्डिंग कोड ऑफ इंडिया, टेक्सटाइल मशीनरी के लिए मानक जो श्रमिकों को सुरक्षित रखता है, या कीटनाशकों को सुरक्षित रूप से छिड़कने को लेकर मानक हैं। इन सभी भारतीय मानकों को आधिकारिक राजपत्रों में देखा जाता है। कई मामलों में, आप भारत में उत्पाद तब तक बेच नहीं सकते हैं, जब तक कि वे प्रमाणित न हों; और जब तक वे मानकों को पूरा पालन नहीं करते वे बीआईएस द्वारा प्रमाणित नहीं किए जा सकते हैं। वे सभी सरकारी प्रकाशन हैं।

'इस छोटे से यूएसबी में 19,000 भारतीय मानक हैं।

इसके बावजूद, यह केवल एक कॉपीराइट संबंधी नोटिस नहीं है। यह एक नोटिस होता है कि आप हमारी अनुमति के बिना इन चीजों की प्रतिलिपि नहीं कर सकते हैं; और वे इसे बेचते हैं। भारत में नेशनल बिल्डिंग कोड का मूल्य 14,000 रुपये है। यह एक किताब के लिए बहुत अधिक कीमत है, जिन्हें भारत का हर इंजीनियरिंग छात्र पढ़ना चाहता है। यदि आप इसे किसी दूसरे देश में खरीदते हैं, तो इसकी कीमत लगभग 1.4 लाख रूपये है, जो दस गुना ज्यादा है। यदि आप भारत के साथ व्यापार करना चाहते हैं, तो आपके लिए यह जानना जरूरी होगा कि भारत के सुरक्षा संबंधी कानून क्या हैं।

[अनुज श्रीनिवास] सही कहा आपने, यह सच है। 2013 में, आपने कुछ डेटा लिए और इसे सार्वजनिक कर दिया; लेकिन बीआईएस ऐसा करने से खुश नहीं था।

[कार्ल मालामुद] हाँ, बीआईएस का इस बात पर ध्यान नहीं गया। सर्वप्रथम यह हुआ कि मैंने कई भारतीय मानक खरीदे। मैं चोरी छिपे काम नहीं करता हूँ। मैंने श्री सैम पित्रोदा से बात की। वह उस समय सरकार में शामिल थे और मनमोहन सिंह के लिए काम करते थे। मैंने उनसे कहा, “पित्रोदा-जी, मैं आपसे मिलने आया हूं।” मैं गया और उनसे मिला और मैं मानकों की प्रतियाँ ले गया। मैंने स्थिति को विस्तार से बताया और कहा, “मैं इनको इंटरनेट पर डालूंगा, आप इसके बारे में क्या सोचते हैं?” उन्होंने कहा, “हां, यह अच्छा है।” मैंने कहा, “अच्छा, आप यह जानते हैं कि भारतीय मानक ब्यूरो ऐसा करने से नाराज हो सकता है।” उनका कहना था, “यह महत्वपूर्ण जानकारी है। इसे उपलब्ध होना चाहिए।” उन्होंने इसपर ध्यान नहीं दिया। मैंने सभी 19,000 मानक ले लिए और उन्हें इंटरनेट पर डाल दिया। मैंने मानकों के डीवीडी के लिए, एक वर्ष के लिये, 5,000 डॉलर का भुगतान किया। फिर, मेरी सदस्यता का नवीनीकरण कराने का समय आ गया।

[अनुज श्रीनिवास] ज़रूर

[कार्ल मालामुद] मैंने उन्हें एक पत्र भेजा। मैंने कहा, “हां, यह एक खरीद संबंधी ऑर्डर है। मुझे मेरी सदस्यता नवीनीकृत कराकर खुशी होगी। वैसे, यहां सभी मानक हैं, और हमने उनमें से 971 मानक लिए हैं, और हमने उन्हें एच.टी.एम.एल. (HTML) में बदल दिया है। हमने एस.वी.जी. ग्राफिक्स के रूप में डिजाइन को दोबारा तैयार किया है। हमने सूत्रों को मैथ.एम.एल. (MathML) के रूप में रिकॉर्ड किया। क्या आप इन सभी सूचनाओं की प्रतियां लेना चाहेंगे?” मुझे एक पत्र मिला, जिसमें मूल रूप से लिखा था, आप यह करना बंद करें, आपको इसे तुरंत रोकना होगा। उन्होंने मेरी सदस्यता को नवीनीकृत करने से इनकार कर दिया। उन्होंने मांग की कि हम ऐसा न करें।

मैंने उन्हें प्रत्युत्तर भेजा और बताया कि मेरी समझ से भारतीय संविधान के अंतर्गत, सूचना के अधिकार अधिनियम के तहत, यह सार्वजनिक जानकारी है। वे इससे असहमत थे। हमने मंत्रालय को याचिका दायर की, यह हमारा अगला कदम था। बड़ी बेहतरीन याचिका। पित्रोदा ने शपथ पत्र (एफिडेविट) दिया था । इंटरनेट के पिता विन्टन सर्फ ने शपथ पत्र दिया था। वाटर इंजीनियरिंग और परिवहन के बहुत सारे प्रमुख प्रोफेसरों ने शपथ पत्र पर हस्ताक्षर किए। हमारे पास ऐसे कई उदाहरण थे कि वे मानक बेहतर क्यों लग रहे हैं और हमने अपने योगदान से इसकी महत्ता को बढ़ा दिया हैं।

यह याचिका मंत्रालय पहुंची। कुछ समय बाद हमें जवाब मिला कि "नहीं, आप ऐसा नहीं कर सकते हैं।" अगला कदम एक जनहित याचिका संबंधी मुकदमा था। इसमें मेरे सहयोगी श्रीनिवास कोडाली, एक प्रतिभाशाली युवा परिवहन इंजीनियर और डॉ. सुशांत सिन्हा, 'भारतीय कानून' (इन्डियन कानून) के अद्‌भुत प्रकाशक, थे। हमने मुकदमा दायर किया। निशीथ देसाई के लॉ फर्म ने निःशुल्क रूप से हमारा प्रतिनिधित्व करने के लिए सहमत हुए। वे किसी भी तरह की फीस चार्ज नहीं कर रहे हैं। सलमान खुर्शीद, पूर्व कानून मंत्री, हमारे वरिष्ठ अधिवक्ता के रूप में हमारा प्रतिनिधित्व करने के लिए सहमत हुए। माननीय उच्च न्यायालय दिल्ली में हमारी याचिका दायर है।

बीआईएस ने हमारे शिकायत का उत्तर दिया है। हमने उसका जवाब दिया। केंद्र सरकार जवाब देने में विफल रही है। हमने 13 नवंबर को फिर से अदालत की मदद ली और उम्मीद है कि मुख्य न्यायाधीश या जज जो अध्यक्षता कर रहे हैं, वह मौखिक तर्क का आदेश देंगे। सरकार अपने हिस्से का वर्णन करेगी और अपना फैसला प्रस्तुत करेगी।

[अनुज श्रीनिवास] ज़रूर। कार्ल, जैसा कि मैं इसे यहां समझता हूं, बीआईएस की प्रतिरक्षा कॉपीराइट पर निर्भर है। एक और पक्ष जिसके बारे में भी बात हो सकती है, वह यह है कि इन मानकों को तैयार करने के लिए मुआवजे देने की आवश्यकता है। संयुक्त राज्य अमेरिका और भारत के बीच एक अंतर यह है कि संयुक्त राज्य अमेरिका में मानक, जो अंततः कानून और विनियमन (रेगुलेशन) बनते हैं, वे निजी निकायों द्वारा तैयार किये जाते हैं। यहां भारत में, बीआईएस एक वैधानिक निकाय है, जो कभी-कभी, मेरे अनुसार ज्यादातर मानक लाता है, जिसे अंत में, कानून की शक्ति मान लिया जाता है। इन मानकों को कंपनियों, कॉलेजों, निजी व्यक्तियों को बेचने से एक सीमा तक राजस्व प्राप्त होते हैं। क्या आप बीआईएस के राजस्व मॉडल का भी विरोध करते हैं? क्या आप मानते हैं कि आज के दौर में इसे सार्वजनिक किया जाना चाहिए और हमें उन खर्चों के बारे में चिंता नहीं करनी चाहिए जो पहले, उन मानकों को बनाने में हुईं?

[कार्ल मालामुद] आइये पहले भारत के संदर्भ में इस मामले को निपटा लें और फिर बाकी की दुनिया के बारे में चर्चा करेंगे।

[अनुज श्रीनिवास] ज़रूर

[कार्ल मालामुद] भारत में, ये सभी सरकारी दस्तावेज हैं। उनके राजस्व का 4 प्रतिशत से भी कम आय इन मानकों की बिक्री से होता है। यदि भारत में आप उत्पादों को बेचना चाहते हैं, तो उसे प्रमाणित होना चाहिए। क्या आप जानते हैं कि आपको प्रमाणपत्र प्राप्त करने के लिए किसे भुगतान करना पड़ता है? भारतीय मानक ब्यूरो को। उसमें काफी पैसा लगता है। केवल इसके लिए नहीं, वे उनके मिशन के लिए महत्वपूर्ण है। यह जन सुरक्षा के लिये है। मानकों तक कम पहुंच से, आप इंजीनियरों को उस तरीके से शिक्षा नहीं दे पाते जिस तरह आप उन्हें दे सकते हैं। आप स्थानीय अधिकारियों को, इन कोड को ठीक तरीके से लागू करवाने से वंचित करवा देते हैं, क्योंकि उन्हें इन मानको को खरीदने के लिए 14,000 रूपये खर्च करने होते हैं। सार्वजनिक सुरक्षा की जानकारी तक, उनकी कम पहुंच, उनके लक्ष्य के

आड़े आती है। और बीआईएस को इससे पैसों कमाने की आवश्यकता नहीं है। उन्हें ज्यादातर पैसे अन्य जगहों से प्राप्त होते हैं।

अब, पूरी दुनिया में, निजी गैर सरकारी संगठन ने मानकों को विकसित किया है और फिर सरकार ने उन्हें कानूनी रूप देती है। मैं कुछ बातें बताता हूँ। गैर सरकारी संगठन इन्हें कानून बनाना चाहते हैं। यह संयुक्त राज्य अमेरिका के नेशनल इलैक्ट्रकिल कोड का संपूर्ण उद्देश्य है। वे इन्हें सभी 50 राज्यों और संघीय सरकार में इसे कानून के रूप में लागू करा चुके हैं। उन्हें इसकी आवश्यकता है। वे इन्हें काफी पैसों में बेचते हैं लेकिन क्या आप जानते हैं कि उनके पास इसके अलावे, प्रमाण पत्र कार्य, प्रस्तुतिका (हैंडबुक) और प्रशिक्षण का काम है। जब संघीय सरकार कहती है कि नेशनल इलैक्ट्रिकल कोड जमीनी कानून है, तो उन्हें अमेरिकी लोगों से स्वीकृति की मुहर मिलती है और वे सार्वजनिक सुरक्षा की जानकारी को बेचे बिना, उस सोने की मुहर से पैसे बनाने में सक्षम हैं। वे दावा करते हैं कि उन्हें पैसे की आवश्यकता है लेकिन मुझे ऐसा नहीं लगता है कि यह मुख्य कारण है। मुझे लगता है कि यह नियंत्रण (कंट्रोल) का मामला है।

मुझे ऐसा लगता है कि वे हमेशा इसी तरह काम करते हैं, लेकिन क्या आप जानते हैं कि इंटरनेट ने दुनिया में प्रत्येक उद्योग को अपना कारोबार के स्वरूप को बदलने / अनुकूल करने के लिए विवश कर दिया है। समय के साथ हम अपने कारोबार को अनुकूल करते रहते हैं। वर्ष 1970 में मानकों को एक कीमत पर बेचना समझदारी भरा काम था। इस दिन और इस युग में भी बिल्डिंग कोड, पुस्तक को 14,000 रूपये में बेचा जाता है। यह छोटी सी यू.एस.बी. में सभी 19,000 मानक हैं। यह पूरा मानक है। इसका कोई कारण नहीं है कि भारत में इसे प्रत्येक विद्यार्थी के लिए कम से कम अवाणिज्यिक (नान कमर्शियल) रूप में उपलब्ध नहीं कराना चाहिए। लेकिन मुझे लगता है कि यह प्रत्येक उद्योग और प्रत्येक स्थानीय अधिकारी के लिए उपलब्ध होना चाहिए क्योंकि इससे हम सार्वजनिक सुरक्षा पर बल देते हैं। हर एक व्यक्ति कानून जानता है।

[अनुज श्रीनिवास] सही बात है कार्ल, लेकिन बात केवल जानकारी को लोगों तक निशुल्क पहुंचना ही नहीं है, बल्कि इस जानकारी की पहुंच की गुणवत्ता भी बढाना है। उदाहरण के लिए, आप आवश्यक दस्तावेजों के बारे में जानते हैं - आपको उस पर गौर करने की आवश्यकता है या इसके प्रारूप को अधिक सौंदर्यपरक रूप से तैयार करने की आवश्यकता है, ताकि लोग इसका उपयोग अनुसंधान के लिए कर सकें। आपके कुछ इस तरह के काम, बढ़ कर डिजिटल लाइब्रेरी ऑफ इंडिया से संबंधित हो गये हैं, और वे काम जो आप पिछले दो साल से कर रहे हैं, क्या आप इसके बारे में कुछ जानकारी दे सकते हैं?

[कार्ल मालामुद] हाँ, मानकों के लिए, हम उनमें से कई बिल्डिंग कोड समेत अधिकांश को एच.टी.एम.एल. में फिर से लिखा है। हमने डायग्राम को फिर से बनाया है और फॉर्मुले को फिर से कोड किया है। द डिजिटल लाइब्रेरी ऑफ इंडिया दावा करती है कि सरकारी सर्वर पर 5,50,000 पुस्तके थीं। भारत वर्ष में, लम्बे समय से पुस्तकें स्कैन हो रही हैं।

[अनंत श्रीनिवास] और वे कौन-कौन सी हैं?

[कार्ल मालामुद] इलैक्ट्रॉनिक और सूचना प्रोद्योगिकी मंत्रालय, भारत सरकार इस योजना का प्रायोजक है। मैंने इस डिजिटल लाइब्रेरी ऑफ इंडिया पर ध्यान दिया है और मैंने उसे करीब से देखा है। मुझे दो चीजें दिखी। यह अच्छी तरह से उपलब्ध नहीं थी और इसे सर्च करना भी मुश्किल था। इसका सर्वर (server) काफी धीमा था। लगातार डी.एन.एस. गायब हो जा रहे थे। यदा-कदा सर्वर डाउन होते रहते थे। इसलिए मैंने इसे कॉपी कर लिया और ऑनलाइन कर दिया। मैंने उसे बहुत ध्यान से देखा। डाटाबेस में कॉपीराइट से संबंधित कुछ मामले थे। वे काफी लापरवाह तरीके के थे, लेकिन इनका मेटाडाटा खराब था। उनके शीर्षक गलत थे। स्कैनिंग की प्रक्रिया भी थोड़ी लापरवाह तरीके से की गई थी। उसके पृष्ठ तिरछे थे और कुछ गायब भी थे या आधी पुस्तक नहीं थी, या इसकी सूक्ष्मता (resolution) काफी कम थी।

हमने एक कॉपी भर बनाई है, और उसे केवल बेहतर बनाने के लिए इंटरनेट में डाला है। हमने उसे इंटरनेट आर्काइव में डाल दिया है। एक महीने में इसे लगभग दस लाख लोगों ने देखा। इसे देखने के लिये लोगों की संख्या बढ़ने लगी। हमें कुछ नोटिस भी मिले। ऐसा बड़े स्तर के संस्थाओं में होता है। आपको कुछ नोटिस मिले और आपने उन पर अपनी प्रतिक्रिया दी। आपने कहा, “ठीक है, मैं उसे हटा देता हूँ”

[अनुज श्रीनिवास] कुछ मामलों में, इनका पालन करके आप खुश हैं।

[कार्ल मालामुद] हां, बिल्कुल। यदि कोई व्यक्ति कहता है कि पुस्तक कॉपीराइट है, तो यह कोई समस्या नहीं है। हम लोग इसे तुरंत हटा देंगे। यह कोई बड़ी बात नहीं है। जब आप करोड़ों या लाखों पुस्तकों जैसे ब्रुवस्टर काल्हे इंटरनेट आर्काइव पर डालते रहते हैं, तो गलतियां तो होती ही हैं।

सरकार काफी घबराई हुई थी क्योंकि यह डाटा अधिक मात्रा में इंटरनेट पर दिखाई दे रहा था और उन्हें कुछ लोगों से नोटिस भी प्राप्त हुए, जिसमें वे कह रहे थे, “हे भगवान!, उनके पास मेरी किताब है।“ उन्होंने सारे डाटाबेस को बंद कर दिया था। उन्होंने हम से सारे डाटाबेस को बंद करने को कहा। मैंने कहा, “नहीं, नहीं, हम ऐसा नहीं करने वाले हैं।” उन्होंने कहा, “ठीक है, कम से कम सन् 1900 के बाद की सभी पुस्तके हटा दें।”

[अनुज श्रीनिवास] इस संग्रह में किस प्रकार की पुस्तकें हैं?

[कार्ल मालामुद] यह 50 विभिन्न भाषाओं का शानदार संग्रह है। जिनमें से आधी पुस्तकें अंग्रेजी, जर्मन, फ्रेंच आदि जैसी रोमानी भाषाओं में हैं। इसमें ऐतिहासिक पुस्तकें, कथेतर (नान-फिक्शन) साहित्य, भारत का राजपत्र आदि शामिल हैं। इसमें सभी राज्यों के राजपत्र और संस्कृत भाषा में 50,000 पुस्तकें है। गुजराती भाषा में 30,000 पुस्तकें भी हैं। मुझे इन आंकड़ों की सटीक जानकारी नहीं है, लेकिन ये दस हजार से अधिक हैं। दस हजार पुस्तकें पंजाबी भाषा में हैं। पुस्तकें तिब्बती भाषा में भी है। ये पुस्तकें हजार वर्ष पुरानी हैं। यह शानदार बात है कि ऐसा अनोखा संग्रह दुनिया के किसी भी देश में उपलब्ध नहीं है। मुझे विश्व भर के भारतीय विद्वानों से पत्र प्राप्त हुए हैं, जिसमें उन्होंने लिखा है “ओह भगवान, यह तो बहुत बड़ा संग्रह है!”

'इस छोटे से यूएसबी में 19,000 भारतीय मानक हैं।

हमने इसे विभिन्न तरीके से उपलब्ध कराया है। आप इन्हें असानी से ढूंढ़ सकते हैं। लोग हमें असानी से नोटिस भेज सकते हैं और कह सकते हैं, "अहा, आपने मेटाडेटा गलत भरा है।" और हम इसे ठीक करने में सक्षम हैं। हम इसे बेहतर बनाने की कोशिश कर रहे हैं। सरकार ने कहा, "नहीं, नहीं, नहीं, आपको इसे हटाना होगा, और हम आपको बताएंगे कि कौन सी किताबें रखनी सही है, क्यों कि हम इसे एक एक करके निरीक्षण करेंगे कि किस पर कॉपीराइट है और किस पर नहीं।"

सबसे पहले, मैं इस बात को लेकर सुनिश्चित नहीं हूं, लेकिन मुझे विश्वास है वे इसके विशेषज्ञ है कि किस पर कॉपीराइट है और किस पर नहीं; पर कॉपीराइट कोई बाइनरी चीज नहीं है। यदि आप दृष्टिबाधित हैं, तो एक अंतरराष्ट्रीय संधि के तहत, किसी भी पुस्तक तक आप अपनी पहुंच बना सकते हैं। भारतीय कॉपीराइट अधिनियम के अधीन, यदि इसका प्रयोग शिक्षक और विद्यार्थी के बीच शैक्षिक उद्देश्य के लिए किया जा रहा है तो वह वैध है - इसी से संबंधित दिल्ली विश्वविद्यालय का मामला था। इसलिए यह कोई बाइनरी चीज नहीं है। मैं ऐसा बिल्कुल भी नहीं सोचता हूं कि यह सरकार का काम है कि वह हमें यह बताए कि कौन सी चीज पढ़ने योग्य है और कौन सी नहीं, और उसी प्रकार न ही यह उनका काम है कि वे मुझे बतायें कि कौन सी पुस्तक इंटरनेट पर डालनी है और कौन सी नहीं।

[अनुज श्रीनिवास] हां, यह सही बात है।

[कार्ल मालामुद] जब तक इससे कोई राष्ट्रीय सुरक्षा या उसी की तरह कोई मुद्दा सामने न आए, तो अलग बात है, लेकिन यदि ऐसा नहीं है और आप सिर्फ यह कहें कि, "हमें पसंद नहीं है।" तो हमारा कहना ऐसा होगा, "हमें खेद है, मैं आपकी बातों को मानने से इनकार करता हूँ।"

[अनुज श्रीनिवास] सही बात है। अब हम ऐसी स्थिति में हैं, जहां सूचना प्रौद्योगिकी मंत्रालय ने अपने इस पुस्तकालय को इंटरनेट पर बंद कर दिया है और केवल आपका ही संस्करण है जो लोगों को जानकारी प्रदान कर रहा है।

[कार्ल मालामुद] हां, जो उचित बात नहीं है। सरकार के साथ यह लड़ाई लड़ने के बजाय मुझे अच्छा लगेगा कि हम डेटाबेस को बेहतर बनाए, जिसके लिए मैं उनके साथ काम कर रहा था, जहां हम अधिक पुस्तकें स्कैन कर रहे थे। हम वही कर रहे थें, जो हम अपने 'हिंद स्वराज संग्रह' के लिए करते हैं, जो बहुत ही उच्च गुणवत्ता वाली सामग्री है। क्या मैं आपको इसके बारे में बता सकता हूं?

[अनुज श्रीनिवास] हाँ, ज़रूर।

[कार्ल मालामुद] 'हिंद स्वराज संग्रह' के काम की शुरूआत महात्मा गांधी के संकलित लेखों से हुई। यह ऑनलाइन उपलब्ध है, इसे कोई भी व्यक्ति पढ़ सकता है। आप इसकी पी.डी.एफ. फाइल और ई-बुक संस्करण डाउनलोड कर सकते हैं। मुझे भारत वर्ष में, आकाशवाणी से प्रसारित 129 रेडियो प्रोग्राम मिले हैं, जो महात्मा गांधी के अंतिम वर्षों में, उनसे प्रत्येक एक-दो दिन पर बात की गई थी। आप उनके जीवन के अंतिम वर्षों के बारे में

जान सकते हैं। प्रत्येक के लिए मैंने संकलित कार्य का प्रांसगिक भाग लिया है और उसे एचटीएमएल में डाला है जिसे आप उन्हें हिंदी या गुजराती भाषा में सुन सकते हैं। आप इनके अंग्रेजी अनुवाद को पढ़ सकते हैं। फिर आप संकलित कार्य पर क्लिक कर सकते हैं और उस दिन, उनके द्वारा लिखे पत्र को देख सकते हैं। उन्होंने अगले दिन क्या किया? उन्होंने उसके पिछले दिन क्या किया? वगैरह-वगैरह!

हमारे पास जवाहर लाल नेहरू के चयनित कार्यों का संग्रह है। उनमें से अधिकांश सरकार के सर्वर पर थे लेकिन उनमें से कुछ खंड गायब थे। मैंने वे खंड प्राप्त किए ताकि हमारे पास उनका संपूर्ण संस्करण हो। भीमराव अंबेडकर का कार्य, महाराष्ट्र राज्य के सर्वर पर था लेकिन उनमें से अंतिम छह खंड गायब थे।

भारत के प्रथम प्रधानमंत्री जवाहर लाल नेहरू द्वारा लिखित "भारत की खोज" नामक पुस्तक भारत पर आधारित बड़ा ही सुंदर कार्य है। वास्तव में इसे काफी शानदार तरीके से दूरदर्शन ने बनाया था। यह 1980 का दशक था जब दूरदर्शन एक सरकारी एजेंसी हुआ करती थी। इसे हमने यूं ही ऑनलाइन उपलब्ध नहीं कराया बल्कि हमने इसके पूरे कार्यक्रम पर विभिन्न भाषाओं में सब्टाइटल्स डाले। सभी एपिसोडों के लिये हम ऐसा नहीं कर पाए, क्योंकि हमारे पास पर्याप्त पैसा नहीं था। लेकिन पांच एपिसोड के लिए सब्टाइटल्स तैयार किए हैं, अब आप हिंदी भाषा में सब्टाइटल्स देख सकते हैं, जो उनके पास नहीं थे। उनके पास अंग्रेजी थी, हमने उर्दू, तेलगू और अन्य भाषाओं में सब्टाइटल्स भी डाले। हमने उसे बेहतर और अधिक उपयोगी बनाने की कोशिश की है।

[अनुज श्रीनिवास] जरूर कार्ल। कुछ लोग सार्वजनिक क्षेत्र से जुड़े हिमायती कार्य जैसा आप करते हैं, उसको कॉपीराइट के बिल्कुल खिलाफ मानते हैं। वे मानते हैं कि कभी-कभी आप कॉपीराइट के लक्षमण रेखा को लांघ कर, शायद चोरी तो नहीं कर रहे हैं।

[कार्ल मालामुद] मैं कोई चोर नहीं हूँ, कोई लूटेरा नहीं हूं।

[अनुज श्रीनिवास] आप कैसे तय करते हैं कि आपको कब किस परियोजना में शामिल होना है? क्या इन सब की जांच आप सार्वजनिक हित को ध्यान में रख कर करते हैं?

[कार्ल मालामुद] हाँ, ये सब फैसला कुछ हद तक जनहित पर आधारित होता है। मैं सभी तरह की चीजों को देखता हूँ। सबसे पहले, मैं इसके बारे में बात करता हूं। मैं एक पेशेवर लेखक के रूप में जीवन यापन किया हूं। ठीक ? मैं एक संगीतज्ञ था। मैं कॉपीराइट में विश्वास रखता हूं। मुझे लगता है कि यह शानदार बात है लेकिन कॉपीराइट के मूल उद्देश्य को याद रखें, वो है - उपयोगी कलाओं को प्रसारित करना है। इसका मूल उद्देश्य ज्ञानात्मक सामाग्री को सुचारू रुप से उपलब्ध कराना है, और हाँ कॉपीराइट की एक सीमा भी है, और इसके अपवाद भी है। जैसे कि यदि आपके पास निजी संपत्ति है तो आपको अपने सामने एक सार्वजनिक पार्क की भी आवश्यकता होती है। आप इन दोनों चीजों के बिना शहर की कल्पना नहीं कर सकते हैं। आप वाणिज्य की चाहत रखते हैं लेकिन आप नागरिक जीवन भी चाहते हैं।

'इस छोटे से यूएसबी में 19,000 भारतीय मानक हैं।

मैंने इसे देखा और स्वयं से यह प्रश्न पूछा कि क्या यह सरकारी डाटा है? क्या इस पर कॉपीराइट का दावा वैध है? क्या यह जन हित में है? क्या इस सूचना की अकाट्य आवश्यकता है? यदि यह सरकारी सूचना है, जो सार्वजनिक सुरक्षा या निगम के संचालन या सरकार के कार्यों के बारे में नागरिकों को सूचित करने के आधारिक तरीकों पर लागू होता है तो यह निश्चित ही सार्वजनिक जरुरत की है, और स्पष्टतः सर्वजन के लिये है।

मैंने इसे बहुत सावधानीपूर्वक अध्ययन करता हूँ। आप जानते हैं कि बहुत सारे लोग इस तरह का कार्य करते हैं और वे सोचते हैं कि "ओहो, आप एक हैकर हैं।" ठीक है, इसमें कोई संदेह नहीं है कि मेरे पास तकनीकी कौशल हैं। लेकिन उतना अच्छा नहीं जितना उन बच्चों के पास है, लेकिन मैंने ऐसा काम काफी समय से कर रहा हूँ। मैं बड़े डाटाबेसों और शाब्दिक सामाग्री के बारे में काफी निपुण हूं। मैं किसी चीज को इंटरनेट पर डालने से पहले उस पर अच्छी तरह से सोचता हूं। मैं उन्हें पढ़ता हूं। मैं उन पर बहुत सारा अनुसंधान करता हूं।

आप भारतीय मानकों को जानते हैं, मैंने उसे सीधे नहीं उठाया। मैंने उन पर बहुत समय लगाया है। मैंने संवैधानिक कानून के तीनों खंड लिये और उन्हें काफी ध्यान से पढ़ा। मैं वकील नहीं हूँ लेकिन मैंने कानून पढ़ा है। मैं सैम पित्रोदा से मिला। मैंने बहुत सारे लोगों से बात की। इसके बाद मैं इस नतीजे पर पहुँचा कि " मेरे समझ से यह सार्वजनिक सूचना है।" आप जानते हैं कि यदि मैं गलत हूँ, तो मुझे इसके परिणाम को भुगतने होंगे। यह इस तरह का कार्य करने का दूसरा पहलु है। यदि आप इस तरह की गलती करते हैं तो आपको जुर्माने का भुगतान भी करना पड़ सकता है और आपको उसके लिए तैयार रहना चाहिए।

[अनुज श्रीनिवास] ये सच है। यहाँ मैं बात को मोड़ते हुए सरकार के बारे में बात करना चाहता हूं। केवल भारत सरकार की ही नहीं बल्कि पूरी दुनिया अन्य सरकारों द्वारा, आपके द्वारा किए जाने वाले काम के प्रति प्रतिक्रिया की बात। वर्तमान में भारत में, मोदी सरकार, पिछली सरकार; दोनों ने ही सार्वजनिक मत बनाया है कि हमें पारदर्शिता के लिए, और सार्वजनिक सूचना को लोगो तक सहज पहुंचाने के लिए, प्रौद्योगिकी का उपयोग करना चाहते हैं। आप ई-गवर्नेंस और उससे संबंधित सभी बातों को भी जानते हैं। जब कोई व्यक्ति आगे बढ़कर ऐसा काम करता है तो उनकी पहली प्रतिक्रिया शत्रुता की होती है।

हमने भारत में आपके जैसे बहुत सारे लोगों को कानूनी नोटिस प्राप्त करते हुए देखा है। आप खुद कानूनी लड़ाई लड़ रहे हैं, जैसा आपने बताया है। क्या इन दो बातों के बीच एक, जिस सिद्धांत पर सरकार खड़ी हैं और दुसरे, जिसके लिये सरकार क्या कर रही है, इसमें विरोधाभास है? और इस में आप अपनी भूमिका को कैसे देखते हैं?

[कार्ल मालामुद] नौकरशाही वास्तव में इस तरह की बात के खिलाफ हमेशा खड़े हो जाएंगे। मैं वहां गया और सैम पित्रोदा से मिला। उन्होंने कहा, " बेशक ये करो"। लेकिन भारतीय मानक ब्यूरो की तरफ से जवाब रहा "नहीं, नहीं, नहीं, हमलोग हमेशा से ही ऐसे करते रहे हैं। एवं दूसरे लोग भी ऐसे ही करते हैं।" यदि आप इनके पास एक पारदर्शिता के वकील के रूप में, या विशेष कर एक सरकारी मंत्री के रूप में जाते हैं तो आपको 15 बी.आई.एस कर्मचारियों के साथ आठ घंटे की लंबी बैठक करनी होगी जहां पर यह बताया

जायेगा कि इससे कैसे इस कार्य को करने से आकाश फट जायेगा। यदि आप सरकार में होते हैं तो आपको काफी सर्तक रहना पड़ता है। आप किसी भी नियम का उल्लंघन नहीं करना चाहेंगे। यहां तक कि यदि आप खुलापन लाने की जी तोड़ कोशिश भी करते हैं तो आप कुछ हद तक ही प्रगति कर पाते हैं - ओबामा प्रशासन इसका अच्छा उदाहरण है।

नागरिक समाज के साथ काम करना महत्वपूर्ण है और फिर भी आपको कभी-कभी विरोध का सामना करना पड़ता हैं। मेरा अधिकांश कार्य यह स्पष्ट करना होता है कि हम जो कर रहें हैं वह क्यूं कर रहे हैं। ऐसा करना सही कार्य क्यों है। इसके समर्थन में मेरी मुख्य दलील यह है कि इस जानकारी का अब लाखों लोग उपयोग कर रहें हैं। यह बात फिर वैसी नहीं रहती और इसके कुछ सरकारी समर्थक कहने लगते हैं "अरे, अरे, आपको इससे भी अच्छा करना चाहिये।" ऐसा लगता है कि "लाखों इंजिनीयरिंग के छात्र, भारत में इस सूचना को प्रति दिन उपयोग कर रहे हैं। और इसी के चलते इसे सार्वजनिक होना चाहिये। और देखिये, आकाश अभी तक गिरा नहीं है। सही। और आप अभी तक इन मानकों को बेच रहे हैं।" आप जानते हैं कि यदि मैं सभी मानकों को भी सार्वजनिक कर दूं तो ऐसे कई लोग होंगे जो इन मानकों की, और इसके पहले के सभी संस्करणों की, प्रमाणित प्रतियों को प्राप्त करना चाहेंगे। मैं उन चीजों पर विशेष ध्यान देता हूं, वह है कानूनी आयात।

[अनुज श्रीनिवास] हां क्या आप स्वयं को एक साझेदार (स्टेकहोल्डर) के रूप में देखते हैं जो सार्वजनिक पहुंच के संबंध में, सरकार को उनके काम बेहतर करने में उनकी सहायता कर रहे हैं?

[कार्ल मालामुद] हाँ यह वही काम है जो मैं करने की कोशिश कर रहा हूं। मैं खुद को इस व्यवसाय से बाहर रखना चाहता हूं। मैं भारतीय मानकों से संबंधित काम नहीं करना चाहता। बीआईएस इसे मुझसे बेहतर समझता है। मेरे पास सोर्स कोड नहीं है। मुझे एक पीडीएफ फाइल लेनी पड़ती है और इसे एचटीएमएल में बदलने के लिए इसे फिर से टाइप कराना पड़ता है, या अगर मैं भाग्यशाली हूं तो यह एक डिजिटल रूप में सोर्स फाइल मुझे मिल जाता है; लेकिन फिर भी मुझे इसे रिफॉरमेट करना पड़ता है। सही यह होगा कि आप पीडीएफ से, पैराग्राफ मार्क, इटैलिक, फ़ुटनोट्स, सुपरस्क्रिप्ट्स को हटा दें। यह एक बड़ा काम है। अगर उनके पास मूल 'वर्ड' फ़ाइलें हैं, जैसा कि मैं यह मान रहा हूं, तो यह काम एकदम आसान होगा। यह उनका काम है। उन्हें यह काम करना चाहिए। उन्हें इसे अपार जनसमूह को उपलब्ध कराना चाहिए, जिससे कोई भी इसे डाउनलोड कर सके। तब 'भारतीय कानून', उदाहरण के लिए, इसे अपने खोज इंजन में शामिल कर सकता है। यह एक अच्छी बात है, क्योंकि अचानक सभी मानक सभी जगह उपलब्ध हो जायेंगे। सभी सुरक्षा मानकों को जानेगे; हमारी दुनिया ज्यादा सुरक्षित होगी।

[अनुज श्रीनिवास] ज़रूर। यह सच है। एक सुरक्षित दुनिया की इस अवधारणा से संबंधित इस चर्चा को पूरा करना होगा। आम तौर पर, आपके पिछले भाषणों और वार्ता में जो भी मैंने सुना है, आपने सार्वजनिक जानकारी और आजकल के वर्तमान सामाजिक, आर्थिक, राजनीतिक समस्याओं के बीच के लिंक को समझने की बात भी की है। आप यह क्यों मानते हैं कि ये दोनों एक-दूसरे से जुड़े हुए हैं?

'इस छोटे से यूएसबी में 19,000 भारतीय मानक हैं।

[कार्ल मालामुद] मेरा मानना है कि हमारी दुनिया में कई समस्याएं हैं, जो दुःसाध्य दिखती हैं, जो सुलझती हुई नहीं दिखती हैं। मसलन ग्लोबल वॉर्मिंग। बहुत सारे लोग यह नहीं मानते हैं कि यह सच है, या वे कोई कार्रवाई नहीं कर रहे हैं, या वे यह मानते हैं कि इसमें उनका स्वहित है, "मैं इसके लिये कुछ नहीं करुंगा क्यों कि मैं कोयले के खान में काम करता हूँ। मेरे लिये प्रदूषण अच्छा है क्यों कि इससे मुझे ज्यादा आमदनी होती है।" अन्य लोगों के प्रति असहिष्णुता। गरीबी, मौलिक अधिकार। शिक्षा से गरीबी दूर हो सकती है, अकाल कम हो सकता है, बीमारी भी दूर हो सकती है। सवाल यह है कि हम इन समस्याओं के बारे में क्या कर सकते हैं? मुझे दृढ़ विश्वास है कि ज्ञान की पहुंच ही एकमात्र तरीका है जिससे हम आगे बढ़ सकते हैं।

यदि सभी नागरिक जलवायु परिवर्तन की समस्या को समझना शुरू कर दें तो किसी बिंदु पर वे इसके लिए कोई कदम उठाने की मांग करेंगे क्योंकि वास्तव में यह वैश्विक संकट है। हम सभी को इसके लिए कदम उठाना चाहिए। अधिकांश लोग यह समझते हैं कि मुझे इस बात से फर्क नहीं पड़ता है कि आज कौन सी सरकार है, वे सभी नेता हैं। यदि प्रत्येक व्यक्ति यह कहेगा कि, "ग्लोबल वार्मिंग! ओ भगवान, हमें कुछ करना होगा। इन बवंडरों को देखें, इन दावानलों को देखें, इन सूखों को देखें।" तब ही परिवर्तन होगा।

शिक्षा अब महत्वपूर्ण मुद्दों में से एक है। रोग, आप यह कभी भी नहीं जानते कि रोगों की समस्याओं के समाधान कहां से आते हैं। जब मैंने प्रचुर मात्रा में जानकारियों को इंटरनेट पर डाला, तो इंटरनेट से मैंने यह सीखा कि हमेशा कुछ बेनाम व्यक्ति आते हैं और जो इस समाज को और बेहतर बना देते है। जिसके बारे में आपने कभी सोचा भी नहीं होगा।

मुझे यकीन है कि प्रत्येक पीढ़ी एक नया संकल्प/चुनौती को पूरा करती है। किसी जमाने में वो एरनॉटिक्स से संबंधित हो सकती हैं, तो कभी वो अनैच्छिक दासता के उन्मूलन की बात हो सकती है। कभी वो सभी लोगों के लिए राजनैतिक मताधिकार की बात हो सकती हे, या तकनीकी की बात हो सकती है, सामाजिक परिवर्तन की बात हो सकती है। मुझे लगता है कि आज हमें जिससे ज्यादा उम्मीद है – वह है इंटरनेट, जो यहां मौजूद है, यह काम करता है। इसके माध्यम से जो हम कर सकते हैं वह है, सभी ज्ञान तक सार्वभौमिक पहुंच को सुनिश्चित करना। और मैं पूरी तरह से आश्वस्त हूँ कि यह काम मानव केलिए दुनिया को बेहतर बनायेगा।

[अनुज श्रीनिवास] ठीक है, बहुत अच्छे। धन्यवाद, कार्ल अपना समय देने के लिए आपका धन्यवाद ।

[कार्ल मालामुद] आपका बहुत बहुत धन्यवाद।

[अनुज श्रीनिवास] हम आपके मामलों और उन मुद्दों का अनुसरण करेंगे, जिसको लेकर आप द वायर पर बारीकी से काम कर रहे हैं। धन्यवाद।

© द वायर, 2017, अनुमति के साथ उपयोग किया गया
https://thewire.in/191059/interview-little-usb-holds-19000-indian-standards-not-made-public/

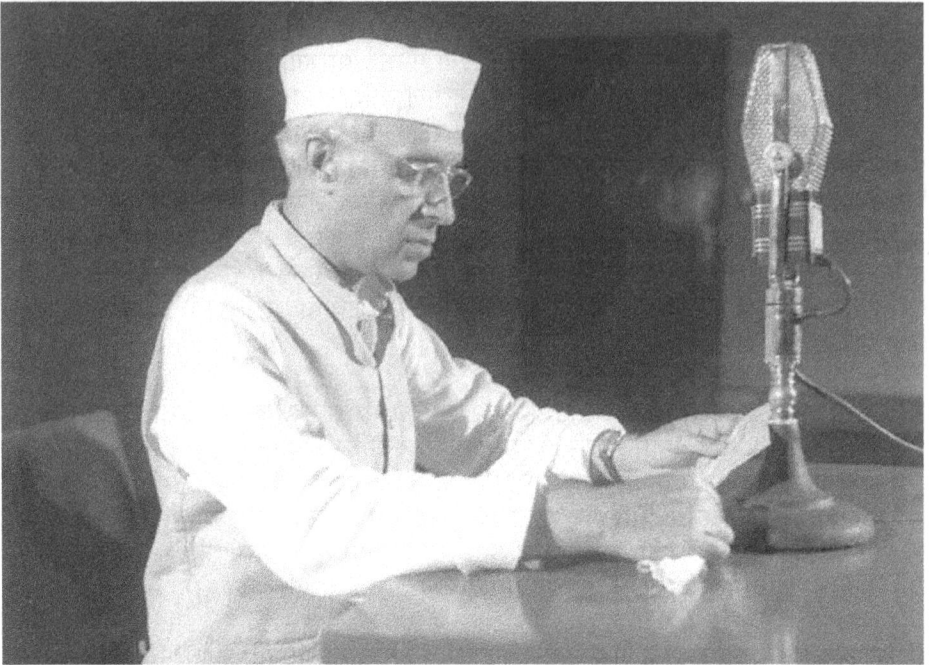

माइक्रोफोन पर पंडित जवाहरलाल नेहरू, 1947-07-20

मई, 1948 में जम्मू में आर.ए.एफ मैस में अधिकारियों के साथ बिलियर्ड्स खेलते हुए।

मई, 1948 में, कश्मीर के नौका दौड़ में

मई 1948 में छुट्टियों के दौरान वाइसेरेगल लॉज शिमला में

सी.डबल्यु.एम.जी. खंड 43 (1930), पृ. 185. तारीख रहित.

अपनी भूटान की यात्रा के दौरान याक पर इंदिरा गांधी, 20 सितंबर, 1958

6 दिसंबर, 1954 को चीनी प्रतिनिधिमंडल के दल के दौरे का मार्गरक्षण

माननीय पंडित जवाहरलाल नेहरू, भारत के प्रधानमंत्री, का स्वागत श्रीमती विजय लक्ष्मी, अमेरिका में भारतीय राजदूत और श्रीमती इंदिरा गांधी समेत श्री विल स्मिथ (Will Smith) द्वारा 28 अक्टूबर 1949 को इनकी शिकागो की यात्रा के दौरान किया गया।

प्रधानमंत्री श्री.जवाहरलाल नेहरू और श्रीमती इंदिरा गांधी को जनरल. टैंग क्वान सान (सबसे बाई ओर), चीन के गणतंत्र दिवस समारोह, रिंचनगैंग, तिब्बत-भुटान सीमा, भूटान यात्रा (सिंतबर 1958) के दौरान।

गणतंत्र दिवस पर श्रीमती इंदिरा गांधी की कुल्लू घाटी के लोक नृर्तकों के साथ तस्वीर, 29 जनवरी 1958

सी.डबल्यु.एम.जी. खंड 14 (1917–1918), फ्रंटीसपीस, गांधी जी 1918 में.

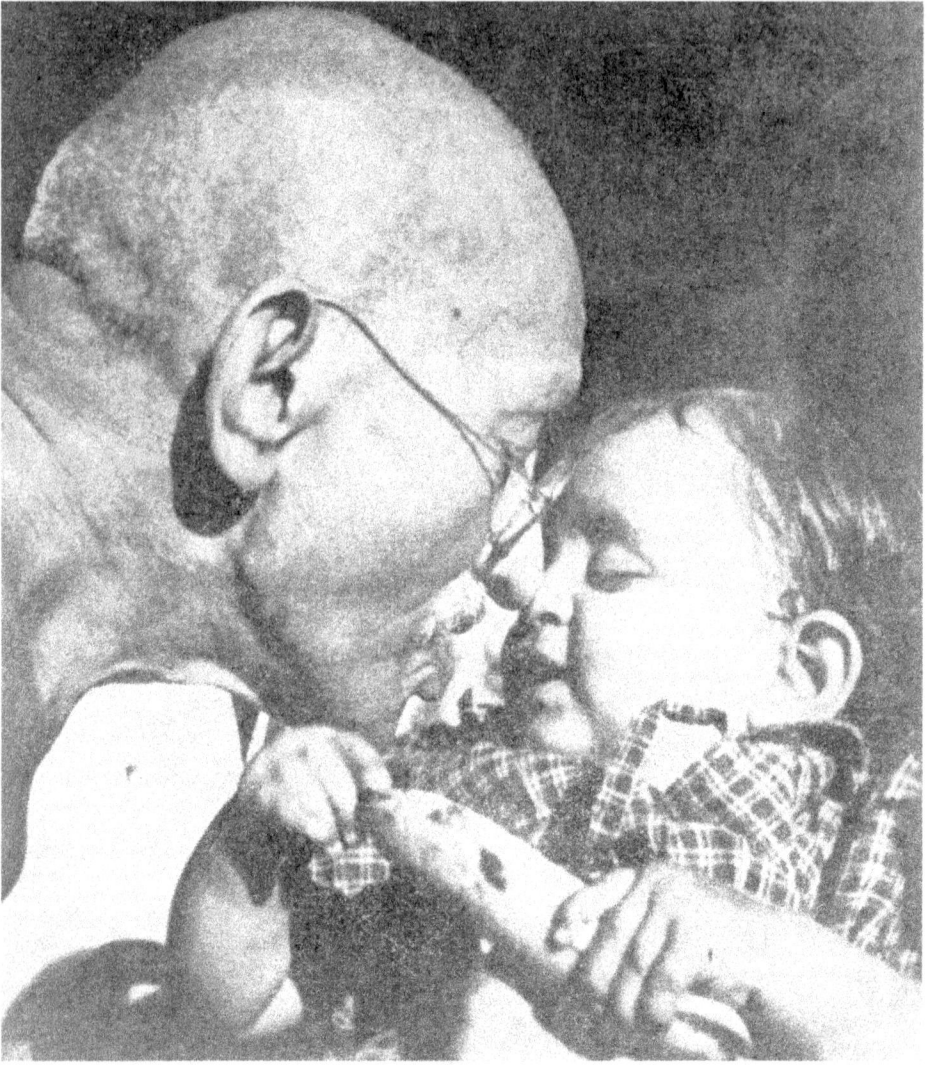

सी.डबल्यु.एम.जी. खंड 78 (1944), फ्रंटीसपीस

कोड स्वराज पर नोट

कार्ल मालामुद, कैलिफ़ोर्निया, दिसंबर 4-25, 2017

मैं अक्टूबर महीने के अंत में भारत से लौटा। मुझे अपने छोड़े हुए कई काम करने थे। साथ ही यात्रा के दौरान लिए गए नए कामों को भी देखना था। मेरे लिये सबसे महत्वपूर्ण काम था कोर्ट के मामलों पर ध्यान देना। लेकिन सबसे पहले मैंने अपने पसंद का काम किया।

मेरे कार्यालय के बाहर 9 बड़े बक्से रखे हुए थे, जिनका वजन 463 पाउंड था। उन बक्सों के अंदर 312 किताबें थीं। ये वहीं किताबें थीं, जिन्हें लॉर्ड रिचर्ड एटनबॉरो ने 'गांधी' फिल्म बनाते समय इस्तेमाल किया था। उनकी मृत्यु के बाद उनके एक निर्माता ने वर्ष 2015 में नीलामी में ये किताबें खरीदी थी। हाल ही में उन्होंनें कॉन्सल-जनरल, राजदूत अशोक से संपर्क साधा और पूछा कि क्या वे ऐसी किसी संस्था को जानते हैं जहाँ ये किताबें उपहार स्वरूप दी जा सकती हैं। राजदूत ने निर्माता को मेरा पता भेजा और अंत में ये सभी किताबें मेरे यहाँ आ गई।

यह संग्रह वास्तव में काफी असाधारण है। एक बॉक्स में फिल्म के शूटिंग स्क्रिप्ट की मूलप्रति, सेट का बजट, कॉल-शीट, और नीलामी घर की रसीद और सूचीपत्र (कैटलॉग) थे। इनमें से कुछ पुस्तकें मेरे पास पहले से ही थी, जैसे प्यारेलाल नय्यर की लिखी हुई, 8-खंड की जीवनी और उनके संकलित लेखों के कुछ खंड। परंतु इन किताबों में नवजीवन ट्रस्ट बुक्स की गांधी जी से संबंधित दर्जनों किताबें थी जिसे मैंने पहले कभी नहीं देखा था।

मैंने उन पुस्तकों में से स्पष्ट रूप से पढ़े जाने वाले 47 पुस्तक को चुना जिन्हें पोस्ट किया जा सकता था। इनमें उद्योगपति जी.डी. बिड़ला और गांधी जी के पत्राचार के 4 खंडों के संग्रह जैसी सर्वोत्तम कृतियाँ थी। जब गांधी जी की हत्या की गई थीं तो वे दिल्ली में बिरला जी के घर में रह रहे थे। वे दोनों 44 साल से एक-दूसरे से पत्राचार कर रहे थे।

मैंने नेहरू के संकलित कार्यों के नए संस्करण को मंगवाया था वे आ चुके थे और मेरे कार्यालय के बाहर रखे थे। उनमें स्वतंत्रता संग्राम के मूल दस्तावेजों का एक बड़ा सेट, एक बड़े किताबों के संग्रह के रूप में था। ये दस्तावेज सब्यसाची भट्टाचार्य ने संपादित किए थे जो मेरे पसंदीदा इतिहासकारों में से एक हैं। मैंने इन सभी को इकट्ठा किया और उन्हें स्कैन कराने के लिये इंटरनेट आर्काइव ले गया।

मैं इन पुस्तकों को इकट्ठा करने में व्यस्त था। उसी समय श्री अशोक, जो राजदूत हैं, ने एक ऐसे सज्जन से मिलवाया जिनके पास भारत से संबंधित किताबों का अच्छा खासा संग्रह था। वह उन किताबों को दान करना चाहते थे। मैं किताबों को लाने का खर्चा उठाने के लिए तैयार हो गया और मेरे पास 25 बक्से आ गए जिनमें 212 बड़ी पुस्तकों थीं जिनका वजन 763 पाउंड था। इतने सारे किताबों को रखने के लिए मुझे अलमारी खरीदनी पड़ी। परंतु इसके लिये यह खर्च करना वाजिब था।

कोर्ट के मामलें जिन्हे ध्यान देने की जरुरत थी

नवंबर में मेरा प्रमुख काम कोर्ट के मामलों को देखना था। सबसे पहले भारत के मामलों को देखना था। हमने दिसंबर 2015 को दिल्ली उच्च न्यायालय में एक जनहित याचिका दायर की थी। भारत में, आम तौर पर एक साथ दो पक्षों के खिलाफ मुकदमा दायर किया जाता है: इस मामले में भारतीय मानक ब्यूरो और स्वयं भारत सरकार पर मुकदमा किया गया था। ब्यूरो जवाब देने में नाकाम रहा था, लेकिन न्यायालय के कहने पर उन्होने जून 2016 में हमारी याचिका का जवाब दिया। हालांकि, केंद्र सरकार बार-बार जवाब देने में नाकाम रही। वे न केवल जवाब देने में असफल रहे, बल्कि वे न्यायालय भी नहीं आए।

निशीथ देसाई के फर्म के वकीलों ने उनका ऐसा व्यवहार पहले कई बार देख चुके थे। वे हर बार न्यायालय आते थे और पता चलता था कि सरकार की तरफ से कोई नहीं आया है। वास्तव में, पहले तो ब्यूरो से भी कोई नहीं आया था। मुझे याद है कि ऐसी स्थिति होने पर भारत से मेरे लिए फोन आया था। वकीलों ने मुझे बताया कि दूसरी तरफ से कोई व्यक्ति आया था। जब कोर्ट ने उससे पूछा कि वह बीआईएस या केंद्र सरकार किसका प्रतिनिधित्व कर रहा है, तो वह उत्तर देने में नाकाम रहा अतः उसे यह जानकारी प्राप्त करने के लिए वापस भेजा गया कि वह किसका प्रतिनिधि है।

एक और सुनवाई 13 नवंबर को हुई। चौथी बार केंद्र सरकार को जवाब देने के लिए बुलाया गया था। जाहिर है कि चार जादुई संख्या है। कोर्ट ने फैसला सुनाया कि ब्यूरो का जवाब, केंद्र सरकार के जवाब के रूप में भी काम करेगा और 27 फरवरी, 2018 की तारीख को, मौखिक तर्क के लिये निश्चित किया गया ओर उसका आदेश दिया गया। यह रोमांचक था। दो साल की कागजी कार्रवाई और प्रक्रियाओं के बाद, हम अपने मामले में, विषय की महत्ता के आधार पर न्यायालय में सुनवाई के लिए प्रस्तुत होने वाले थे।

उसी दोपहर को मैं दूसरे मामले के लिए अटलांटा, जॉर्जिया के लिये विमान से निकल पड़ा। इस मामले में जॉर्जिया राज्य ने मुझ पर "एक प्रकार का आतंकवाद" करने का आरोप लगाया था क्योंकि मैंने बिना किसी शुल्क के, सभी के पढ़ने के लिए इंटरनेट पर जॉर्जिया के ऑफिशियल कोड को पोस्ट किया था। राज्य को ऐसा लगा कि उनके कॉपीराइट का उल्लंघन हुआ है। मैंने जॉर्जिया विधानसभा के अध्यक्ष को कई पत्र भेजे, जिसमें यह बताया कि संयुक्त राज्य अमेरिका में कानून पर कोई कॉपीराइट नहीं है क्योंकि कानून पर लोगों का आधिपत्य है। मेरे स्पष्टीकरण से अधिकारियों पर कोई ज्यादा प्रभाव नहीं पड़ा।

हमें यह जान लेना चाहिए कि जॉर्जिया विधायिका की कोई भी विधि (एक्ट) इन शब्दों से शुरू होती है: "एक विधिः जॉर्जिया के ऑफिशियल कोड को संशोधित करने के लिए एक अधिनियम।" जॉर्जिया का केवल एक ही आधिकारिक कानून है और वह यह है। कॉपीराइट का अधिकार राज्य के नाम पर था। यह उस स्थान का कानून था। यह मेरे विचार में, यह सरकार का फ़रमान था।

राज्य का कहना था कि उन्होंने जॉर्जिया ऑफिशियल कोड के टीकाकरण (ऐनोटेटेड) के लिए विक्रेता का इस्तेमाल किया था। हालांकि उन्होंने यह स्वीकार किया कि कानून पर

शायद कोई कॉपीराइट नहीं है, पर उनका मानना था कि टीका (ऐनोटेशन्स) पर राज्य का अधिकार है।

ऑफिशियल कोड में कई तरह की टीकाएँ हैं, लेकिन राज्य ने न्यायालय के सामने जिस मुद्दे को उठाया, वह था कानून से संबंधित न्यायालय के मामलों का सारांश। ये उनके विक्रेता ने तैयार किया था। राज्य को लगा था कि किसी विक्रेता को, कोड को कई सौ डॉलर में बेचने के लिये एकाअधिकार दिये के बिना, किसी को भी ऑफिशियल कोड को उत्पादन करने का प्रोत्साहन नहीं मिलेगा। और इसके चलते, इसके बनाने की लागत, जो लाखों डालर में होती, उसका खर्च करदाताओं पर पड़ेगा। उनका कहना था कि निजी पार्टी को बेचने के लिये एकाधिकार की रियायत (मोनोपॉली कंसेशन) देकर, उन्होंने करदाताओं के लिए अच्छा सौदा किया है।

हालांकि यह सफाई सिर्फ जॉर्जिया के स्टेटहाउस के अंदर तक ही सीमित थी। पर मैं आपको अनुभव से बता सकता हूं कि टैक्सी या बार में बैठे लोगों से लेकर छात्रों तक को, राज्य की यह सफाई समझ में नहीं आई। आप राज्य के कोड को ऐसे टुकड़ों में नहीं बाँट सकते जिसमें आप कुछ टुकड़ों के बारे में बात कर सकते हैं, और कुछ टुकड़ों के बारे में नहीं।

राज्य ने यह तर्क समझाने की बहुत कोशिश की कि कोड वास्तव में लोगों के लिए उपलब्ध हैं क्योंकि उनकी एक कापी, काउंटी कोर्टहाउसों के कुछ कानून की पुस्तकालयों में रक्खी हैं। एनबीसी न्यूज ने एक रिपोर्ट जाँच पड़ताल कर के बनाई, और कोर्टहाउस पुस्तकालयों में, उन कॉपियों की तलाश की तो पाया कि ज्यादातर मामलों में कोड एक पीछे के कमरे में बंद थे। कई पुस्तकें गायब थी या खराब हो गई थी। एनबीसी को उस रिपोर्ट के लिए ऐमी (Emmy) पुरस्कार मिला।

केवल एक अकेला मैं नहीं था जो बिना अनुमति के जॉर्जिया के ऑफिशियल कोड का इस्तेमाल नहीं कर सका। जिला न्यायालय में दाखिल हमारी घोषणाओं में से एक कानूनी प्रदाता 'फास्टकेस' से था। फास्टकेस के सीईओ और सह-संस्थापक एड वाल्टर्स, मेरे बोर्ड ऑफ डायरेक्टर्स के एक लंबे समय के सदस्य रहे हैं। फास्टकेस, सभी 50 राज्यों के लिए कानून और कानूनों के मामलों को देखने की सुविधा प्रदान करता है। इसे करने के लिये जो प्राथमिक तरीका यह अपनाता है वह है राज्यों की बार एसोसिएशन्स के साथ सौदे करना।

राज्य में सभी वकीलों का प्रतिनिधित्व करने वाले जॉर्जिया के स्टेट बार के लिए, फास्टकेस को कानून का ऑफिशियल प्रोवाईडर बनाया गया था। सभी वकीलों को, बार में अपनी सदस्यता के कारण, फास्टकेस तक पहुंच प्रदान की गई थी। फास्टकेस ने राज्य और उनके विक्रेता से संपर्क किया और ऑफिशियल कोड को लाइसेंस करने के लिए कहा ताकि वे जॉर्जिया के वकीलों को, जॉर्जिया का एकमात्र आधिकारिक कानून वितरित कर सकें। उन्हें बताया गया कि फास्टकेस को "किसी भी कीमत पर" जॉर्जिया के आधिकारिक कानूनों का इस्तेमाल करने की अनुमति नहीं दी जाएगी।

हम डिस्ट्रिक्ट कोर्ट में हार गए। न्यायाधीश ने हमारी दलील नहीं मानी और यह फैसला सुनाया कि न्यायालय के पुस्तकालयों में रक्खी कॉपियां काफी थीं। उन्होंने इस विचार पर जोर दिया कि अगर एक निजी विक्रेता ने कानून लिए हैं और उस पर अपने न्यायिक (जुडीशयल) सारांश लिखे हैं, तो वे वास्तव में कॉपीराइट के अधीन होगा। न्यायाधीश ने मुझे मेरी साइट पर ऑफिशियल कोड के वितरण या इसका कोई भी उल्लेख करने से रोक लगाने के लिए आदेश जारी किया। एक संघीय निषेध द्वारा मुझे कानून को बताने से रोका गया था।

हमने इस बात को माना कि अदालत के मामलों का, निजी तौर पर पेश किये जाने वाले सारांश, कॉपीराइट के अधीन हो सकते हैं। पर हमारा कहना था कि जॉर्जिया का ऑफिशियल कोड कोई अनौपचारिक निजी संकलन नहीं था। यह कानून का निश्चित और आधिकारिक बयान था, जो जॉर्जिया राज्य के नाम और प्राधिकरण के तहत जारी किए गए थे। वास्तव में, ऑफिशियल कोड की धारा 1-1-1 में लिखा है कि जो लोग कोड के अनौपचारिक संकलन को कंसल्ट करते हैं, तो वे ऐसा "अपने जोखिम पर" करेंगे।

हम अब एलेवंथ सर्किट के लिए यू.एस. कोर्ट ऑफ़ अपील के सामने उपस्थित थे। इस मामले पर काफी तेजी से काम आगे बढ़ रहा था। हमने अप्रैल 7, 2017 को अपील की हमारी नोटिस दायर की और हमारे अपील का ब्रीफ 17 मई को भेजा गया। अपील के ब्रीफ डालने के बाद, जो लोग हमारा समर्थन करना चाहते थे, उन्हें फ्रेंड आफ द कोर्ट यानि कि 'एमिकस क्यूरे' की ब्रीफ 24 मई तक देना था।

हमारी तरफ से तीन ब्रीफ दर्ज किए गए थे। पहला नागरिक स्वतंत्रता समुदाय की तरफ से था, जिसमें एसीएलयू ने नेतृत्व संभाला और साथ ही 'सदर्न पॉवर्टी लॉ सेंटर' जैसे समूह शामिल हुए। स्टैनफोर्ड लॉ स्कूल के लीगल क्लिनिक ने लाभकारी और गैर-लाभकारी प्रवर्तन (इन्नोवेटिव) समूहों की ओर से दूसरा ब्रीफ दायर किया जो सामान्य लोगों के लिए कानून के अभिगमन (एक्सेस) को और अधिक सुलभ बनाने की कोशिश कर रहे थे। 'पब्लिक नालेज', वाशिंगटन डीसी के नीति समूह (पालिसि ग्रुप) के एक प्रमुख संगठन ने, कानून के प्रोफेसरों और पुस्तकालयों के एक विशाल समूह की ओर से, और साथ ही लाइब्रेरी एसोसिएशन, जैसे अमेरिकी लाइब्रेरी एसोसिएशन और अमेरिकी पुस्तकालयों की अमेरिकन एसोसिएशन की तरफ से, तीसरा ब्रीफ दायर किया गया था। यह काफी मजबूत प्रतीत हो रहा था। इसे देखकर मैं बहुत खुश हुआ।

हमारे दस्तावेज़ जमा करने के बाद, राज्य को भी ऐसा करना पड़ा। उन्होंने 30 जून, 2017 को अपना ब्रीफ दाखिल किया। जाहिर है, राज्य के समर्थन में कोई उनका दोस्त नहीं था अतः उनकी ओर से, कोई एमिकस ब्रीफ भरने नहीं आया।

एसीएलयू ने, मौखिक बहस में हमारे साथ जुड़ने की अनुमति मांगने के लिए, अदालत में एक विशेष प्रस्ताव दायर किया था। हम आसानी से मान गए। वे मेरे वकील 'एलिजाबेथ रेडर' के साथ शामिल हो रहे थे, जो जॉर्जिया की सबसे प्रमुख कानूनी फर्म अल्स्टन एंड बर्ड की फर्म की प्रसिद्ध सम्पत्ति विशेषज्ञ थी। एलिजाबेथ और अल्स्टन के उनके सहयोगियों ने,

जिले और अपीलेट कोर्ट में, इस मामले को संभालने में काफी समय और प्रयास लगाया है, और मैं उनके प्रयासों की बहुत सराहना करता हूँ।

मैं अटलांटा बहुत पहले पहुंच चुका था ताकि अदालत में बैठने की जगह मिल सके। साथ ही ये भी पता लगा सकूँ कि न्यायाधीश मौखिक बहस को कैसे संभालते हैं। कोर्ट आफ अपील की सुनवाई में, आपको अक्सर "गर्म बेंच" मिलता है जिसका अर्थ है कि न्यायाधीश बहुत से प्रश्न पूछते हैं। कभी-कभी वकील तो बस "अदालत शायद इससे खुश होंगे" ही कह पाते हैं कि इससे पहले ही न्यायाधीश प्रश्न पूछना शुरू कर देते हैं। यह निश्चित रूप से एक गर्म बेंच था और मुझे देखने में मजा आया कि तीन न्यायाधीशों ने वकीलों को कैसे परखा।

16 नवंबर, गुरुवार को हमारी पारी थी। हम तीन न्यायाधीशों के एक पैनल के सामने पेश हुए; वे पूरी तरह से तैयार थे। उन्होंने हमसे बहुत कठिन सवाल पूछे, लेकिन उन्होंने जॉर्जिया राज्य से और भी ज्यादा कठिन सवाल पूछे। वे यह जानना चाहते थे कि राज्य ने ऑफिशियल कोड में एनोटेशन क्यों शामिल किए हैं, क्या वे इसे ऑफिशियल नहीं समझना चाहते थे। उन्होंने ऑफिशियल कोड के कुछ पन्नों को निकाला, जिसमें यह संकेत दिया गया कि पूरे कोड कानून थे, और राज्यों का प्रतिनिधित्व करने वाले वकीलों को, ठीक से इन शब्दों का अर्थ बताने का आग्रह किया। उन्होंने कोड की उपलब्धता के बारे में पूछा।

हमें भी आसानी से नहीं छोड़ा गया लेकिन दिन के अंत में यह स्पष्ट हो गया था कि अदालत ने हमारे दृष्टिकोण को समझ लिया था। शायद वे हमारे साथ सहमत नहीं होंगे, लेकिन कम से कम वे समझ रहे थे कि हम क्या कह रहे थे। वे इस बात से इतना स्पष्ट नहीं थे कि ऐसा दृष्टिकोण जो राज्य ले रहा था वह क्यों ले रहा था। उन्होनें राज्य से पूछा कि क्यों नहीं एनोटेशन के बिना आफिशियल कोड को प्रकाशित कर देते हैं अगर उन्हें लगता है कि एनोटेशन को निशुल्क उपलब्ध नहीं होना चाहिए।

मौखिक बहस एक घंटे से अधिक समय तक चला, और अदालत में उस सप्ताह जो अन्य मामले सुने गये थे, उनसे दुगना लंबा चला। अंत में, मुख्य न्यायाधीश उठे और कहे, "दिलचस्प मामला"। मैंने इसे सकारात्मक संकेत के रूप में देखा। न्यायाधीशों को दिलचस्प मामलें पसंद होते हैं। आप यह नहीं बता सकते की आगे क्या होने वाला है, लेकिन मैं अदालत से उम्मीद के साथ निकला कि हमारे पास मौका है। अगली सुबह, मैंने 6 बजे उड़ान भरी और वापस बे-एरिया (केलिफोर्नियां) आ गया।

'मानक कानून है' - एक बड़ा केस

हमें एक और कोर्ट के मामले से निपटना था और यह था कोलंबिया डिस्ट्रिक्ट के यू.एस. कोर्ट ऑफ अपील में दर्ज, मानकों से संबंधित एक बड़ा केस था। जैसे कि भारत में मैंने कानूनी दस्तावेज़ों को सावधानीपूर्वक देखा और फिर सार्वजनिक सुरक्षा मानकों, जिसे कानून का समर्थन प्राप्त है, उसको खरीदा और उसके बाद उन्हें इंटरनेट पर पोस्ट किया। मैंने पाया कि बिल्डिंग कोड, खतरनाक सामग्रियों की सुरक्षा, कारखाने में कर्मचारी की

सुरक्षा, पानी में सीसा के परीक्षण के तरीकों, इत्यादि को संयुक्त राज्य अमेरिका में संघीय या राज्य स्तर पर कानून में शामिल किया गया था। मैंने 1,400 से अधिक ऐसे कानूनों को पोस्ट किया।

यह काम वर्ष 2008 में शुरू हुआ जब मैंने कैलिफोर्निया बिल्डिंग कोड को पोस्ट किया था उसे मैंने 979.95 डॉलर में खरीदा था। वर्ष 2012 तक मैंने सभी राज्यों के लिए अनिवार्य बिल्डिंग कोड के साथ-साथ पाइपलाइन, आग, बिजली, ईंधन और गैस और अन्य कोड पोस्ट कर दिए थे। मैंने संघीय कानून के लिए आवश्यक मानकों की एक बड़ी संख्या भी पोस्ट करनी शुरू कर दी थी जिसमें मैक्सिको की खाड़ी और आर्कटिक महासागर में तेल फैलने को रोकने, रेल सुरक्षा के ब्यौरे, खिलौनों के सुरक्षा मानक, बच्चे और शिशु के उत्पाद जैसे कार सीटें, क्रिब्स, प्लेपेन्स, स्ट्रॉलर्स, स्विंग्स और बाथ टब आदि थे।

वर्ष 2013 में तीन मानक संगठनों ने, कई सौ से ऊपर इन सार्वजनिक सुरक्षा कानूनों के लिए, मुझपर मुकदमा चलाया। अगले साल, तीन अन्य अभियोक्ताओं ने दूसरा मुकदमा दायर किया। इन छह अभियोक्ताओं और उनके चार फैंसी 'सफेद जूते' वाले (व्हाईट-शू) कानून फर्मों के चलते अदालत में चल रहे इन दो मामलों में काफी प्रगति हुई थी।

अभियोक्ता और हमारे बीच कोई असहमति अभी तक एक निर्णायक बिन्दु पर नहीं पहुँची थी। जिन-जिन कोड के लिए मुझ पर मुकदमा किया गया था, वे देश के कानून हैं। हालांकि, अभियोक्ता ने यह महसूस किया कि उन्हें, इन कानूनों को अपनी मर्ज़ी के अनुसार, उचित तरीके से वितरित करने का विशेष अधिकार, उनका होना चाहिए। उनका कहना था कि अगर गैर सरकारी नागरिक या सरकारी आधिकारिक को इन कानून का इस्तेमाल करने की आवश्यकता होगी तो उन्हें पहले उनसे अनुमति मांगनी होगी। यह अनुमति मनमाने ढंग से दी जाती थी। जैसे, उन्होंने छात्रों को, अपने कक्षा के प्रोजेक्ट्स में सुरक्षा कानूनों से फॉर्मुलों को शामिल करने से मना कर दिया था।

जब हमने मानकों को पोस्ट किया तो उन्हें स्कैन करना और इंटरनेट पर डालना, आसान और सस्ता काम नहीं था। चूंकि हमारी सरकार धीरे-धीरे काम करती है, इसलिए जिन कानूनों पर फ़ोर्स ऑफ लॉ लगा था, वो अब मानकों के संगठनों द्वारा नहीं बेचे जा सकते थे क्यों कि उनके नए संस्करण आ गए थे। मैंने आमेज़न, एबेबुक्स (Abebooks) और ईबे पर, पुरानी पुस्तकों के सेक्शन से, इन दस्तावेज़ों की कॉपीयों को मंगवाया।

एक बार दस्तावेज़ मिल जाने के बाद उनको पोस्ट करने के लिए विस्तृत प्रक्रिया से गुजरना पड़ता है। सभी मानकों को स्कैन कर ऑप्टिकल कैरेक्टर रिकॉग्निशन (ओसीआर) के माध्यम से पहचाना गया। दस्तावेजों पर पहले एक कवर शीट डाली गई जिसमें यह कहा गया था कि इन्हें कानून में शामिल किया गया था और यह भी बताया गया कि इसे किस एजेंसी द्वारा किया गया था। सुरक्षा के लिए विशेष रूप से महत्वपूर्ण कई सौ मानकों के पूरे कोड को हमने आधुनिक एचटीएमएल में बदला। चित्रों को फिर से बनाया। उन दस्तावेजों को दृष्टिहीन लोगों के लिए कोडित किया। फिर सभी दस्तावेज़ों को हमारी साईट और 'इंटर्नेट आर्काइव' पर डाला।

इंटरनेट आर्काइव ने, इसके बदले में अपनी साइट पर, इन दस्तावेजों में और भी उपयोगिताएं जोड़ दी, जैसा कि वे अपने अन्य सभी दस्तावेजों के साथ करते हैं। उन्होनें इसे ई-पुस्तक के रूप में रूपांतरित किया। उन्हें गूगल में डाला ताकि उसे आसानी से खोजा जा सकें, और जिसे पढ़ने वाला उसपर अपने कॉमेंट और रिव्यू लिख सके।

मानकों के संगठन खुश नहीं थे और मुकदमे में तीव्रता आ गई थी। वर्ष 2015 में हमें 23 दिनों तक कानूनी बयान देना पड़ा था, जिसमें तीन दिन मैंने बयान दिए। मेरे बयान के लिए प्रत्येक दिन 12-14 घंटे की पूछताछ शामिल थी। मेरे पक्ष में चार वकील थे। उनके पक्ष में छह वकील थे और साथ साथ स्टैनोग्राफर और विडियोग्राफर भी थे। पूछताछ जोरों से हो रही थी।

हम डिस्ट्रिक्ट कोर्ट में हार गए। न्यायाधीश हमारे तर्क से सहमत नहीं थीं। उन्होंने माना कि ये सभी “कानून” थे लेकिन उनका कहना था कि अगर कांग्रेस यह कहना चाहती है कि ये कानून कॉपीराइट के अधीन नहीं हैं, तो वे ऐसा कानून पारित कर सकते थे। एक समय न्यायाधीश ने, हमें यूएस राजधानी की दिशा में इंगित करते हुए, “पहाड़ी पर बड़ी सफेद इमारत (US Capitol)” के दरवाजे पर दस्तक देने का सुझाव दिया।

हमने फरवरी 2017 में, अपील की नोटिस दायर की। लेकिन डिस्ट्रिक्ट ऑफ कोलंबिया में काम धीरे-धीरे होता है। अदालत को समय निर्धारित करने में लंबा समय लगा। आखिरकार हमने अगस्त में अपनी फाईल का सारांश (ब्रीफ) दर्ज किया। सितंबर के अंत में हमारे न्यायमित्र *सारांश (एमिकस ब्रीफ्स)* दायर किए गए। हमारा प्रदर्शन बहुत मजबूत था। अमेरिकन लाइब्रेरी एसोसिएशन और लॉ लाइब्रेरियों के अमेरिकन एसोसिएशन के अतिरिक्त, जन साधारण के बहुत सारे विख्यात कानूनी प्रोफेसर और कानून पुस्तकालयों के अध्यक्ष (लाइब्रेरीयंस) भी शामिल थे।

इस ब्रीफ में ढ़ेर सारे पूर्व सरकारी अधिकारी के हस्ताक्षर भी शामिल थे, जिनमें जॉर्ज डब्ल्यू बुश द्वारा नियुक्त रेमंड मोस्ले भी शामिल थे जिन्होंने 18 साल से ऑफिस ऑफ द फेडरल रजिस्टर (Office of the Federal Register) में काम किया था और साथ साथ पब्लिक प्रिंटर आफ यूनाइटेड स्टेट्स भी थे। फ़ेडेरल रेगुलेशन्स के कोड के साथ-साथ, सरकार की ऑफिसियल जर्नल को प्रकाशित करने के लिये, ऑफिस ऑफ द फेडरल रजिस्टर (Office of the Federal Register), गवर्नमेंट पबलिशिंग ऑफिस के साथ काम करता है। ये लोग कानून के प्रचार के लिए अधिकारिक तौर पर जिम्मेदार थे और यही लोग मेरा साथ दे रहे थे।

मेरे पूर्व बॉस जॉन डी. पॉडेस्टा और साथ ही लेबर विभाग के पूर्व सचिव रॉबर्ट रीच और ओक्यूपेशनल सेफ्टी एंड हेल्थ एडमिनिस्ट्रेशन (ओएसएचए) के पूर्व निदेशक डॉ. डेविड माइकल्स भी शामिल थे। ये सभी सरकारी अधिकारी इस प्रस्ताव पर एकजुट हुए थे कि सामान्य जनता जो इन कानूनों को पढ़ना चाहती है उन्हें पहले किसी निजी पार्टी की अनुमति लेने को मजबूर करना, गलत होगा। इसे जॉन पॉडेस्टा (John Podesta) ने, एक फोन वार्तालाप पर, 'पागलपन' कहा।

जाने-माने ट्रेडमार्क प्रोफेसरों के समूह ने भी एक ब्रीफ दायर की। कांग्रेसवुमेन लोफग्रेन और कांग्रेसमेन इसा ने हमारे लिए ब्रीफ दर्ज की थी कि लोकतंत्र में कानून सहज उपलब्ध होना चाहिए। दोनों सांसदों ने सदन की न्यायिक समिति में कई सालों की सेवा (Self-Employed Women 's Association of India) की है। सांसद इसा, कोर्ट्स, इंटलेक्चुयल प्रौपर्टी और इंटरनेट के उपसमिति के अध्यक्ष हैं, और यह मुद्दा उनके कानूनी अधिकार के दायरे में आता है। यह काफी दमदार था।

नवंबर में, अभियोक्ताओं (प्लेन्टिफ्स) ने अपने ब्रीफ दायर किया। उन्होंने अपने लिये एक नए वकील लाये, जो संयुक्त राज्य अमेरिका के पूर्व सॉलिसिटर जनरल थे। दिसंबर के प्रांरभ में उनके अन्य मित्र भी आ गए थे। अधिष्ठान (एस्टैब्लिशमेंन्ट) इस बात से पूरी तरह असंतुष्ट था। अमेरिकन इंश्योरेंस एसोसिएशन और इंटरनेशनल ट्रेडमार्क एसोसिएशन दोनों ने ब्रीफ दायर किए। अमेरिकन मेडिकल एसोसिएशन के साथ अमेरिकन डेंटल एसोसिएशन और अमेरिकन हॉस्पिटल एसोसिएशन भी शामिल थे।

आखिर में 10 अन्य मानक संगठनों के साथ, अमेरिकी राष्ट्रीय मानक संस्थान (American National Standards Institute) ने *एमिकस ब्रीफ* दायर किया, जिसमें जिनेवा में स्थापित अंतर्राष्ट्रीय मानक संगठन भी शामिल था। उनका तर्क सरल था: हमें पैसे चाहिए। हमें पैसे की ज़रूरत है। अगर हमारे पास कानून बेचने का विशेष अधिकार नहीं है, तो हम उच्च गुणवत्ता वाले सुरक्षा मानकों का उत्पादन नहीं कर पाएंगे।

मैं इस तर्क से काफी असहमत हूँ। मानकों के संगठन ढ़ेर सारे मानकों का निर्माण करते हैं, पर केवल कुछ ही कानून बन पाते हैं। जब सभी 50 राज्यों में नैशनल इलेक्ट्रिकल कोड कानून बनते हैं, तो वे प्रेस रिलीज़ जारी करते हैं और इसके बारे में अपनी वार्षिक रिपोर्ट में शान से कहते हैं। मानकों के संगठन इन दस्तावेजों को शीघ्र कानून बनाना चाहते हैं। ऐसा करने से, उन्हें अमेरिकी लोगों की स्वीकृति मिलती है और वे अपनी सेवाओं की बिक्री करने में इससे बहुत लाभ उठाते हैं।

भारत में मानक दस्तावेज़ों की बिक्री में ज़्यादा पैसा नहीं है। असली पैसा उत्पाद के प्रमाणन (सर्टिफिकेशन) में है। मसलन बल्ब और वाशिंग मशीन जैसे उपभोक्ता उत्पादों को प्रमाणित करने वाली संस्थान अंडरराइटर्स लेबोरेटरीज, प्रति वर्ष 2 बिलियन डॉलर से अधिक प्रमाणीकरण रिवेन्यू से कमाता है। इसी तरह भारत में, ब्यूरो के रिवेन्यू का ज्यादा बड़ा भाग उनके अनिवार्य प्रमाणीकरण कार्यक्रम से आता है। प्रमाणीकरण के अतिरिक्त हैंडबुक, प्रशिक्षण, सदस्यता शुल्क जैसे और कई आय के आकर्षक स्रोत हैं।

जैसा कि अदालतों ने पहले बताया है, ये मानक सिर्फ कानून बनने के लिये नहीं बनते हैं। वे कानून बनते हैं क्योंकि उस उद्योग के सदस्यों ने कानून लिखने में मदद की है। कुछ दस्तावेजों को बेच कर ज्यादा पैसा नहीं कमाया जा सकता है। अधिक मूल्य कमाने का जरिया वे कंपनियाँ हैं जो कहती हैं कि 'हम कानून का अनुपालन करते हैं'।

अधिक धन कमाने का एक और उदाहरण है जो यह स्पष्ट रूप से दर्शाता है कि मानकों के संगठनों को वास्तव में पैसे की आवश्यकता नहीं है, वे पूर्णरूप से लालची हो गए हैं। जैसा

कि रॉस पेरॉट ने इतने बेहतरीन ढ़ंग से ओवरपेड और आलसी अधिकारियों के एक और बैच का वर्णन करते हुए कहा कि वे “मोटे, सुखी और थोड़े से बेवकूफ” बन गए थे। अमेरिकन नेशनल स्टैंडर्ड इंस्टीटयूट, अन्य सभी मानकों के संगठनों की तरह, आंतरिक राजस्व सेवा (Self-Employed Women 's Association of India) (इनटर्नल रेवेन्यू सर्विस) में, प्रमाणित गैर-सरकारी चैरिटी के रूप में पंजीकृत हैं। वे वर्ष 2015 में 44.2 मिलियन डॉलर का राजस्व कमाए। उस राजस्व के लाखों डॉलर कुछ वरिष्ठ मैनेजरों की भरपाई में खर्च हो गए। सीईओ सालाना वेतन में 2 मिलियन डॉलर कमाता है, और सभी वरिष्ठ मैनेजरों ने स्वयं को कार्य सप्ताह में, 35 घंटा काम करने वाला बताया है। इसी तरह, नेशनल फायर प्रोटेक्शन एसोसिएशन ने सीईओ को प्रति वर्ष 1 मिलियन डॉलर का भुगतान ही नहीं किया, बल्कि जब वे रिटायर हुए तो उन्होंने उन्हें 4 मिलियन डॉलर का रिटायरमेंट चेक भी दिया।

एक चैरिटी (नॉन-प्रॉफिट) संस्था के लिए इस प्रकार का वेतन मोटी रकम होती है। उनके लिए पैसा संस्था के लक्ष्य से अधिक महत्वपूर्ण हो गया है और उन्होंने अपनी सेवा (Self-Employed Women 's Association of India) की भावना खो दी है। हालांकि, मुझे एक चीज़ स्पष्ट करनी है: ये संगठन बहुत से उच्च गुणवत्ता वाले कोड और मानकों को बनाते हैं। वे वास्तविक कार्य करते हैं, लेकिन यह सारा काम समर्पित एवं स्वेच्छा से काम करने वाले लोंगो (वालेन्टियर्स) द्वारा किया जा रहा है न कि पीछे ऑफिस में बैठे मोटी तनख्वाह पाने वाले अधिकारियों द्वारा । किसी को भी नेशनल इलेक्ट्रिकल कोड लिखने के लिए पैसे नहीं मिलते हैं। यह हजारों वालेन्टियर्स द्वारा व्यावसायिक और सार्वजनिक सेवा (Self-Employed Women 's Association of India) की भावना से तैयार किया जाता है, जिसमें बड़ी संख्या में समर्पित संघीय कर्मचारी, राज्य कर्मचारी और स्थानीय कर्मचारी शामिल हैं।

...

मुझे यह बात स्पष्ट कर देनी चाहिए कि इस समय मेरी कानूनी लड़ाई में ज्यादातर कार्य एवं योगदान पब्लिक संसाधन (रिसोर्स) का प्रतिनिधित्व करने वाले लॉ फर्मों द्वारा किया जा रहा है। मुझे बेशक सभी ब्रीफ पढ़ने होते हैं, और मैं अपना अत्यधिक समय कानूनी प्रक्रिया में और अपने मामले की योग्यता के बारे में जानकारी लेने में लगाता हूँ। यह विशेष रूप से तब होता है जब हम खोज और बयान की गहन प्रक्रिया में होते हैं। मैं इसमें नजदीकी तौर पर शामिल था, जो निश्चित रूप से हमेशा अच्छी बात नहीं हो सकती है। एक वकील नहीं होने के कारण (मैं अपना पहला साल पूरा करने के बाद जॉर्ज टाउन लॉ स्कूल में पढ़ाई छोड़ दी), मैं अपने वकीलों को अपने मूढ़ सवालों से और अनुभव की कमी के कारण, पागल कर देता हूँ। लेकिन, क्योंकि मैं अपने मामले के तथ्यों को जानता हूँ और मैं कड़ी मेहनत करता हूँ, वे मुझे सहन करते हैं।

कुछ लोगों को लगता है कि जब आप किसी लॉ फर्म को हायर करते हैं, तो आप ग्राहक हैं और आप जो कहेंगें, वो लोग वैसा ही करेंगे। पर यह काम ऐसे नहीं होता। वकील, विशेष रूप से मेरे साथ काम करने वाले अनुभवी वरिष्ठ वादी (लिटिगेटर्स) को कानून के बारे में मुझसे कई गुना ज्यादा पता है। अधिकांश समय, उनका काम यह बताना है कि केस का वास्तविक रूप कैसा होगा।

यह विचार कि आप अपने वकील को आदेश दे सकते हैं और वे केवल आज्ञा का पालन करेंगें, तो यह प्रो बोनो कानूनी प्रतिनिधित्व की दुनिया में, बहुत ही कम सही है। मैं आभारी हूँ कि दुनिया भर के नौ प्रमुख कानून फर्म्स, पब्लिक रिसोर्स का प्रतिनिधित्व करने के लिए, प्रो बोनो आधार पर सहमत हुए हैं। वर्ष 2015 में, उन्होंने कानूनी समय के रूप, 2.8 मिलियन डॉलर का योगदान दिया। वर्ष 2016 में यह 1.8 मिलियन डॉलर से अधिक का हुआ, और वर्ष 2017 में, 1 मिलियन डॉलर से भी अधिक का हुआ। हमारी लड़ाई उनके सहयोग के बिना संभव ही नहीं है। मेरे पास इतने पैसे नहीं थे और आखिरकार हमें इस संघर्ष से पीछे हट जाना पड़ता।

पुनः मैं 'रीयल डेटा' पर काम करने लगाः मेरा 'ब्रेड लेबर'

जैसे नवंबर खत्म होने वाला था, मैंने भारत से अपने बचे कामों पर, काम करना जारी रखा। सबसे महत्वपूर्ण भारत की डिजिटल लाइब्रेरी का काम था, जिसे मैंने भारत की पब्लिक लाइब्रेरी में बदल दिया। सरकार ने तब भी अपना संस्करण वापस ऑनलाइन नहीं किया था और संस्कृत के विद्वानगण मुझे अतिरिक्त सामग्री के लिए नोट्स भेज रहे थे। भारतीय पुरातत्व सर्वेक्षण (आर्कियोलॉजिकल सर्वे ऑफ़ इंडिया) से प्राप्त 4,450 पुस्तकों को जोड़ कर, हमने कुल 4,00,000 पुस्तकों के वॉल्यूम्स ऑनलाइन कर डाले।

इसके अलावा भारत के आधिकारिक राजपत्रों को ऑनलाइन करने में काफी समय लग रहा था। संघीय सरकार के राजपत्रों को इंटरनेट पर मिरर करना सीधा कार्य था। पब्लिक लाइब्रेरी संग्रह (रिपॉजिटरी) में खोजते वक्त मुझे स्वतंत्रता से पहले के कई सौ पुराने राजपत्र मिले, और उन्हें भी संग्रह में जोड़ दिये गए। हालांकि मुश्किल भाग, राज्य सरकारों और कई बड़े शहरों के राजपत्र से संबंधित थे।

एक उदाहरण ओड़िशा राजपत्र का था, जो 43 लाख लोगों के राज्य का आधिकारिक प्रकाशन है। मैंने एक स्क्रिप्ट लिखा जिससे राजपत्र के 38,073 प्रकाशन, पीडीएफ फाइलों में आ गए। लेकिन, जब मैंने ये स्क्रिप्ट चलाई और कुछ फाइलों को देखा तो पाया कि उन्होंने ओड़िया भाषा के लिए एक ख़ास फ़ॉन्ट को रेफर किया था जो पीडीएफ फाइल में एम्बेडेड नहीं था। इस कारण हम जो भी देख रहे थे वह सब कचरा दिख रहा था, क्योंकि हमारा कंप्यूटर, फ़ाइल में एम्बेड किए गये फ़ॉन्टों के बजाय सिस्टम पर इंस्टॉल किए गए फ़ॉन्टों के बीच उस ख़ास फ़ॉन्ट को खोज रहा है।

कई स्क्रिप्ट चलाने के बाद, मैंने तय किया कि 35,705 फाइलों में यह समस्या थीं। मुझे उन्हें इंटरनेट आर्काइव में अपलोड करने से पहले फोंट को एम्बेड करना था। लेकिन, जो फ़ॉन्ट आपके सिस्टम पर होगा वह अस्पष्ट होगा। बहुत साल पहले यह एक भारतीय अनुसंधान संस्थान द्वारा तैयार किया गया था। कई दिनों तक खोजने के बाद, मैं इसे न कहीं बेचा जाता पाया, न डाउनलोड करने के लिये पाया, इसलिए मैंने इस समय ओड़िशा का काम तत्काल रोक दिया हूँ।

अन्य राज्यों के काम और भी मुश्किल थे। ओड़िशा के मामले में, मैं राजपत्र के मुद्दों की लंबी सूचियों के साथ इंडेक्स फाइलों को खींच सकता था और उस इंडेक्स फ़ाइल में

कोड स्वराज पर नोट

प्रत्येक पीडीएफ फाइल पर एक यूआरएल था। पहले इंडेक्स फ़ाइल को डाउनलोड करना, फिर उन्हें मेटाडेटा और फाइल अड्रेसेस में पार्स करने से, सभी पीडीएफ फाइलों को लाना काफी सहज था। लेकिन, अधिकांश राज्यों के केस में यह सीधा काम नहीं था।

राज्यों के अधिकांश राजपत्र माइक्रोसॉफ्ट सर्वर सॉफ्टवेयर पर आधारित हैं जो पीडीएफ फाइलों के यूआरएल (नेटवर्क एड्रेस) को नहीं दिखाते हैं। समस्या यह थी कि हर राज्य में उनके प्रकाशन की प्रत्येक प्रति को पाने का एक अलग अपारदर्शी तरीका था। भारत में कई दर्जन आधिकारिक राजपत्र हैं, प्रत्येक राज्य के लिए, और दिल्ली जैसे प्रमुख नगर पालिकाओं के लिए भी। प्रत्येक को अलग ढंग से प्रोग्राम किया जाता है।

हमने कलेक्शन में कुल 1,63,977 पीडीएफ फाइलें एकत्रित की थी, लेकिन यह स्पष्ट था कि यह सही काम करने के लिए, हमें वर्ष 2018 में गंभीर काम करना होगा। सभी राजपत्रों के लिए न केवल फाइलों को लाना था बल्कि संग्रह को वास्तव में उपयोगी बनाने के लिए उन्हें अपडेट करना था। साथ ही उन राजपत्रों को उस रूप में व्यवस्थित भी करना था जिस रूप में हम उन्हें दिखाना चाहते थे। स्कैन किए गई राजपत्रों पर उच्च गुणवत्ता वाले ऑप्टिकल कैरेक्टर जैसे मुद्दों से गुजरना पड़ा। पब्लिक लाइब्रेरी आफ इंडिया बनाते हुए हमें इन मुद्दों से गुजरना पड़ा। केंद्र, राज्य सरकार और शहरों से राजपत्रों को डाउनलोड करते हुए हमने पाया कि उनमें से बहुत तो काफी अव्यवस्थित थे और कुछ गायब थे। अतः उनके गुणवत्ता का आश्वासन होना काफी जरूरी था।

किसी भी देश के लिए सरकार के आधिकारिक पत्रिकाओं का उद्देश्य नागरिकों को उनकी सरकार के कार्य के बारे में सूचित करना है। यह संयुक्त राज्य के संघीय रजिस्टर के बनने का कारण था, जो संघीय सरकार की आधिकारिक पत्रिका है। सुप्रीम कोर्ट में एक प्रसिद्ध कोर्ट का मामला चला था जिसमें सरकार ने ग्रेट डिप्रेशन के दौरान एक समूह पर नियमों के साथ गैर-अनुपालन के लिए मुकदमा दायर किया था, लेकिन कोई भी वास्तव में उन नियमों को नहीं ढूंढ पाया क्योंकि वे कभी प्रकाशित ही नहीं हुए थे।

सुप्रीम कोर्ट के जस्टिस ब्रैंडिस के आग्रह पर हार्वर्ड लॉ प्रोफेसर ने एक "गवर्नमेंट इन इग्नोरेंस ऑफ़ द लॉ - ए प्ली फॉर बेटर पब्लिशिंग ऑफ एक्ज़ीक्यूटिव लॉजिस्लेशन" नामक एक प्रमुख पर्चा लिखा था। इससे एक औपचारिक प्रक्रिया जारी हुई, जिसमें सभी सरकारी विनियमन के पहले प्रारंभिक रूप में प्रकाशित किए जाएंगें, जिसे "प्रस्तावित नियम बनाने की सूचना" के रूप में जाना जाता है ताकि नागरिकों को पता हो कि क्या हो रहा है। फिर अंतिम नियम भी प्रकाशित किए जाएंगे। संपूर्ण विनियमन तब एक समेकित दस्तावेज, यानि कि संघीय विनियमन कोड में शामिल किया जाएगा, जो सभी संशोधनों, विलोपन और सहायक ऐतिहासिक नोट्स और पोइंटर्स के साथ अप-टू-डेट किया जाएगा।

संघीय स्तर पर उन तकनीकी मानकों को जो कानून का दर्जा पा चुके हैं उन्हें उपलबध कराने की मेरी लड़ाई में, मैंने संघीय नियमों के कोड में बहुत बड़ी कमी पायी। मैंने अनुमान लगाया है कि 30 प्रतिशत से अधिक कोड, बहुत पैसे खर्चे किए बिना और निजी पार्टी से पूर्व अनुमति प्राप्त किए बिना, नागरिकों के लिए उपलब्ध नहीं हैं। फिर ऐसे कई मॉडल कोड और मानक हैं, जो स्वयम् कानून का दर्जा नहीं पाये हैं लेकिन जो अन्य कानूनी दर्जा पाये

नियमों में "संदर्भ द्वारा शामिल" किए गए हैं। पहले ऐसे प्रक्रिया बनाने का उद्देश्य था जगह बचाना लेकिन अब यह निजी संगठनों द्वारा नागरिकों की पहुंच को सीमित करने के लिए, और अन्यायपूर्ण किराए वसूलने का एक अच्छा ज़रिया बन गया है।

मुझे संयुक्त राज्य अमेरिका में कानून के पब्लिक प्रिंटिंग में लंबे समय से दिलचस्पी रही है, इतना कि संयुक्त राज्य के पब्लिक प्रिंटर के रूप में माने जाने के लिए, मैने अपना नाम भी दिया था। पब्लिक प्रिंटर एक वरिष्ठ अधिकारी होता है जो संघीय स्तर पर कानून का प्रचार करता है और सरकारी प्रिंटिंग कार्यालय का निदेशक होता है। मुझे नौकरी नहीं मिली, लेकिन मैं शॉर्टलिस्ट में था। मैंने देखा कि व्हाइट हाउस में राष्ट्रपति के कार्मिकों का कार्यालय कैसे काम करता है, और उस दौरान मैंने प्रिंटिंग ऑफिस के बारे में बहुत कुछ सीखा, और यह अनुभव बहुत ही लाभप्रद था।

पब्लिक प्रिंटिंग में मेरी रुचि होने के कारण, मेरे पास इस क्षेत्र में काम करने वाले लोगों के साथ दुनिया भर में संपर्क भी थे। इनमें से एक जॉन शेरिडन (John Sheridan) हैं, जिन्होंने यूनाइटेड किंगडम के राष्ट्रीय अभिलेखागार के तत्वावधान में, कानून के प्रचार के लिए शायद दुनिया में सबसे अच्छी व्यवस्था बनाई है। यह एक बढ़िया प्रणाली है, जो इंगलेंड के सभी कानूनों को शब्दशः देखने देती है। आप मैग्ना कार्टा के शब्दों को वैसे ही देख पाएंगें जैसे वे नियम बनाए गए थे, पुनः बनाए गए थे, और समय के साथ कैसे संशोधित होकर बदले थे।

भारत में, कानून तक लोगों के पहुंच बनाने का सवाल खुलकर सामने आया है। निशीथ देसाई एसोसिएट्स, गौरी गोखले और जयदीप रेड्डी की फर्म के दो वकीलों ने, "ए पुश फोर प्रोसेडुरल सर्टेनिटी (a push for procedural certainity)" पर 'वांटेज एशिया' (Vantage Asia) नामक पत्रिका में एक लेख प्रकाशित किया, जिसमें उन्होंने नियमों और विधियों की स्थिति का पता लगाने में असमर्थता के कई उदाहरण दिए। मेरे मामले में काम कर रहे मेरे दोस्त और सह-याचिकाकर्ता, सुशांत सिन्हा ने, जिसने पत्रिका 'भारतीय कानून' में सभी अदालत के मामलों और कानूनों के फ्री ऑनलाइन कलेक्शन डाले हैं, इस विषय में भी गहरी रुचि ली। मेरे अन्य सह-याचिकाकर्ता, श्रीनिवास कोडली ने आधिकारिक राजपत्रों के संग्रह की शुरुवात की थी।

हम अकेले नहीं थे। सितंबर 2017 में, दिल्ली उच्च न्यायालय के माननीय जस्टिस मनमोहन ने एक सुनवाई में कानून तक पहुंच की स्थिति के बारे में सुना था और फिर कानून मंत्रालय को एक बेहतर प्रणाली बनाने का आदेश दिया, जो सभी केंद्रीय अधिनियम और अधीनस्थ कानून को एक केंद्रीय पोर्टल पर उपलब्ध कराए। आदेश में कहा गया है कि कानून को "मशीन रीडेबल पीडीएफ फॉर्मेट" के रूप में उपलब्ध कराया जाना चाहिए, जिसका अर्थ है कि पीडीएफ फाइल से टेक्स्ट निकाले जा सकते हैं और इसका इस्तेमाल बिग डेटा एनालेसिस, एचटीएमएल, बेहतर मेटाडेटा, और अन्य उपयोगों के लिए किया जा सकता है। यह स्पष्ट है कि इस क्षेत्र को वर्ष 2018 और आने वोले समय में महत्वपूर्ण ध्यान दिया जाएगा।

कोड स्वराज पर नोट

मैं सरकार के कामों की उपेक्षा क्यों कर रहा था?

मैंने अपने दिन, गांधी जी के बारे में इकट्ठा सामाग्री को देखने में, 6000 अमेरीकी सरकारी फिल्मों को संग्रहित करने में, आधिकारिक राजपत्रों को पढ़ने में बिताए। लेकिन इन कामों में कोई ऐसा काम नहीं था, जो मुझे करना चाहिए था। इसके बजाय मुझे अमेरीकी सरकार के कामों पर अपनी शोध के परिणामों को प्रकाशिक करना चाहिए था।

अमेरीका में, और अधिकांश राष्ट्रीय कॉपीराइट सिस्टम के साथ, उन चीजों की एक सूची है, जिन्हें कॉपीराइट नहीं किया जाता है। अमेरीका में, अपवादों में सबसे उल्लेखनीय है, अमेरीकी सरकार का काम, जो अमेरीकी संघीय कर्मचारियों या अधिकारियों द्वारा उनके आधिकारिक कर्तव्यों के दौरान किये गये हैं। इस अपवाद के पीछे का उद्देश्य यह है कि कर्मचारी, जनता के सेवक है। जनता कर्मचारियों को वेतन देती हैं और उनके काम का उत्पाद उनके नियोक्ता, अर्थात् जनता का है। यह एक सरल और शक्तिशाली अवधारणा है।

सरकार का काम है कि वह पता लगाए कि 1990 के दशक के प्रांरभ से पेटेंट एंड सिक्यॉरिटी एंड एक्सचेंज डेटाबेस को सरकार राजस्व के स्रोत के रूप में उच्च कीमत पर कब और क्यों बेच रही थी जब कि मैं उन डेटाबेसों को मुक्त करने में सक्षम था। डेटाबेस को खरीदने के लिए प्रति वर्ष कई सौ हजार डॉलर का खर्च करने पड़ते है। मैं इतना पैसा जमा कर पाता तो मैं इसे खरीद लेता। जब मेरे पास डेटा है और उस पर किसी भी प्रकार का कॉपीराइट नहीं है तो उसे मैं इंटरनेट पर डाल सकता हूँ।

विडंबना यह है कि जिस तरह से मैंने इन सरकारी दस्तावेज़ो को अमेरिकी सरकार से खरीदा ताकि मैं इसे लोगों को बाँट सकूँ, तो ऐसा करने के लिये मेरे पास केवल एक ही रास्ता है कि मैं सरकार के अन्य अंग, नेशनल साइंस फाउंडेशन (एनएसएफ) से अनुदान के लिए आवेदन करूं। एनएसएफ ने, उस समय के दौरान इंटरनेट के विकास में महत्वपूर्ण भूमिका निभाई थी और अभी इसके डिविजन डायरेक्टर, स्टीफन वॉल्फ जो एक बहादुर व्यक्ति थे, उन्होंने मुझे यह अनुदान दिया।

जब इस नई परियोजना के बारे में खबर फैली, तो शक्तिशाली 'हाउस एनर्जी' कमेटी के अध्यक्ष डिंगेल ने नेशनल साइंस फाउंडेशन को एक तीखा पत्र लिखा, जिसमें उन्होंने पूछा था कि वे इस जानकारी को बांट कर, निजी क्षेत्र के साथ प्रतिस्पर्धा क्यों कर रहे हैं। न्यूयार्क टाइम्स में छपे उप राष्ट्रपति गोरे के बयान के बाद ही ऐसा हुआ था, जिसमें उन्होंने कहा था कि "यह अमेरिकी जनता के लिए एक बड़ी जीत" और अब चीजें सही हो गई थी। उस दिन के बाद से मैं अल गोरे का हमेशा प्रशंसक रहा हूँ।

मानकों को ऑनलाइन रखने के अपने काम के दौरान, मैंने देखा कि संघीय कर्मचारियों ने इन महत्वपूर्ण सुरक्षा कानूनों को बनाने में काफी योगदान दिया है, फिर भी निजी मानक निकाय उन पर कॉपीराइट का दावा करती हैं। यही प्रचलन, अन्य विद्वावतापूर्ण प्रकाशनों (स्कोलरली पब्लिकेशन) में भी, अधिक व्यापक रूप से होता है। कानून के बारे में मेरे काम की वजह से, मैंने राष्ट्रपति ओबामा के विद्ववतापूर्ण कार्यों पर नजर डाला है और 'हार्वर्ड लॉ रिव्यू' में प्रकाशित उनके एक लेख को ध्यान से पढ़ा है। मुझे यह अजीब लग रहा था कि

हार्वर्ड लॉ रिव्यू उनके काम पर, अपने कॉपीराइटर का जोर दे रहा था। मैंने इसी तरह की बात 'साइंस' जैसी पत्रिकाओं में भी देखा जहां उन्होंने अपने लेखों को प्रकाशित किया था।

इस तरह की स्थिति के बारे में जानकारी प्राप्त करने के लिए, वर्ष 2016 में एक प्रमुख संस्था ने मुझसे संपर्क किया। इस क्षेत्र में काम करने के लिए, अक्टूबर 2016 में, उन्होंने वर्ष 2017 के लिए 5,00,000 डॉलर और वर्ष 2018 में 4,00,000 डॉलर देने की पेशकश की। हालाँ कि इसमें एक चाल थी। उन्होंने हमारे बोर्ड ऑफ डायरेक्टर्स में एक सीट की मांग की और वे मेरे काम पर विस्तृत नियंत्रण हासिल करना चाहते थे। उसमें प्रत्येक काम जैसे जैसे पूरा होता, वैसे वैसे पैसौं का भुगतान किया जाना था। मुझे याद है कि मैं दिनेश त्रिवेदी के बंगले में बैठा था, जब अमेरिका से आये फोन पर मुझे इन शर्तों का पता लगा। फिर मैं बाहर लिविंग रूम में आया और दिनेश और सैम को बताया कि अभी अभी मैंने, 9,00,000 डॉलर का अनुदान को अस्वीकार कर दिया हूँ।

मैंने उस प्रतिष्ठान को समझाया था कि उनके पैस से हमें, सरकार के कार्यों का गहराई से अध्ययन करने में, किसी प्रकार के उल्लंघन पाने पर सरकार और प्रकाशकों को इन उल्लंघन के बारे में सूचित करने में, और फिर शायद वैसे किसी भी लेख को प्रकाशित करने में जो पब्लिक डोमेन में स्पष्ट रूप से है, जैसे कार्यों को करने में सहायता मिलेगी। हालांकि, इसका अधिकांश पैसा किसी पत्रिका के लेख को स्कैन करने (यदि आप इसे बड़े स्तर पर करते हैं) के लिये पुस्तकालय विज्ञान के स्नातक छात्रों को भुगतान करने में ही खर्च हो जाएगा।

हालांकि अनुदान में कोई भी कानूनी खर्च शामिल नहीं होंगा। यहां तक कि यदि हमें बड़ी संख्या में, किसी पत्रिका में वैसे लेख मिलते हैं, जो स्पष्ट रूप से पब्लिक डोमेन में हैं और उन्हें हम प्रकाशित करते हैं तो इस बात की कोई गारंटी नहीं है कि प्रकाशक, जो ज्यादातर झगड़ालू किस्म के होते हैं, इसके बाद हम पर मुकदमा नहीं करेंगे। अपने बेइमानी से मिले राजस्व प्रवाह को बनाए रखने के लिए, या सिर्फ बदले की भावना से, या हमारे काम में रुकावट डालने के लिये, वे मुकदमें की रणनीति अपनाएंगे।

दूसरे शब्दों में, यह अत्यधिक संकट भरा काम था। मेरा अनुदान अस्वीकार करने का कारण यह था कि मैं, प्रतिष्ठान के अधिकारी को हमारे बोर्ड के सदस्य बनने, और हमारी गतिविधियों पर नियंत्रण रखने की अनुमति नहीं दे सकता था क्योंकि मैंने कभी उनके साथ काम नहीं किया था। कुछ प्रतिष्ठान, कुछ काम करवाने के लिए केवल पैसा देती है। यदि आप उनकी परियोजना पर काम करेंगे, तो वे आपको पैसा देंगे, लेकिन हम ऐसे काम नहीं करते हैं और हम पैसों से पहले, अपने मिशन को महत्व देते हैं।

आखिरकार प्रतिष्ठान फिर वापस आई और जनवरी 2017 में हमें 2,50,000 डॉलर का अनुदान देने के लिए सहमत हो गई। उन्होंने कहा कि रिपोर्ट जमा होने के बाद, जुलाई में अतिरिक्त राशि 2,50,000 डॉलर देंगे। बाकी बचा हुआ 4,00,000 डॉलर वर्ष 2018 और 2019 में किश्तों के रूप में मिलेगा। यह काफी बड़ा अनुदान था। इसमें बहुत सारे टुकड़ों में पैसे आ रहे थे जैसा कि मैं नहीं चाहता था, फिर भी मैंने कागजात पर हस्ताक्षर कर दिए थे।

कोड स्वराज पर नोट

प्रकाशकों के संदेहात्मक कार्यों की छान बीन

मैंने वर्ष 2017 के शुरूआती छह महीने तक सरकार के कार्यों पर निरंतर शोध किये। यूनिवर्सिटी ऑफ नॉर्थ कैरोलिना के दो प्रोफेसरों और स्नातक छात्र के साथ काम करके, और यूनिवर्सिटी ऑफ कैलिफोर्निया और स्टैनफोर्ड के पुस्तकालय अध्यक्षों की सहायता से हमने विद्वावतापूर्ण साहित्य के लेखकों की संबद्धता (ऑथर एफिलिएशन) की तलाश की। वास्तव में इस जर्नल डेटाबेस की जानकारी का पता लगाना आसान काम नहीं है क्योंकि ऑथर एफिलिएशन को विभिन्न तरीकों से लिखा जा सकता है।

हमने मूल रूप से जो किया वो यह है कि प्रत्येक सरकारी एजेंसी को, पुस्तकालयों द्वारा प्रयोग किए जाने वाले तीन विभिन्न वाणिज्यिक सर्च इंजनों में डाल दिया, और फिर उनके परिणामों को अध्ययन किया। उदाहरण के लिए यदि आप "रोग नियंत्रन केन्द्र" को सर्च करते हैं तो आपको केवल संयुक्त राज्य अमेरिका की एजेंसियों के ही नहीं, बल्कि चीन के ऐसे केन्द्रों का भी विवरण प्राप्त होंगे। इसलिए आप एजेंसी के नाम खोजते वक्त "अमेरिका" or "संयुक्त राज्य" अथवा "अटलांटा" डालकर अपने खोज को सूक्ष्म बना सकते हैं।

हमें जो परिणाम प्राप्त हुए वो असाधारण थे। हमारे प्रारंभिक ऑडिट में 12,64,429 लेखों का पता चला जो संघीय कर्मचारियों के लग रहे थे। प्रारंभिक सूची से हमने द्वितीय स्तर का विशलेषण किया जिसमें विभिन्न प्रश्न पूछे गए थे। संघीय कर्मचारियों के लिए, अपने समय में और बिना संघ की निधि का उपयोग, लेख लिखने की छूट है। यहां तक कि यदि लेख कर्मचारी के विशेषज्ञता के अधीन भी हो तब भी यह सरकारी काम नहीं माना जाता है। हम लोगों के लिये यह प्रश्न था कि क्या ऐसे छपे लेख उनके अधिकारिक कर्तव्य के रूप में किये गये थे और जिसे कॉपीराइट से परे समझना चाहिए, या नहीं। हमारे मन में प्रश्न था कि क्या छपे आर्टिकल्स को कॉपीराइट से मुक्त होने के लिए यथोचित रूप से चिह्नित किया गया था, जो कानूनी तौर पर जरूरी होता है।

हमारे विश्लेषण ने हमें 1.2 मिलियन लेख को उल्लेख करने के, दो तरीके सुझाए। पहली बात, उन्होंने डिजिटल ऑब्जेक्ट आइडेंटीफायर का उपयोग किया था, जिससे हम यह निर्धारित कर सकते थे कि किस प्रकाशक से हमें कितने सरकार के कार्य मिले। उदाहरण के लिए, रीड एल्सेवीयर की एक कॉर्पोरेट शाखा में 2,93,769 लेख थे, जबकि अमेरिकन मेडिकल एसोसिएशन के पास 5, 961 लेख थे। इसके अलावा चूकि हमने सर्च करने में एजेंसियों के नाम दर्ज किया थे, अतः हम प्रत्येक एजेंसी द्वारा छपे लेखों को को अलग अलग कर के निकाल लिये थे। उदाहरण के लिए, हमें आर्मी कौर्प्स आफ इंजीनियर्स के कर्मचारियों द्वारा लिखे 20,027 लेख और राष्ट्रीय स्वास्थ्य संस्थान (नेशनल इंस्टिच्यूट आफ हेल्थ) के कर्मचारियों के 45,301 लेख मिले।

29 प्रमुख प्रकाशकों के लिए, सांख्यिकीय रूपी से मान्य, लेखों के नमूने निकाले गये, जिसमें छोटे प्रकाशकों के लिए 50 लेख से लेकर, बड़े प्रकाशकों के लिए 500 लेख रखा गया था। 22 सरकारी एजेंसियों में से प्रत्येक के लिए इसी प्रक्रिया को संचालित किया गया था। अंत में, हमने लगभग 10,000 लेख निकाले और प्रत्येक की व्यक्तिगत परीक्षण से सत्यापन की जाँच की गई कि क्या शीर्षक पृष्ठ पर कॉपीराइट दावों के साक्ष्य हैं। इसके साथ साथ हमें

हमारे खोज परिणामों की सटीकता की जांच करनी थी ताकि गलत परिणामों (फाल्स पाजिटिव) को छांटा जा सके, और इसके लिये लेखकों के "आधिकारीपना" के संकेतों कों तलाश करना था, जैसे कि लेखकों ने अपने लेख की समीक्षा के लिए अपने किस तरह के सहयोगियों का धन्यवाद किया है, या इसके विपरीत, क्या लेख यह दर्शाता है कि उन्होंने सरकारी सेवा (Self-Employed Women 's Association of India) में प्रवेश करने के पहले यह काम किया था।

परिणाम बेहद स्पष्ट थे। जितने भी लेख हमें मिले उनमें से अधिकांश लेख अमेरिकी सरकार के अधीन किए गए काम थे। और किसी भी मामले में प्रकाशक ने इसे कॉपीराइट से परे नहीं दिखाया था। अधिकांश मामलों में, लेख सावधानी से एक 'पे वॉल' के पीछे छिपे हुए थे और निश्चित रूप से कोई भी लेख सरकार की वेब साइट पर उपलब्ध नहीं थे। प्रत्येक एजेंसी के द्वारा राष्ट्रीय पुरालेख (नेशनल आर्काइव) पर डाले रिकॉर्डों के परीक्षण से यह स्पष्ट था कि आर्काइव में इन लेखों की प्रति नहीं थी।

ज्यादातर शोध विषयों के लिए, बड़े पैमाने पर किये गये ग्रंथसूची खोज (बिब्लियोग्राफिक सर्च) सफल रहे हैं। लेकिन विधि (लीगल) व्यवसाय के लिए ऐसा नहीं है, क्यों कि वे प्रौद्योगिकी की अनभिज्ञता पर जानबूझ कर गर्व करते हैं। विधि साहित्य सामान्यतः विशेष विक्रेताओं के साथ ऐसे जुड़े होते हैं कि ये सामान्य ग्रंथसूची सर्च इंजनों से नहीं खोजे जा सकते हैं। हालांकि, मैं वास्तव में यह जानना चाहता था कि विधि पत्रिकाओं में क्या विशेष बात थी क्योंकि यह काम कानून से संबंधित थी। मैंने देश भर के लॉ के विद्यार्थियों की सहायता ली, और मेरे साथ जुटे एक स्वयंसेवक, येल लॉ स्कूल के मीशा गुटेनटैग (Misha Guttentag), के नेतृत्व में कुछ प्रमुख जर्नल को उठाकर, उसके प्रत्येक अंक को एक एक कर के उन लेखों की सूची के तैयार करने के लिए कहा जिसे संघीय कर्मचारियों ने लिखे थे, और उन्हें एक स्प्रेडशीट्स पर डाल कर पेश करने को कहा।

विश्वविद्यालय की विधि समीक्षा (यूनिवर्सल ला रिव्यूज़) पत्रिका के अलावा, विधि प्रकाशन में एक और प्रमुख पत्रिका है अमेरिकी बार एसोसिएशन की। मैंने यह काम खुद किया और दर्जनों अलग-अलग प्रकाशनों में कई दशकों के लेखों की जांच च्यक्तिगत रूप से की। मुझे 552 लेख मिले जो निश्चित रूप से ऐसे लगते थे, जैसे वे संघीय कर्मचारियों के थे, जो संभवतः उन्होंने आधिकारिक कर्तव्यों के दौरान किये गये थे।

ऐसा ही एक उदाहरण है संघीय व्यापार आयोग के एक आयुक्त का। वो एजेंसी के विनियामक कार्यों और आने वाले वर्ष के लिए सुधारों पर, स्पर्धारोधी (एन्टीट्रस्ट) बार को ब्रीफ कर रहे थे। एक अन्य उदाहरण है एक सैन्य अधिकारी का। वह अपनी आधिकारिक कर्तव्यों के दौरान, प्रोक्योरमेंट ला पर एक उच्च डिग्री प्राप्त करने के लिए, एक पत्रिका में लेख लिखते हैं। इन मामलों में से किसी भी ऐसे लेखों को सरकारी काम के रूप में नहीं करार किया गया था।

मैं सामान्य शोध साहित्य और कानूनी साहित्य में खोज करने, और सबूतों के बड़े हिस्से को इकट्ठा कर रहा था। इसके अलावा, मैं 'सरकारी कार्य की उत्पत्ति' वाले उपवाक्य (क्लॉज़) को समझने के लिए कानूनी साहित्य का गहराई से अध्ययन कर रहा था। यह भी समझने

की कोशिश कर रहा था कि इस 'सरकारी कार्य' वाले क्लॉज़ की अदालतों ने किस तरह व्याख्या की है। मैं प्रिंटिंग एक्ट 1895 में, इस उपवाक्य के उत्पत्ति का पता लगाने में सफल रहा जब एक सिनेटर नें राष्ट्रपति के कागजातों के एक संकलन पर कॉपिराइट का दावा किया तो इस बात पर विवाद उठ गया। फिर मैंने इस 'सरकारी' उपवाक्य के विधायिकी और न्यायिक इतिहास को दिखाया, जो कॉपीराइट अधिनियम 1909 का एक हिस्सा बन गया था जिसे बाद में अदलतों ने, और आगामी कानूनों में इसका इसी तरह का अर्थ लगाया गया है।

मैं बार में गया और मुझे वहां से बाहर निकल जाने के लिए कहा गया।

मैंने इस मामले का समाधान करने के लिए एक रणनीति बनाई। इस रणनीति में अमेरिकी बार एसोसिएशन (एबीए) के हाउस ऑफ डेलीगेट्स के सामने एक प्रस्ताव लाना था। ऐसा करने के लिए, सामान्य रूप से प्रस्तावकर्ता को एक वकील होना चाहिए। मेरे बोर्ड के दो सदस्य एबीए के सदस्य थे। मेरा यह सोंचना था कि मैं उनके साथ मिलकर एक सह-लेखक की तरह एक पर्चा लिखूं जिसमें इस मामले को उठाया जाय और उस आधार पर हम हाउस ऑफ डेलिगेट्स के सामने एक प्रस्ताव प्रस्तुत कर सकें जिसमें एबीए से हम इस बात की समर्थन की मांग करें कि हम सभी को कॉपीराइट कानून के सभी प्रावधानों का पालन करना चाहिए। यह युक्तिपूर्ण प्रस्ताव लग रहा था।

गैर-वकील के रूप में, मैं वर्ष 2016 में हाउस ऑफ डिलेगेट्स में संबोधन देने में सक्षम हो गया था जिसे "सदन के विशेशाधिकार (special privileges of the floor)" के रूप में जाना जाता है। उस वर्ष मानकों को संघीय कानून में शामिल करने के प्रस्ताव को भी प्रस्तुत किया गया था। एबीए ने एक समाधान, प्रस्ताव के रूप में दिया कि जिससे 'तकनीकी कानूनों' को सार्वजनिक रूप से उपलब्ध कराया जा सकता है लेकिन सिर्फ पढ़ने के लिये। जिसका अर्थ था कि कोई भी व्यक्ति ऐसे कानून को एक उपयोगी फारमेट में, बिना भुगतान किए, प्रयोग नहीं कर सकता है। साथ साथ इस सिस्टम के अधीन, कोई भी व्यक्ति निजी संस्था की अनुमति के बिना किसी भी कानून की बात नहीं कर सकता था। मैंने इस प्रस्ताव का विरोध किया क्यों कि यह पूर्णतः निशुल्क नहीं था, दूसरी तरफ कई मानक निकायों ने भी इसका विरोध किया क्यों कि वे किसी भी तरह के निःशुल्क उपयोग का विरोध करते हैं। चूंकि, हम दोनों ने इस प्रस्ताव का, दो विपरीत कारणों से विरोध किया तो उस प्रस्ताव का प्रायोजक दल ने ऐसा महसूस किया कि जैसे उन्होंने ज्ञानी (सोलोमोन) के फैसले की तरह बच्चे को दो हिस्से में काटने का न्याय किया है। मेरे कठोर विरोध के बावजूद इस प्रस्ताव को पारित कर दिया, लेकिन कम-से-कम उन्होंने मुझे अपनी बात रखने का मौका तो दिया।

मेरा यह मानना था कि यदि कानूनी प्रकाशन के संरचना के अन्तर्गत आये सभी विषयों पर ठोस चर्चा होती, और उस चर्चा के व्यापक क्षेत्र के अन्तर्गत अध्ययनशील ज्ञान और शिक्षा के विषयों को भी सम्मिलित कर लिया जाता तो ए.बी.ए, इसे संयुक्त राज्य अमेरिका के कॉपीराइट अधिनियम के कानूनी आवश्यकताओं के समर्थन में आवाज़ उठाने के, एक सुअवसर के रूप में देख सकती थी।

मैंने संयुक्त राज्य अमेरिका सरकार के अध्ययनशील पर्चों पर पूरे वसंत ऋतु में काम किया। फिर मैने एक प्रस्ताव को, 15 (अधिकतम स्वीकार्य) पेजों में, और 69 फुटनोटों के साथ पूरा किया है। यह हमारे द्वारा किये गये लेखों के परीक्षणों के परिणामों को प्रस्तुत करते हैं जो इस कानून की उत्पत्ति और उसके इस्तेमाल के इतिहास आदि को भी बताते हैं। यह प्रस्ताव थोड़ा सहज था जिसमें यह कहा गया था कि यदि कोई कर्मचारी अपने आधारिक कर्तव्यों के दौरान कोई लेख लिखता है तो उसकी एक प्रतिलिपि सरकारी प्रकाशन कार्यालय (गवर्नमेंट पब्लिशिंग आफिस) में जमा किया जाना चाहिए। यह पहले से ही सरकारी मुद्रित प्रकाशनों के लिए जरूरी है। इसके द्वारा हम इस पहले से स्थापित व्यवस्था के अन्दर, अन्य जर्नलों के लेखों को भी लाने की कोशिश कर रहें हैं।

इस प्रस्ताव की दूसरी सिफारिश यह थी कि सभी प्रकाशकों (ए.बी.ए सहित) को, सरकार के किसी भी काम के प्रकाशन को, सही तरीके से लेबल करना चाहिए। यह इस बात का संकेत देगा कि कौन सा भाग, कानून के अनुसार, कॉपीराइट के अधीन नहीं है। पुनः, यह एक मौजूदा स्थापित मांग ही थी, न कि कोई नये या विलक्षन परिवर्तन की मांग। यह प्रस्ताव दूरदर्शी था: यह भविष्य में प्रकाशित होने वाले लेखों पर लागू होगा और पुराने फाइल की ओर संबोधन नहीं करता है जिसमें गलत लेबल लगे हो सकते हैं।

मेरे प्रस्ताव को ‘कमेटी ऑन रूल्स एंड कैलेंडर’ में जमा किया गया, और मुझे उनके बहुत ही सटीक नियमों को पूरा करने के लिए, संशोधन की व्यापक प्रक्रिया से गुजरना पड़ा। उदाहरण के लिए, हालांकि मैं अमेरिकी बार एसोसिएशन का सह-सदस्य था, लेकिन फिर भी पूर्ण सदस्यों को ही प्रस्ताव प्रस्तुत करने का अधिकार था। एक वकील न होने के कारण मैं इसके लिये सक्षम नहीं था। इसकी शुरूआत मैंने पेपर के एकमात्र लेखक के रूप में की और फिर जब उसे अस्वीकार कर दिया गया, तो मैंने अपने बोर्ड के सदस्य और स्वयं को, इसके लेखक के रूप में प्रस्तुत किया लेकिन उसे भी अस्वीकार कर दिया गया। जब मैंने उसमें से अपना नाम हटा लिया तो इसे स्वीकार कर लिया गया। इसके बाद मेरे प्रस्ताव पर, विचार करने के लिये, स्वीकार कर लिया गया। अगस्त मध्य में न्यूयॉर्क में होने वाली वार्षिक बैठक में मेरे प्रस्ताव पर चर्चा होना तय हुआ।

ए.बी.ए के कार्य प्रक्रिया में, बहुत सारे सेक्शन्स होते हैं जिनमें से प्रत्येक में, प्रतिनिधिगण, अधिकारीगण, समितियाँ और उनके अपने नियमों आदि के विभिन्न स्तर होते हैं। विभिन्न सेक्शन में नौकरशाही और नियमों की गहराई, वास्तव में, काफी प्रभावशाली है। आमतौर पर, प्रस्ताव (रेज़लूशन) को एक खास सेक्शन के द्वारा जमा किया जाता है। हालांकि प्रत्येक सदस्य को ऐसा करने की अनुमति होती है लेकिन यदा-कदा ही ऐसा होता है। जब एक खास सेक्शन, एक प्रस्ताव को लेता है तो उसे सह-प्रयोजन (को-स्पोन्सर) के लिए सभी अन्य सेक्शनों के पास भेजा जाता है। ए.बी.ए की संस्कृति में अधिकांश प्रस्तावों का सह-प्रयोजन, कई सेक्शनों के द्वारा किया जाता है और अधिकांश की ओर से कोई विरोध नहीं होता है।

मेरे प्रस्ताव को मई महीने में स्वीकार कर लिया गया। लेकिन तीन महीनों तक मुझे किसी भी सेक्शन से कुछ भी खबर नहीं मिली। मैंने अधिकांश सेक्शनों के, जैसे इंटलैक्चुअल प्रोपर्टी, एंटीट्रस्ट, साइंस एंड टैक्नोलॉजी आदि के अध्यक्षों और प्रतिनिधियों से संपर्क किया

और उन्हें प्रस्ताव के किसी भी मुद्दे पर, जिन पर उनकी कोई शंका हो, चर्चा करने का प्रस्ताव दिया। लेकिन किसी ने भी मुझसे बात नहीं की।

हालांकि किसी ने भी मुझसे बात नहीं की लेकिन यह पता चला कि उस पर बहुत चर्चा हो रही है। एक सप्ताह पहले मैं न्यूयॉर्क में होने वाले बैठक के लिए जाने वाला था, मुझे तत्काल एक पत्र प्राप्त हुआ जिसमें यह लिखा था कि उस प्रस्ताव पर चर्चा करने के लिए फॉन कॉल पर मेरी उपस्थिति आवश्यक थी। मुझ से कहा गया कि कॉल पर अकेले मेरी उपस्थिति प्रयाप्त नहीं है। एक पूर्ण एबीए का सदस्य का, जिसका नाम प्रस्ताव के आधारिक सूची में था, उसे भी कॉल पर मौजूद होना चाहिए क्योंकि मुझे, बेशक वयस्क पर्यवेक्षण (एडल्ट सुपरविज़न) की आवश्यकता है।

हमने फोन किया। एक घंटे तक बात हुई। वह अच्छी नहीं रही। मेरे साथ टिम स्टेनली थे, जो मेरे बोर्ड के संस्थापक सदस्य हैं एवं एबीए के पूर्ण सदस्य हैं, और येल लॉ स्कूल के स्वयंसेवक, मीसा गुट्टेन्टैग थे। दूसरी ओर, बार एसोसिएशन के आठ गुस्सैल सदस्यों में इंटलैक्चुअल प्रोपर्टी, एंटीट्रस्ट, और साइंस और अड्मिनिस्ट्रेटिव लॉ सेक्शनों के प्रतिनिधिगण थे।

उनकी स्थिति स्पष्ट थी। हमें प्रस्ताव को वापस लेना होगा या बार का कोपभाजन बनना होगा। एंटीट्रस्ट अनुभाग के प्रतिनिधि ने कहा कि उसने मेरे द्वारा भेजे एंटीट्रस्ट जर्नल के उन सभी 75 लेखों को देखा है और वह यकिन के साथ कह सकता हे कि प्रत्येक सरकारी कर्मचारी ने उन लेखों को अपने निजि समय में लिखा था न कि सरकारी कामकाज के समय में। वह सरकारी काम नहीं था। मैंने उस विचार पर अपनी असहमति व्यक्त किया कि उन सभी लेखों में प्रत्येक लेख निजी संपत्ति थे। लेकिन वह अपनी बात पर अडिग था। मैंने उस लिस्ट में कम-से-कम 17 प्रकाशनों को गिना था, जो फेडरल ट्रेड कमीशन (एफ.टी.सी) के कार्यरत उपायुक्तों के द्वारा लिखा गया था। अब मैं यह देख कर काफी हैरान था कि कैसे एक कार्यरत अधिकारी के द्वारा बार को एफ.टी.सी की प्राथमिकताओं को अमल कराने के बारे में ब्रीफ करना "उनके सरकारी काम के अलावा" कुछ और हो सकता था।

विज्ञान अनुभाग से एक महिला ने कहा कि यदि मैंने इस प्रस्ताव को प्रस्तुत किया तो वह मेरे खिलाफ स्वार्थों के टकराव (कनफ्लिक्ट आफ इंटरेस्ट) का मुद्दा उठाएगी। यह सुनकर मैं हैरान हो गया और मैंने उनसे पूछा कि वे किस स्वार्थ के टकराव की बात कर रहे हैं। तब उन्होंने कहा कि मैंने सरकार सूचना को उपलब्ध कराने में अपना पूरा करियर लगाया है और मैं जार्जिया सरकार के साथ मुकदमे लड़ रहा हूँ। इसलिए मेरा इसमें स्वार्थ है। लेकिन मैंने उन्हें इन मुकदमों के बारे में नहीं बताया हूँ। उन्होंने यह बात काफी गंदे और घिनौना तरीके से कही और मैं अब इस बारे में स्पष्ट था कि वह अपने इस रुख को सदन तल पर प्रस्तुत कर सकती हैं।

इंटलैक्चुअल प्रोपर्टी अनुभाग के प्रतिनिधियों ने हर बात बहुत घुमाकर बताया, और कहा है कि मैंने कानून को पूरे गलत तरीके से समझा हूँ । क्योंकि कर्मचारियों के लेख यद्यपि सरकारी काम हैं, लेकिन जब वह पेज नंबरों के साथ एक फॉन्ट में टाइप होता है तो इस पर प्रकाशक के कापीराइट की परत लग जाती है। हांलाकि इसका बीज (कोर) पब्लिक डोमेन

का हो। इसलिए प्रकाशकों के कॉपीराइट का उल्लंघन किए बिना काम करना संभव नहीं था। मेरा मानना था कि यह बकवास है और अमेरीकी कॉपीराइट अधिनियम इसे समर्थन नहीं करेंगा। फॉन्ट के चयन या पृष्ठ पर अंक लगने में कोई कॉपीराइट नहीं है, केवल एक वास्तविक सह-लेखक ही कॉपीराइट में हिस्सा लेने का हकदार है।

अब, मैंने चर्चा को सिर्फ कानून की बातों से पूरी नहीं की है। यह गहन अनुसंधान पर आधारित था और इसकी समीक्षा कॉपीराइट विशेषज्ञों के एक विशिष्ट पैनल द्वारा की गई थी, जो इस परियोजना के लिए मेरे सलाहकार बोर्ड में शामिल हो गए थे। मैं इस बात से आश्वस्त था कि हमारे पास कानूनी अधिकार थे। हम सिर्फ हवा में बाते नहीं कर रहे थे।

यह स्पष्ट था कि सदन में बहस के जरिए हमें घसीटा जाएगा। मै इसे सहन कर सकता था, लेकिन हालत इससे भी बदतर थी। उन्होंने मुझे सूचित किया कि कम से कम आठ अनुभागों ने अपने प्रतिनिधियों को प्रस्ताव का विरोध करने के लिए पहले से ही कह दिया है। इसलिए इस बात से कोई फर्क नहीं पड़ता कि मैं कितना वाकपटु या समझाने-बुझाने की कोशिश करूं, वोट पहले से ही निर्धारित था। मुझे लगता है कि वे प्रत्येक विषय बिन्दू पर गलत थे, लेकिन मुझे यकिन था कि, जब हम इसे प्रतिनिधिमंडल सभा (House of Delegates) के पटल पर प्रस्तुत करेंगे तो वे हमें बुरी तरह हरा देंगे। मुझे जीत के कोई आसार दिखाई नहीं दे रहे थे और मैंने निर्धारित तारीक से दो दिन पहले, अपनी न्यूयॉर्क यात्रा रद्द कर दी।

पैसों की समस्या पुनः उभरी

अपनी कड़ी हार को झेलने के लिये मैं प्रतिनिधि सभा में जा सकता था लेकिन मुझे दूसरे मसलो को भी देखना था। मैंने अपने 2,50,000 डॉलर के अनुदान पर ज्यादा सावधानी बरती थी, जिसका दो तिहाई पैसा खर्च हो चुका था। मेरा विचार था कि हम ए.बी.ए की बैठक के बाद इसे खर्च करेंगे। चर्चा क्या रूप लेती है, इसके आधार पर हम अपने खर्चों का निर्धारण करेंगे। जून के प्रारंभ में मैंने फॉउनडेशन को अपनी रिपोर्ट सौंप दी। उन्हें जुलाई 31 को हमारी दूसरी किश्त का भुगतान करना था। रिपोर्ट सौंपने के बाद मेरी प्रोग्राम मैनेजर या फॉउनडेशन के अनुदान स्टाफ से इससे संबंधित कोई बात नहीं हुई। इस कारण मैंने कई बार उनसे यह पूछा कि क्या रिपोर्ट उचित थी, क्या हमने सही काम किया था। उन्होंने कहा कि रिपोर्ट ठीक थी।

जैसे ही 31 जुलाई करीब आई, मैंने अपने बैंक खाते की बार-बार जांच की, लेकिन राशी जमा नहीं हुई थी। फिर उनके भुगतान करने की तारीख से दो दिन पहले, मुझे एक नोट मिला कि वे भुगतान नहीं करेंगे। इसका कारण यह था कि हमने अनुदान का पालन नहीं किया था क्योंकि हमने पर्याप्त पैसे खर्च नहीं किए थे। मुझे यह बताते हुए विस्तृत बजट प्रस्तुत करना था कि पूर्वानुमान का पालन करने में हमसे कहाँ चूक हुई थी। उसमें यह भी उल्लेखित करना था कि हमने पैसे कहाँ खर्च किए। इस बात का भी कोई संकेत नहीं था कि यदि मैं सफलतापूर्वक हमारी भविष्य की योजनाओं को विस्तार से बताता, तो दूसरा भुगतान स्वीकृत हो जाएगा। दूसरे शब्दों में, अपने संगठन को प्रभावी रूप से चलाते हुए हमारा

ध्यान पिछले रिपोर्ट (retrospective reporting) को तैयार करने के बजाय भविष्य में संभावित अनुमोदन (prospective approval) की ओर भटक गया था।

मैंने एक सुलह का प्रस्ताव रक्खा जिसमें इस समझौते को एक जगह पर समाप्त कर हमें अपने-अपने रास्ते चला जाना प्रस्तावित था। हमारे पास जो भी पैसा बचा है, मैं उसे अपने पास रक्खूंगा और हम यह रिपोर्ट करेंगे कि हमने 2,50,000 डॉलर कैसे खर्च किया है, और अनुदान समाप्त कर दिया जाएगा। वे अनुदान की शेष रकम 6,50,000 डॉलर अपने पास रक्खेंगे। सीधे तौर पर कहा जाय तो यह बेहतर संबंध नहीं था। संस्थान को ऐसे बड़े आयोजकों में निवेश करना चाहिये जिनके पास स्थिर राजस्व और अधिकारियों के लिए व्यावसायिक विकास की स्थायी योजना हो।

फाउन्डेशन से निपटना, लाभ-निरपेक्ष क्षेत्र मे काम करने वाले हमारे जैसे लोगों के लिए हमेशा मुश्किल रहा है। मैंने अपने साथियों के साथ कई बार बातचीत की है, जो संचालन-उन्मुख (आपरेशन ओरियेन्टेड) इंटरनेट संगठन चलाते हैं। मिशन को आगे बढ़ाने के लिए धन की तलाश का काम अंतहीन है। कई फाउंडेशन अपने एजेंडा से संबंधित किसी भी चीज, या किसी बड़ी योजना में अनुदान देने को तत्पर रहते हैं। या संस्थान के प्रोग्राम मैनेजर द्वारा सोचे गए किसी वर्कशाप कराने में, या अपने इच्छा अनुसार किसी सॉफ्टवेयर बनवाने के लिए वे काफी आसानी से अनुदान दे देते हैं। लेकिन यदि आप इनमें से कुछ लोगों के पास जाते हैं और उन्हें बताते हैं कि आप पहले से ही कोई कार्य कर रहे हैं, तो वे कहते हैं कि "हम किसी नए काम के लिए अनुदान देना चाहते हैं, पहले से चल रही किसी परियोजना को नहीं।"

जब कि हर कोई किसी "नए" व्यवसाय में शामिल होना चाहता है, तो ऐसी स्थिति में एक विशिष्ट और कठिन लक्ष्य पर दीर्घकालिक तौर पर ध्यान केंद्रित रखना कठिन हो जाता है। यह न केवल लाभ-निरपेक्ष संस्थाओं के लिए समस्या है, बल्कि सिलिकॉन वैली में मेरे दोस्तों के लिये भी है जो अपने स्टार्टअप पर काम कर रहे हैं। उन्हें भी निवेशकों के साथ ऐसी ही समस्या का सामना करना पड़ता है, जिन्हें उनकी कंपनी के काम में लगे लोगों के लिए फंडिंग देने के बजाय, उस कम्पनी को किसी नये आइडिया के प्रयोगशाला के रूप में काम कराना चाहते हैं। वे सभी, पहले से काम कर रहे परिश्रमी घोड़े जैसे स्टार्टअप में निवेश करने के बजाय, एकसिंह वाले घोड़े जैसे नए स्टार्टअप में निवेश करना चाहते हैं।

इसमें 'पब्लिक रिसोर्स' भाग्यशाली रही है। हमें अपना पैसा दो जगहों से प्राप्त होता है। पहला, हमें पैसा यू.के. स्थित आर्केडिया, लिसबेट रौसिंग और पीटर बाल्डविन जैसी दूरदर्शी संस्थानों से कई सालों तक मिला। हमें ओमिडयार नेटवर्क से प्रारंभिक अनुदान मिला जब गूगल ने अपनी 10वीं वर्षगांठ मनाई, तो उन्होंने " विश्व को बदलने के उपायों (ideas for changing the world)" के लिए 20 लाख डॉलर के पांच पुरुस्कार दिए, जिसमें से एक पुरस्कार हमें मिला।

वित्तपोषण (फन्डिंग) का दूसरे स्रोत वे लोग हैं जो वैली में कुछ पैसे कमाये हैं और वे समाज को वापस देना चाहते हैं, जिनमें से कई लोगों को मैं कई सालों से जानता हूँ। उदाहरण के लिए, अलेक्जेंडर मैकिलिवेरे गूगल के प्रारंभिक वकील थे, फिर ट्विटर के जनरल काउंसल

बन गए। वह ट्विटर को छोड़ कर संयुक्त राज्य अमेरिका के उप-मुख्य तकनीकी अधिकारी बन गये और अपनी सरकारी सेवा (Self-Employed Women 's Association of India) शुरू करने से पहले उन्होंने हमें 10,000 डॉलर का चेक भेजने के लिए अपने दाता-सलाह वाले निधि को निर्देश दिया। फिर, ओबामा प्रशासन को छोड़ने के बाद, उसने हमें दूसरा चेक भी भेज दिया।

इसी तरह, यूएस के पूर्व सहायक अटॉर्नी, गिल एल्बज और उनकी पत्नी एलिसा ने शुरुआत से ही, हमें हरेक साल समर्थन दिया है। गिल की कंपनी को आई.पी.ओ के ठीक पहले गूगल ने खरीद ली थी और वे, कई तरह के महत्वपूर्ण गैर-लाभकारी संस्थाओं को फन्डिंग करने में काफी उदार रहे हैं।

मैंने इन सभी नामों को, नौ कानून फर्मों के नाम के साथ, जो हमारी तरफ से मुकदमें लड़ रहे हैं, हमारे कॉन्ट्रेक्टर और हमारे बोर्ड को, 'पब्लिक रिसोर्स' के अपने "about" पृष्ठ पर डाला है। एक सरकारी या किसी अन्य सार्वजनिक संगठन की तरह, एक गैर-लाभकारी संस्थान के रूप में, मुझे लगता है कि हमें अपने बारे में और हमें कहाँ से पैसा मिलता है, इस बारे में पूरी तरह खुलासा करना हमारा दायित्व है। मैं इसके लिए प्रयासरत हूँ, कि हमारी कथनी और करनी में कोई अन्तर न हो। हमें हमारे कठोर स्वार्थ-विरोध (कनफ्लिक्ट आफ इंटरेस्ट), मुखबिर (व्हिस्ल ब्लोअर), धन का उपयोग, वित्तीय नियंत्रण और अन्य कॉर्पोरेट नीतियों को देखकर हमें, एक गैर-लाभकारी निगरानी (मानिटरिंग) समूह गाइडस्टार ने हमें गोल्ड सील दी है।

इस उदार समर्थन के बावजूद, पैसे की हमेशा तंगी रहती थी। वर्ष 2016 में, मैं 12 महीने में से आठ महीने तक छुट्टी पर था, ताकि मैं अपने कॉन्ट्रेक्टरों का भुगतान कर सकूं। मैं वर्ष 2017 में काम पर आने के बाद काफी खुश था, लेकिन फाउंडेशन के पीछे हटने के बाद, मैने पुनः पे-रौल कंपनी को कौल किया और कहा कि आप मुझे दिसंबर से वेतन नहीं देंगे।

मैं अधिक स्टाफ (वास्तव में मैं ही एकमात्र कर्मचारी था) को काम पर इसलिए नहीं रखता हूँ क्योंकि पैसा हमेशा समय पर नहीं आता है। अपने मुख्य खर्चों को कम करके, हम अकाल के समय भी अपना अस्तित्व बचाये रख सकते हैं।

हमें समझने में कोई गलती न करें। यद्यपि मैं ही एकमात्र कर्मचारी हूँ, लेकिन 'पब्लिक रिसोर्स' एक इश्वर के प्रति इमानदार, सरकार द्वारा मान्यता प्राप्त गैर-लाभकारी संस्थान है, जो उपक्रम (एन्टरप्राइज़) के पैमाने पर संचालित होती है और लाखों लोगों को सेवा (Self-Employed Women 's Association of India) प्रदान करता है। हमारे पास हमेशा से ही एक प्रतिष्ठित और उपयोगी निदेशक मंडल, व्यवसाय में कुछ अच्छे कॉन्ट्रेक्टर हैं। और इंटरनेट पर मेरी अच्छी पकड़ के कारण, मैं होस्टिंग, आफिस, और अन्य सुविधाओं का लाभ उठाने में सक्षम हूँ, जो किसी भी अच्छी तरह से वित्तपोषित सिलिकॉन वैली स्टार्टअप के लिए ईर्ष्यापूर्ण हो सकता है।

जब हमें बड़े अनुदान प्राप्त होते हैं, तो मैं अधिक कर्मचारियों को काम पर रखने के बजाय पूंजीगत व्यय (कैपिटल एक्सपेंडिचर) पर पैसा खर्च करता हूं, जैसे कि मैंने यूएस कॉर्ट ऑफ

अपील की राय खरीदने के लिए 6,00,000 डॉलर खर्च किए, पब्लिक सेफ्टी कोड को खरीदने के लिए 2,50,000 डॉलर खर्च किए, या न्यायालय के गठन वर्ष 1891 से अभी तक के नाइंथ सर्किट ऑफ द यूएस कॉर्ट ऑफ अपील के 3.5 मिलियन पन्नों को स्कैन करने के लिए 3,00,000 डॉलर 'इंटरनेट आर्काइव' को दिए।

मैं प्रिंट क्यों करता हूँ?

बहुत से लोगों ने सुझाव दिया कि मैं पैसा जुटाने के लिए 'किक स्टार्टर' की तरह "क्राउडसोर्सिंग (crowdsourcing)" प्लेटफॉर्म का उपयोग करूँ। मैंने कई बार इसका उपयोग किया, लेकिन इसे ज्यादा सफलता नहीं मिली। किकस्टार्टर जैसे प्लेटफार्म तब अच्छी तरह से काम करते हैं, जब आप लोगों को एकदम नये हार्डवेयर, या किसी किताब या किसी अन्य ठोस वस्तु को देने का वादा करते हैं जो किसी भी अन्य स्थान पर उपलबध न हो। अच्छे मिशन के लिए इस दुनिया में आम समर्थन मिलना तब भी कठिन होता है, जब आप अभियान के हिस्से के रूप में लोगों को किताबों का, या अन्य कोई पुरस्कार भी देते हैं।

मैंने छुट्टियों के दौरान, छोटे योगदान के लिए अपील करने की कोशिश भी की है, लेकिन स्पष्ट रूप से, ऐसे कई अन्य जगह भी है, जहां मैंने लोगों को, व्यक्तिगत योगदान करने के लिए सुझाव दिया है, जैसे ई.एफ.एफ या इंटरनेट आर्काइव जैसे नेटवर्क ऑपरेशन, और कई ऐसे बाध्य कर देने वाले चैरिटी जैसे फुड बैंक, आपात राहत, आदि।

क्राउडसोर्सिंग अभियान से बहुत सारे विस्मयकारी काम होते हैं, जो अनुदान संचयन (फंड रेज़िंग) के लिये, या कुछ मुद्दों पर अधिक ध्यान आकर्षित करने के लिये होते हैं, जैसे PACER शुल्क इत्यादि। मुझे किसी भी काम को अपने प्रिटिंग प्रयासों के माध्यम से करना अधिक प्रभावी लगता है, जो सामान्य रूप से, आम जनता को अपील करने की बजाय लक्ष्य पर केन्द्रित होते हैं। उदाहरण के लिए, हमने भारत के बिल्डिंग कोड को बेहतर ग्राफिक के माध्यम से एच.टी.एम.एल में परिवर्तित करने के बाद, इसे सुंदर आवरण के साथ 2 खंडों के हार्डकवर में प्रिंट किया, और इसके भीतर भारत के कई हिस्टॉरिकल बिल्डिंग को जगह-जगह पर चित्रित किया। इसे पॉइन्ट.बी.स्टूडियो के द्वारा डिजाइन किया गया था और मैंने इसकी केवल एक दर्जन प्रतियां ही प्रिंट कराई थीं लेकिन वे काफी भव्य थीं।

मैं जो कर रहा था उसके सशक्तता दिखाने के लिये, मैंने उनकी प्रतियों को सैम पित्रोदा और भारतीय मानक ब्यूरो को भेजा था। मैं उन्हें यह दिखाना चाहता था कि मैं इस काम के प्रति काफी गंभीर हूँ और उसके लिए मैंने वास्तव में काफी प्रयास किये हैं, ताकि इस कार्य से बहुत सुधार हो सके।

इसी प्रकार जब मैंने डेलावेयर कॉरपोरेट कोड का गैर-कानूनी संस्करण तैयार किया जिसे राज्य सचिव की आज्ञा के बिना करने से, जेल की सज़ा सुनाने का प्रावधान था, तो उसके बाद मैंने राज्य सचिव और अटॉर्नी जर्नल का ध्यान आकर्षित करने के लिए उन्हें, इसकी प्रतियां भेजी थीं। अपने मित्र के माध्यम से अगले अटॉर्नी जर्नल बियू बिडेन से संपर्क करने के बाद भी, मुझे उनसे कोई उत्तर नहीं मिला।

मैंने, भारतीय चलन से प्रेरित होकर, जहाँ सुसज्जित मुद्रित दस्तावेजों को सम्मानीय अतिथियों को प्रदान किया जाता है, अनेक घोषणाओं और अभिनन्दन पत्र को प्रिंट कराया। उदाहरण के लिए जब महात्मा गांधी ने भाषण दिए थे तो उन्हें कुछ अभिनन्दन पत्र प्राप्त हुए थे। ये अभिनन्दन पत्र एक फ्रेम में सुंदर लिखाई में अंकित किए हुए थे और वैसे घोषणाओं से भरे हुए थे, जो प्राप्तकर्ता की कई गुणों को वर्णित करते हैं। मैंने जिन अभिनन्दन पत्रों को देखा है वे काफी सुंदर हैं, और मैं तब से अपनी आंखों को, इस तरह के स्रोत के लिए खुला रक्खा हूँ जिन्हे मैं स्कैन कर के लोगों को पोस्ट कर सकूं।

जब मैंने याचिका दायर नहीं की थी तब मैंने महात्मा गांधी के पोस्टरों को प्रिंट करने में काफी समय लगाया था, जिसमें एक मैंने साबरमती आश्रम को दे दिए और कुछ को संयुक्त राज्य अमेरिका में उन लोगों को दिया जिन्होंने मेरी विभिन्न तरीके से सहायता की थी। मुझे महात्मा गांधी के पोस्ट-कार्ड, कानूनी आंकड़ों और अन्य कला के कार्यों को प्रिंट करने में आनंद मिला और जब कस्टम लैबल और पोस्टेज स्टैंप को प्रिंट करने की बात आती है तो उसमें मैं काफी निपुण हूँ। और जब पैकेज़ असेंब्ली की बात होती है तो उसमें मुझ से अधिक निपुण कुछ ही लोग होंगे।

मैं अलंकृत मुद्रण कार्य इसलिए करता हूं क्योंकि मुझे मुद्रण करना पसंद है लेकिन यह मेरी गंभीरता का भी संकेत है। जब मैं राज्य कोड को सार्वजनिक करने के लिये काम कर रहा था तो मैंने बड़े फार्मेट में 'उदघोषणा का प्रख्यापन' (प्रोक्लामेशन आफ प्रोमलगेशन) को 19"x22" लाल चमकदार बुलबुले वाले चौरस लिफाफे में बंद कर स्पीकर ऑफ द हाउस ऑफ जोर्जिया को भेजा। इससे वह खुश नहीं था लेकिन उसको संदेश तो जरूर मिल गया होगा। और मैं इस बारे में पूरी तरह से निश्चित हूँ कि उसे यह बात समझ में आ गई होगी कि यदि वह मुझे उत्तर नहीं देगा तो मैं उसका पीछा छोड़ने वाला नहीं हूँ। मैंने उसी उदघोषणा को एक वकील को भी भेजी जो मुझे जानता था और वह इतना खुश हुआ कि वह पब्लिक रिसोर्स के मामलों को, प्रो बोनो आधार पर, प्रस्तुत करने के लिए राजी हो गया।

अलंकृत मुद्रण कार्य पर तब नजर जाती है जब उसे उपहार में दिया जाता है। वरिष्ठ कॉर्पोरेट और सरकारी अधिकारी के मामले में, सामान्य रूप से प्राप्तकर्ता को पैकेज भेजने से पूर्वनिश्चित निष्कर्ष नहीं निकलता है। मुझे यह उम्मीद है कि प्राप्तकर्ता जब इस बात को समझेगा कि मैंने दस्तावेज को तैयार करने में काफी समय लगाया है तो वह इस मामले पर गौर करने के लिये समय देगा।

कुछ लोग हार्डकॉपी को नापसंद करते हैं या वे सामान्य रूप से, उस बात को पसंद नहीं करते हैं जिसे मैं कहना चाहता हूँ। जब मैंने एक बड़े डिब्बे में रिपोर्ट के साथ मुद्रित मानको को भेजा, और उस डिब्बे को लाल, सफेद और नीले क्रिंक्ल- पैक के साथ पैक किया था, जो अमेरिका के झंडे जैसा लग रहा था, तो अमेरिका राष्ट्रीय मानक संस्थान को ऐसा लगा कि मैं एक पागल हूँ। व्हाइट हाउस में कैश सन्सटीन (Cass Sunstein) ने अपने कर्मचारियों से इस डिब्बे को भेजने वाले को वापस भेजने के लिए कहा, और यह मेरे पास एक बड़े प्लास्टिक बैग में आया।

दूसरी ओर, मैंने व्हाइट हाउस में जॉन पोडेस्टा के सहायक से यह सुना है कि वेस्ट विंग के मेल डिलवरी स्टाफ को मेरे पैकेज के मिलने पर बड़ा मजा आया। संयुक्त राज्य अमेरिका के अभिलेखाध्यक्ष को पैकेज काफी पसंद आया और उन्होंने मुझे मेल भेजा इसमें लिखा था "अत्यंत मनोहर प्रस्तुति"। अमरीका के कांग्रेस की सदस्य डैरेल इज़ा (Darrell Issa), क्रिंकल-पैक से बने अमेरिका के झंडे को देखकर काफी प्रभावित हुई और उन्होने उसकी तस्वीर को ट्विट किया। फेडरल ट्रेड कमीशन के चेयरमैन, जॉन लीयूबॉड्स (Jon Leibowitz) ने मुझे पत्र भेजा कि उन्हें पैकेज का काम काफी पंसद आया और वे इस बात से दोगुने प्रसन्न हैं कि प्रसिद्ध ब्लॉग बॉइंग बॉइंग (Boing Boing) ने इस कहानी को साझा किया है और उस पर मेरे कानून का ज्ञापन (मेमोरेंडम आफ ला) प्रिंट किया। उसे क्या पता कि एफटीसी के चेयरमैन उन ब्लॉगों को पढ़ेंगे?

सब लोगों की पहुँच, मानवीय ज्ञान तक बनाना

पैसे समाप्त होने पर और एबीए से बड़ा झटका लगने के कारण मेरा दिल 'सरकारी कामों' पर अपनी रिपोर्ट लिखने में नहीं लग पा रहा था। यह रिपोर्ट दर्जनों प्रकाशकों को भेजी जानी थी जिसमें मेरे शोध का निष्कर्ष होना था कि वे किसी-न किसी रूप में कानून का उल्लघंन कर रहें हैं। हालांकि इसके कुछ अन्य कारण भी थे। मैं अपनी रणनीति पर फिर से विचार कर रहा था।

मैंने इस अनुसंधान में तीन मुख्य प्रश्नों को उठाया था। पहला, इस उठ रहे मुद्दे का कानूनी विश्लेषण करना था। इस कार्य को तो मैंने पूरा कर लिया था। दूसरा, 'सरकारी कार्यों' की पहचान करना था। इस बार फिर, हम अपने मूल्यांकन से आश्वस्त महसूस कर रहे थे। तीसरा, जर्नल्स के आर्टिकल्स की प्रतिलिपियाँ प्राप्त करना था। मेरी प्रारंभिक विचार यह थी कि हमें पुस्तकालय मिलेंगे जहाँ से हम पत्रिकाएं उधार ले सकें और फिर इंटरनेट आर्काइव से स्कैनिंग कर सकेंगे। इस विशाल कार्य को पूरा करने के लिए हमारे बजट का अधिकांश अनुदान, पुस्तकालयों और इंटरनेट आर्काइव पर होने वाले खर्चों पर आधारित था।

लेखों को एक एक करके निकालने का काम मुश्किल हो सकता है। हालांकि पुस्तकालय के लिए यह कार्य करना कुछ हद तक जोखिम भरा भी हो सकता है फिर भी उनमें से दो पुस्तकालय इस कार्य को करने पर विचार कर रहे थे। चूकि ये सभी लेख डेटाबेस में हैं और ये इलेक्ट्रनिक तरीके से उपलब्ध हैं इसलिए इनका स्कैनिंग करना, एक मायने में अनावश्यक कार्य था। कोई व्यक्ति प्रकाशक की साइट पर सीधा लॉग इन नहीं कर सकता है, क्योंकि वहां मौजूद जानकारियों को प्रयोग करने के कुछ कानूनी नियम और तकनीक प्रतिबंध होते हैं जिनसे अध्ययनशील अनुसंधान बाधित होता है। इसका प्रयोग केवल सीमित तरीकों से ही किया जा सकता है।

कज़ाख़िस्तान की एलेक्जांड्रा एल्बाक्यान (Alexandra Elbakyan) नामक युवा वैज्ञानिक को भी इसी तरह की समस्या थी, और यही समस्या उसके जैसे विश्व भर में फैले उनके कई सहयोगियों और सहकर्मियों की भी हैं। ज्ञान को बंद कर दिया गया था, जो विशिष्ट विश्वविद्यालयों में पढ़ रहे अमीर लोगों तक तो पहुंच रहा है लेकिन अधिकांश विश्व उससे

वचिंत है। एलेक्ज़ेड्रा ने इस समस्या का समाधान किया और उसने एक सिस्टम तैयार किया जिसे स्की-हब (Sci-Hub) कहा जाता है, वह रूस में रक्खे एक मशीन पर चल रहा है जहां पर जर्नलों के 660 लाख लेख मौजूद हैं जिसे कोई भी देख सकता है।

स्की-हब (Sci-Hub) दुनिया भर के वैज्ञानिकों के लिए उपयोगी साबित हुआ है जिनको पहले इस अध्ययनशील साहित्य तक पहुंच नहीं थी। वर्ष 2017 में स्की-हब से सबसे अधिक सामाग्रियों को चीन में डाउनलोड किया गया, जिसमें 249 लाख लेखों को अभिगमन किया गया था। दूसरा, भारत से 131 लाख सामाग्री को डाउनलोड किया गया। तीसरा, संयुक्त राज्य अमेरिका से 119 लाख सामाग्री को डाउनलोड किया गया। यह इस बात के स्पष्ट सबूत हैं कि वैज्ञानिक साहित्य तक की पहुंच विश्वभर में बाधित है। कई देश जैसे ब्राज़ील, ईरान, इंडोनेशिया, रूस और मेक्सिको भी इस डेटाबेस का व्यापक उपयोग करते हैं।

प्रकाशक इस बात से खुश नहीं थे और अपने अत्याधिक अनुलाभ और अयोग्य लाभ को बचाने के लिये वे एलेक्जांड्रा के विरोध जी जान से कर रहे हैं। प्रकाशकों को इसके लिए मुआवज़ा मिलना चाहिए लेकिन अनुचित कॉपीराइट का दावा करने और अन्य कानूनी छल-कपट के कारण उनकी स्थिति काफी संदेहात्मक बन गई है। उन्होंने न्यूयॉर्क में एलेक्जांड्रा के खिलाफ मुकदमा दायर किया। एलेक्जांड्रा के अदालत में उपस्थित न होने के कारण उन्हें, एलेक्जांड्रा के विरुद्ध लाखों डॉलर हर्जाने का निर्णय प्राप्त हुआ। इसके साथ ही उन्हें, एलेक्जेंड्रा के खिलाफ डोमेन नाम, इंटरनेट सेवा (Self-Employed Women’s Association of India), और इस तरह के अन्य सेवा (Self-Employed Women 's Association of India) से वंचित करने के आदेश, न्यायालय से प्राप्त हुए। उसके विरुद्ध अन्य मुकदमे भी चल रहे हैं जो अभी तक अनिर्णित हैं।

मैं एलेक्जांड्रा से कभी नहीं मिला। मेरे कुछ दोस्त उन्हें जानते हैं लेकिन हमने उनसे कभी बात भी नहीं की है। मैंने एक बार यू-ट्यूब पर उनका इंटरव्यू देखा था। वह काफी संतुलित, जवान और दिलेर लग रही थीं।

...

अप्रैल में, मेरे पास आठ डिस्क ड्राइव आया, प्रत्येक की क्षमता आठ टेराबाइट की थी। डिस्क पर सारे मानवीय ज्ञान थे, या कम से कम इनका एक बड़ा हिस्सा, जो स्की-हब से लिया गया एक महत्वपूर्ण भाग है। मैंने डेटा को दो डिस्क-अरे (Array) पर लिया। प्रत्येक डिस्क-अरे में आठ ड्राइव थे। इन्हें इस प्रकार सेट किए गए थे कि यदि मैं 'अरे' पर दो ड्राइव खो भी दूँ तो भी मैं किसी भी डेटा को नहीं खोउंगा। इस प्रक्रिया में कुछ महीने लग गए। फिर मैंने डेटा की जांच करने में दो महीने बिताए। फिर मैंने, इन डिस्क-अरे को, अपने कार्यालय से बाहर किसी दूसरे स्थान पर स्थानांतरित कर दिया।

प्रारंभ में इस डेटा की जांच करने का मेरा अभिप्राय, सरकारी परियोजनाओं के कार्यों से संबंधित था। मैं एक परिवर्तनकारी उद्देश्य के लिए डेटाबेस का उपयोग कर रहा था: यह निर्धारित करने के लिए कि क्या ये लेख वास्तव में पब्लिक डोमिन में थे, और संभवतः वे

कोड स्वराज पर नोट

उन घटकों को निकाल रहे थे जो पब्लिक डोमेन में थे ताकि उनका व्यापक प्रसार किया जा सके।

मुझे यह महत्वपूर्ण लग रहा था कि लोग खड़े होते हैं, और उन बातों का समर्थन करते हैं जिन पर वे विश्वास करते हैं। इसलिए मैं ट्विटर पर गया, और मैंने दुनिया को बताया कि मैंने क्या किया और मैं यह क्यों कर रहा था। बातों को कहने की जरूरत है। मैंने उन ट्वीटों को इस पुस्तक में, परिशिष्ट के रूप में जोड़ा है।

मैंने अपने आप से वादा किया था कि दिसंबर में मुझे सरकारी शोध परिणामों के बारे में लिखना होगा, लेकिन मैंने नहीं किया। इसके बजाय, मैंने गांधी के स्कैन पर काम किया और एक ऐसे शब्द के बारे में सोचा था जो कई सालों से मेरे दिमाग में कौंध रहा था।

यह शब्द "कोड स्वराज" था। मुझे यह शब्द कैसे मिला, यह एक लंबा और घुमावदार सफर था। इसकी शुरुआत वाशिंगटन में हुई थी। मैंने वाशिंगटन, डी.सी में चार विभिन्न कार्याविधि कालों में कुल 15 वर्ष बिताए हैं। मुझे शहर से प्यार है लेकिन जब मुझे इससे दूर जाने का मौका मिलता है तो मैं खुश हो जाता हूँ। वर्ष 2007 में, मैं फिर वहाँ से भाग निकला।

फेडफ्लिक्स, फिल्मों पर बिताये मेरे समय (माई टाइम एट द मूवीज़)

मैंने पब्लिक रिसोर्स की स्थापना के दौरान, मैं जो काम कर रहा था वह था - अभिगमन (एक्सेस) को सुगम बनाने का कानून। मैंने 1990 के दशक में, इस कानून के बारे में सोचा था जब यह बहुत मुश्किल लग रहा था। इसलिए मैंने उस समय, पेटेंट और एस.ई.सी जैसे बड़े डेटाबेस पर ध्यान केंद्रित किया। वाशिंगटन, डी.सी. में जॉन पॉडेस्टा (John Podesta) के लिए दो साल तक उनके मुख्य प्रौद्योगिकी अधिकारी के रूप में, सेंटर फॉर अमेरिकन प्रोग्रेस में काम करने के बाद मैंने जॉन को अपना विचार बताया। मैंने बताया कि शायद मैं छोटे से गैर-लाभकारी व्यवसाय चलाने के लिए ज्यादा उपयुक्त हूँ। मैं कैलिफोर्निया वापस चला गया, और मेरे दोस्त टिम ओ रेली (Tim O'Reilly) से मैंने पूछा कि क्या मैं उसके मुख्यालय में, अपने कार्यालय के लिये जगह किराए पर ले सकता हूँ और अपना काम कर सकता हूँ। यह वर्ष 2007 की बात थी।

सबसे पहले, मैं भी निश्चित नहीं था कि मैं क्या कर रहा हूँ। मैंने वीडियो पर काम करने में काफी समय व्यतीत किया। हमारे "फेडफ्लिक्स" प्रोग्राम के भाग के रूप में, हजारों संघीय वीडियो को कॉपी करने और उन्हें पोस्ट करने के लिए, मैंने स्वयंसेवकों को, नेशनल अभिलेखागार (नेशनल आर्काइव) में भेज दिया। मैंने ज्यादा से ज्यादा वीडियो के लिए, राष्ट्रीय तकनीकी सूचना सेवा (Self-Employed Women 's Association of India) (नेशनल टेकनिकल इनफार्मेशन सर्विस) के साथ मिलकर एक संयुक्त उद्यम भी स्थापित किये। उन्हें यह बताया है कि यदि वे मुझे अपना वी.एच.एस, बीटाकैम और यूमैटिक टेप देते हैं तो मैं उन्हें इसे डिजिटाइज़ करके, उन्हें डिजीटल वीडियो के डिस्क ड्राइव के रूप में वापस भेज दूंगा और यह सब, सरकार के किसी खर्चे के बिना होगा। यह एक निःशुल्क सहायता होगी।

इसे प्रारंभ करने के बाद मैं ओबामा द्वारा नियुक्त किये गये एक नए व्यक्ति से मिला, जो सेना के सहायक सचिव थे। सेना के पास वीडियो का ऐसा डेटाबेस था जो काफी बड़ा था। उनके पास ऐसी प्रणाली थी, जिसमें संगठन का कोई भी सदस्य, किसी खास डी.वी.डी की कापी को, उसके कार्यक्षेत्र में भेजने का अनुरोध कर सकता था। उनके अधिकांश वीडियो, विवर्गीकृत किया गये प्रशिक्षण फिल्में और ऐतिहासिक सामग्री थे, उदाहरण के लिए, वायुयान का महान इतिहास, आदि। मैंने उनसे 800 डी.वी.डी मंगा ली। सेना से संबंधित कुछ पुरानी फिल्में, जैसे बिजली कैसे काम करती है, यूटयूब पर काफी प्रचलित हैं। मुझे लगातार इस विषय पर टिप्पणी मिल रही थी कि कैसे एक खास वीडियो किसी विषय को, उसके श्रेणीगत दर्शकों की राय में, काफी अच्छी तरह प्रस्तुत करती है। संक्षेप में, उन 6,000 वीडियो को इंटरनेट अर्काइव और यूटयूब पर डालने के बाद हमें, 723 लाख से अधिक दर्शक प्राप्त हुए।

जब मैंने इन सरकारी वीडियो को पोस्ट करना शुरू किया तो मेरे यूटयूब चैनल ने "कंटेंट आई.डी" को मिलाना चालू कर दिया। जब कोई कंटेंट निर्माता स्वरचित वीडियो अपलोड करता है, यदि वे प्रमुख मीडिया विक्री केंद्र (आउटलेट) हैं तो वैसे निर्माता यूटयूब को, इसी तरह के किसी अन्य वीडियो को खोजने का निर्देश देते हैं, जो पूर्णतः या आंशिक रूप से समान हो। यदि कोई मिलान पाया जाता है तो कंटेंट निर्माता दूसरे व्यक्ति के वीडियो को चिह्नित (फ्लैग) करने, और उन्हें औपचारिक रूप से हटाने (टेकडाउन) की सूचना जारी करने का निर्देश देते हैं।

यदि आपको इन टेकडाउन सूचनाओं में से एक भी प्राप्त होता है तो आपका खाता (एकाउन्ट) बंद हो जाता है, जब तक आप "कॉपीराइट स्कूल" (जिसमें कानूनी और गैर कानूनी संबंधित प्रश्नोत्तर किया जाता है) नहीं जाते। यदि कॉपीराइट स्कूल आपसे संतुष्ट हो जाता है तो आप पुनः अपने खाते को चालू कर सकते हैं। परंतु जब तक कानूनी शंका टल नहीं जाती तब तक आप सीमित विशेषाधिकार पर कार्य करते हैं। वास्तव में यदि आपको सूचना मिलती है और तीन सुनवाई के बाद आप बचाव नहीं कर पाते हैं तो आपका खाता रद्द कर दिया जाता है। जब आप पहली सुनवाई के लिए जाते हैं तो आप उस बिंदु पर अपने नोटिस के साथ टेकडाउन नोटिस का विरोध कर सकते हैं, जो वास्तव में अन्य पार्टी के लिए एक औपचारिक कानूनी नोटिस होती है। उस समय, वे आपको अदालत में ला सकते हैं क्योंकि आपने अपनी कथित संपत्ति को हटाने से इनकार कर दिया है।

मुझे जिस समस्या का सामना करना पड़ा था कि वह यह था कि सैकड़ों सामग्री प्रदाताओं ने यह तय किया है कि सामग्री में किसी भी तरह की समानता, उनके अधिकारों का उल्लंघन है, भले ही सामग्री पहले से ही पब्लिक डोमेन में मौजूद है (उस मामले की तरह जब सरकार के वीडियोग्राफर कुछ फिल्माते हैं, और अन्य नेटवर्क भी उसी को फिल्माने का काम करती है)। अधिकांश मामलों में जहां मुझे टेकडाउन नोटिस प्राप्त हुआ था, निर्माता उन सामग्री के स्वामित्व को लेकर गलत थे, या उन सामग्री को उपयोग करने के लिए, वे सरकार को लगातार (परपीचुअल) लाइसेंस प्रदान कर दिये थे। दूसरे शब्दों में कहा जाय तो ये कार्य यू.एस. सरकार के थे।

कोड स्वराज पर नोट

पहले के कुछ सालों में जब मैंने वीडियो पोस्ट करना शुरू किया तो इन झूठे दावों से निपटने में काफी वक्त लगा। वर्ष 2011 तक, मैंने 5,900 वीडियो पर 325 कंटेंट आईडी वाले दावों को करारा जवाब दे चुका था। इनमें से केवल दो वीडियो में, वास्तव में कॉपीराइट का उल्लंघन था। वर्ष 1927 की थाईलैंड के बारे एक साइलेंट फिल्म, और 1940 टाइम, इंक. की फिल्म जो अभिलेखों में दाता प्रतिबंध (डोनर रेस्ट्रिक्शन) के साथ जमा की गई थी। बाकी सभी साफ और स्पष्ट थे। मैंने इससे संबंधित अपने परिणामों को लिखा और उन्हें संयुक्त राज्य के आर्किविस्ट, डेविड फेरिएरो (David Ferriero) को भेज दिया।

वर्ष 2011 से, चैनल टेकडाउन फ्रंट पर काफी शांत था, हालांकि चैनल के इन वीडियो ने लाखों व्यूज प्राप्त कर लिए हैं। वर्ष 2014 में, बॉब होप क्रिसमस स्पेशल पर हमें काफी परेशानी हुई थी। होप की वीडियो कंपनी को चलाने वाले निर्माता के निधन होने के बाद, उसके संचालक ने हमें काफी तंग किया और साथ देने से इंकार कर दिया। उन्होंने दावा किया कि सरकार को, बॉब होप क्रिसमस स्पेशल का इस्तेमाल करने के लिए, सिर्फ सीमित अधिकार प्राप्त हैं, भले ही वियतनाम में रहे अमरीकी सेना के एक बड़े सरकारी खर्च पर, इसका उत्पादन किया गया था। मुझे सरकार के साथ हुए प्रारंभिक अनुबंध नहीं मिले, इसलिए मैंने वीडियो को हटा दिया।

चूंकि वर्ष 2007 में मैंने यह चैनल तैयार किया था, उसके बाद लोगों ने FedFlix को देखने में कुल 20,70,66,021 मिनट बिताए हैं। जो देखने के समय के हिसाब से 394 साल के बराबर है। यह उन पुराने वीडियो के लिए बुरा नहीं था जो अब तक तिजोरी में पड़ा धूल खा रहा था।

माई आइलैंड ऑफ टियर्स

दिसम्बर में पुनः कॉपीराइट स्कूल में भेजा गया नोटिस एक आश्चर्य की बात थी। इस बार हमें चार्ल्स गुगेनहेम (Charles Guggenheim) द्वारा निर्मित फिल्म "आइलैंड आफ होप, आइलैंड आफ टियर्स" को हटाने के लिए औपचारिक टेकडाऊन नोटिस मिला था। एलिस आइलैण्ड की यह खूबसूरत कहानी, उनके संयुक्त राज्य अमरीका में आप्रवासन की है जिसे जीन हैकमेन (Gene Hackman) ने सुनाया है और इसे नेशनल पार्क सर्विस (National Park Service) द्वारा दिखाया गया था। जब मुझे नेशनल टेक्निकल इंफोर्मेशन सर्विस ने एक वीडियोटेप डिजिटाइज़ करने के लिए दिया था, तो मैंने इसे वर्ष 2008 में ऑनलाइन कर दिया था। इसे अबतक 80,000 व्यूज़ प्राप्त हुए थे। नेशनल पार्क सर्विस (National Park Service) ने इस फिल्म के बारे में एक पेज भी लिखा है जिसमें, मेरे द्वारा इंटरनेट आर्चिव पर डाले गए कॉपी को इंगित किया गया है। ऐसा इसलिए किया गया था ताकि अध्यापक इसे अपने कक्षाओं के अध्यापन में शामिल कर सकें।

टेकडाउन नोटिस वाशिंगटन की एक उच्चवर्गीय महिला (सोशलाइट) की ओर से आया था, जो निर्माता की बेटी थी और अपने पिता की मृत्यु के बाद उनकी कम्पनी चला रही थी। उसका कहना था कि इसकी घटिया कॉपी ऑनलाइन करके हम उस काम की गुणवत्ता को नीचे ला रहे हैं, जिसे सिर्फ थियेटर में, सिर्फ नेशनल पार्क सर्विस (National Park Service)

द्वारा ही दिखाया जाना चाहिए था। और उसने मुझ पर आरोप लगाया कि मैंने नेशनल पार्क सर्विस (National Park Service) से पैसे लेकर इसे ऑनलाइन पर डाल दिया है।

मैंने क्लोज़िंग क्रेडिट्स को बहुत ध्यान से पढा, जिसमें कहा गया था कि इसका निर्माण और निर्देशन गुगेनहेम द्वारा किया गया है और इसकी "प्रस्तुति" नेशनल पार्क सर्विस (National Park Service) द्वारा की गई थी। मैंन कॉपीराइट स्कूल के निर्देश का पालन किया और पूरा वीडियो यू-ट्यूब और इंटरनेट आर्काइव से हटा लिया और अपनी गलतफहमी के लिए माफी मांगी। लेकिन मैं इसे लेकर बहुत परेशान रहा।

मैंने देखा कि गुगेनहेम प्रोडक्शंस, अमेज़ॅन पर इस वीडियो को बेच रहा था, इसलिए मैंने खुद इसकी एक कॉपी मंगाई और इसे नेशनल अर्काइव में डेविड फरेरो को भेजा। उन्होंने शायद इसे मोशन पिक्चर डिवीजन को भेजा, क्योंकि लगभग एक सप्ताह बाद मुझे सीनियर आर्कविस्ट से एक नोट प्राप्त हुआ। उन्होंने, नेशनल पार्क सर्विस (National Park Service) और फिल्म निर्माता के बीच हुए कान्ट्रैक्ट की एक प्रति संलग्न की जिसमें साफ लिखा था कि यह काम मेहतनामा देकर कराया गया है, अतः फिल्म निर्माता का उस काम पर कोई अधिकार नहीं होगा। सिर्फ इतना ही नहीं, जैसा कि मैं जानता हूँ, इस फिल्म बनाने के लिए निर्माता को टेक्सपेयर फंड से 3,25,000 डॉलर दिए गये थे और इस फिल्म बनाने की मदद में उसे अमेरिकन एक्सप्रेस से गिफ्ट भी मिले थे। वे इसे आमेजन पर भी बेचते हैं और वे इस पर कॉपीराइट का दावा कर रहे थे और इस प्रक्रिया से मिली आमदनी को हजम कर रहे थे।

दूसरे शब्दों में, उन्होंने मुझे जो टेकडाउन नोटिस भेजा था वह मान्य नहीं था। इस पर कोई कॉपीराइट नहीं था। यु-ट्यूब के द्वारा उनके प्रारंभिक टेकडाउन स्वीकार करने के पहले निर्माताओं ने पेनल्टी ऑफ पर्जुरी के अंतर्गत शपथ में कहा कि फिल्म के वास्तविक स्वामी वही थे। उन्होंने शपथ ली कि यदि उन्होंने झूठा टेकडाउन नोटिस भेजा, तो उनके विरुद्ध कानूनी कार्रवाई की जा सकती है। यह दावा करने के लिए कि मैं कॉपीराइट का पालन नहीं कर रहा हूँ उनको पांच चेकबॉक्स जांचने पड़े थे। वे मुर्खतापूर्ण काम कर रहे थे और वे मुझे अपराधी बताकर मेरे लिए कई समस्याओं का कारण बने, जो मुझे बिलकुल अच्छा नहीं लगा।

मुझे उस कान्ट्रैक्ट को भेजने के अलावा नेशलन अर्काइव ने कहा कि वे मुझे एक हाई डेफिनीशन वीडियो फाइल भजेंगे। मैंने यु-ट्यूब और इंटरनेट अर्काइव की मदद ली, नेट पर दोबारा गया, आमेजन डीवीडी ली और उसे पोस्ट किया। नेशनल अर्काइव से आने वाली डिस्क ड्राइव 163 गीगाबाइट की थी और वीडियो 28 मिनट की थी। यह वीडियो काफी अच्छी गुणवत्ता की थी। मैंने उसे पोस्ट कर दिया। मैंने अनकम्प्रेस्ड हाई-डेफिनीशन वीडियो से 276 स्टिल चित्रों को निकाला और इन्हें कॉपीराइट-फ्री स्टॉक फूटेज के तौर पर, फ्लिकर पर पोस्ट किया। सामाग्री का नया और रोचक प्रयोग देखकर नेशनल अर्काइव के स्टॉफ प्रसन्न हुए। मैं लगातार नेशनल अर्काइव के साथ काम कर रहा हूँ, जिन्होंने मुझसे कहा कि वे मुझे ऐसे और रेफरेंस प्रिंट्स उपलब्ध कराएंगे, जो उन्होंने फिल्मों से डिजिटलाइज किए हैं।

कोड स्वराज पर नोट

कई लोगों का मानना है कि कॉपीराइट एक पुराना मुद्दा है, एक दोहरी समस्या है, जिसमें कन्टेंट को उपयोग कर लोग, कन्टेन्ट के मालिक को नुकसान पहुँचाते हैं। झूठे कॉपीराइट के दावे को झूठा साबित करते हुए ऐसे अनुभवों ने मुझे सिखाया है कि ऐसे कई लोग हैं जो ऐसे कन्टेंट पर दावा करते हैं, जो उनका नहीं होता है। उनके द्वारा किये मालिकाना दावे उनके लिए महत्वपूर्ण है, पर ऐसे दावों की जांच की जानी चाहिये, विशेषतौर पर उस स्थान पर जहां इस बात का ठोस सबूत होता है कि वह संबंधित कार्य, सरकार द्वारा किया गया कार्य है।

दी एक्सीडेंटल कांग्रेशनल विडियो अर्काइव

वास्तव में मैं फेडफ्लिक्स (FedFlix) में फंस गया। मेरा पहला वीडियो इंटरेस्ट, कांग्रेशलन हियरिंग्स में था। जॉन पोडेस्टा के साथ काम करते हुए मैंने एक प्लान तैयार करने में दो साल लगाए, जिसे मैंने "आई-स्पैन" कहा। यह सभी कॉंग्रेशनल सुनवाई को ब्रोडकास्ट-क्वालिटी वीडियो के साथ ऑनलाइन करने का एक प्रयास था। मैंने स्पीकर नेंसी पेलॉसी (Nancy Pelosi) को रिपोर्ट भेजी, उनमें कई बातों पर जोर दिया और जिसके चलते बाद में कॉंग्रेशनल स्टाफ के साथ कई बैठकें हुई।

वर्ष 2010 में मैंने कांग्रेस की आने वाली रिपब्लिकन मेजॉरिटी से बात की कि वह मुझे कांग्रेस वीडियो को ऑनलाइन करने में मेरी मदद करें। अपने कार्यकाल के पहले दिन ही स्पीकर जॉन बॉहेनर (John Boehner) ने मुझे एक पत्र भेजा जिसमें मुझसे कहा गया कि मैं हाऊस ऑवरसाइट कमेटी को, उनकी पूरी अर्काइव को ऑनलाईन करने में सहायता करुं। सुनवाई समाप्त होने के तुरंत बाद, सुनवाई और ट्रान्सक्रिप्ट्स मुझे मिलने लगे और मैंने उन्हें सिर्फ इतना ही नहीं सिखाया कि उच्च गुणवत्ता की वीडियों को कैसे कई स्थान पर एक साथ पोस्ट किया जाय, बल्कि सुनने में अक्षम लोगों के लिये, कैसे क्लोज्ड केप्शनिंग जोड़ना भी उन्हें सिखाया। इसका अर्थ था कि हमारे पास सभी मौजूदा सुनवाई की उच्च-गुणवत्तापूर्ण फीड थी, ऐसा हाऊस में पहली बार हो रहा था।

हाऊस के साथ हुए मेरे अनुबंध ने मुझे हाऊस ऑवरसाइट कमेटी की अर्काइव लेने की अनुमति दी लेकिन जब मैं हाऊस ब्रोडकास्ट स्टूडियो गया और उनसे मदद मांगी तो उन्होंने कहा कि वे अन्य गंभीर चीजों में व्यस्त हैं। मैंने उन से कहा कि मैं ही स्वयम् उन डाटा को कॉपी कर लूंगा तो उन्होंने कहा कि ये सभी एक पेशेवर फारमेट में हैं जिसे मैं संभवतः हैंडल नहीं कर सकता। मेरी ओर से थोड़ी-बहुत खुशामद करने के बाद (और कमेटी चेयरमैन की ओर से उन्हें एक फोन कॉल आने के बाद) उन्होंने मुझसे कहा कि वे एक टेस्ट डिस्क भेजेंगे, यह जानने के लिए कि क्या मैं इसे पढ़ सकता हूँ, या नहीं। जब बात एक वीडियों की हो तो मैं इतना गंवार भी नहीं हूँ कि उनकी डिस्क्स पढ़ भी न सकूं।

आगे जो हुआ वह बहुत चौंकाने वाला था। हाउस ब्रॉडकास्ट ने मुझे एक बाइंडर, फेडरर एक्सप्रेस से भेजा जिसमें पचास ब्लू-रे डीवीडी डिस्क थे। मैंने इसे खोला और इसको देखा। इसमें मुझे न केवल वे डाटा मिले जो मुझे हाउस ऑवरसाइट के लिए चाहिए था, बल्कि

इसमें 600 से अधिक घण्टे के ब्रोडकास्ट-क्वालिटी वीडियो थे जो सभी कमिटियों के डेटा थे।

मैं तुरंत ही छः ब्लू-रे रीडर्स खरीद लाया और उन्हें अपने मैक डेस्क्टोप पर लगा दिया। एक ही समय में, डाटा को छः डिस्कों में कॉपी किया और उसे उसी रात कुरियर से बाइंडर को वाशिंगटन भेज दिया। अगले दिन मैंने उन्हें दोबारा कॉल की, उसे धन्यवाद दिया और उनसे यूं ही पूछा कि क्या उनके पास इस तरह के और भी चीजें हैं। "जरूर, हमारे पास ऐसे चीजों की भरमार है। क्या आप एक और चाहते हैं?" अतः, उन्होंने मुझे एक और बाइंडर भेज दिया।

पूरी गर्मी के सीजन में वे मुझे ज्यादा-ज्यादा बाइंडर्स भेजते रहे। मैं उन्हें कॉपी करता और उन्हें वापिस भेज देता था। जब वो सभी हो गए तो मैंने वाशिंगटन के लिए टिकट खरीदा और उनसे पूछा कि उनके पास कोई और काम भी है। ज्ञात हुआ उनके पास कई सारी डिस्क्स ड्राइव थी, जो औजारों के रैक के पीछे पड़ी थीं, इसलिए मैंने फेडेक्स स्टोर से पैकिंग टेप के बक्से खरीदे और उन्हें रेबर्न बिल्डिंग के भू-तल पर लाया और उन्हें शिपिंग के लिए पैक कर दिया।

इस ग्रीष्मकाल के अंत तक, मेरे पास कांग्रेसनल सुनवाई के 14,000 घण्टे का वीडियो था। आगे की योजनाओं पर चर्चा करने के लिए मेरी बैठक स्पीकर के जनरल काऊंसल से हुई। मैंने कांग्रेस को 2.4 गीगाबाइट की लाइन से, कैपिटोल के बेसमेंट से सी-स्पैन के बाहर तक, और फिर उसे इंटरनेट 2 के बैकबोन तक उसे जोड़ने का प्रस्ताव दिया। ऐसा करने से कांग्रेस की कार्यवाही का 48 ब्रॉडकास्ट-क्वालिटी वीडियो, एक साथ पूरे देश में देखने के लिए लाइव-स्ट्रिम हो पाएगी। साथ ही साथ, ऐसा करने से इंटरनेट अर्काइव, युटयूब, और स्थानीय न्यूज़ स्टेशन्स और अन्य संसाधनों द्वारा, कांग्रेस की कार्यवाही देखी जा सकेगी।

मैंने, डेडिकेटेड हार्डवेयर इनकोडर्स और इथरनेट स्विच पर, 42,000 डॉलर खर्च किए जो दूसरी चीजों पर खर्च करने के लिये थे। इन सभी को एक रैक में लगा दिया और मैंने, इस सेटअप के फोटोग्राफ को अपने साथ ले गया। मैंने उन्हें बताया कि इसके लिए सरकार को कुछ भी खर्च नहीं करना पड़ेगा, क्यों कि हार्डवेयर पहले से उपलब्ध हैं, और सिर्फ 90 दिनों में इस पूरे काम को अंजाम दिया जा सकता हैं जो इस्तेमाल के लिए तैयार है।

हम, यूएस केपिटोल के बेसमेंट में उस स्थान को भी ठीक से जानते थे जहाँ से हम, हाउस ब्रॉडकास्ट स्टूडियो से आने वाले फाइबर वीडियो फीड्स को, जोड़ सकते थे। हमारी मीटिंग सितम्बर, 2011 में हुई, और मैंने वहाँ के स्टाफ को कहा कि हम जनवरी 2012 तक, जब कांग्रेस का दूसरा सत्र प्रारम्भ होगा, इसे चालू कर देंगे। इससे उनके मुखिया के ऊर्जावान नेतृत्व में, प्रगति के नए युग का आरम्भ होगा। मैंने उनसे कहा कि यदि वे अमेरीका के न्यूज़रूम्स में सीधे-सीधे हाई रिजोल्यूशन वीडियो ला सके तो उन्हें, देश के प्रत्येक स्थानीय टी वी स्टेशनों पर बुलाया जायेगा। मैंने इसे पब्लिक-प्राइवेट साझेदारी का काम कहा जो सभी के लिये लाभप्रद थी।

कोड स्वराज पर नोट

जब मैं आफिस में था, तो मैंने अलग से स्पीकर के स्टाफ को यह कहा कि हाउस स्टूडियो ने मुझे भूलवश कांग्रेस के सभी दस्तावेज भेज दिए हैं। उनको आश्चर्य लगा क्योंकि उन्होंने सोचा था कि मैं एक ही कमेटी के उपर काम कर रहा था। मैंने उनसे कहा कि चूंकि इस विषय पर हमारे बीच कोई औपचारिक समझौता नहीं है और यह सरकारी काम है जो पब्लिक डॉमेन का है, अतः यदि मैं इस डाटा को पोस्ट कर दूं, तो शायद किसी को आपत्ति नहीं होगी। मैंने उन्हें, उस रैक की फोटोग्राफ दी जो मैंने उनके लिए बनाई थी और साथ साथ सिस्टम से संबंधित में विस्तृत चार्ट्स और टेबल्स भी दिये।

ऐसा कार्यक्षेत्र एक रोचक विषय है। लाईब्रेरी ऑफ कोंग्रस में विस्तृत (और महंगी) आडियो-वीडियो सुविधा है जो वर्जिनिया में स्थित है। ब्रॉडकास्ट स्टूडिया और प्रशासनिक तंत्र में कई कर्मचारी काम करते हैं। लाइब्रेरी कर्मचारियों ने इस बात को काफी गंभीरता से लिया और कहा कि यह सब उनका काम है और अंततः वे स्वयम् इसे कभी न कभी करवायेगें। या वे असल में जब इसे करना शुरु कर देंगे तो काम बहुत बेहतरीन होगा। प्रत्येक स्थिति में यह तो स्पष्ट था कि वे यह नहीं चाहते थे कि मैं यह काम करुँ।

उन्होंने मुझे इस काम से पूर्णतः दूर कर दिया। हाउस एडमिनिस्ट्रेशन की कमेटी के चेयरमैन, कांग्रेसमैन लूंग्रेन (Lungren) ने एक आदेश जारी किया कि मुझे और कोई डाटा न दी जाय। लाइब्ररी ने एक काफी निम्न-ब्रैंडविट्थ की स्ट्रीमिंग सोल्युशन स्थापित किया और इस बात का खास ख्याल रखा कि पूरे आर्काइव को सार्वजनिक तौर पर उपलबध न कराएं। वे जो पहले कर रहे थे उससे तो यह अच्छा था लेकिन यह कुछ ज्यादा नहीं था और वास्तव में काफी खराब था। मेरे पास कोई काम नहीं था और कुछ हार्डवेयर में पैसे फंसे थे, जो छः वर्षों बाद, लोकल डम्प पर ई-साइक्लिंग के लिये दे दिया गये। यह एक भारी बर्बादी थी।

सबसे खुबसूरत पल वह था, जब मैं हाउस एडमिनिस्ट्रेशन पर कमेटी के वकीलों से मिल रहा था। उन्होंने एक कागज निकाला, एक ऐग्रीमेंट का, जिसके अनुसार मुझे यह अनुमति थी कि जो डाटा पहले से मेरे पास थे मैं उसका इस्तेमाल कर सकता था, बशर्ते कि कमेटियों का वीडियो रिलिज़ करने से पहले, मेरे पास प्रत्येक कमेटी के चेयरमैन की अनुमति हो। वे चाहते थे कि मैं इस ऐग्रीमेंट पर हस्ताक्षर करुँ लेकिन मैंने ऐसा करने से इंकार कर दिया।

मेरा 14,000 घंटे का वीडियो अब इंटरनेट अर्काइव पर था और मैं यह वीडियो कभी भी देख सकता था और इसके माध्यम से मैंने 6,390 सुनवाईयों के लिए मेटाडाटा भी बना लिये। मैंने हाउस के साथ किये गये सारे ई मेल्स और पत्राचार, साथ ही वह बेवकूफी वाला एग्रिमेंट जिस पर मैने हस्ताक्षर नहीं किये थे, उन्हें इंटरनेट पर पोस्ट कर दिए।

हमारी बारे में जानकारी प्राप्त करने के लिए न्यायालयों ने एफ.बी.आई(FBI) को बुलाया

वीडियो पर काम करना मजेदार था, लेकिन यह मेरा मुख्य उद्देश्य नहीं था। मुझे कानून के अध्ययन पर ध्यान देना था। कानून अध्ययन से मुझे नागरिक प्रतिरोध के इतिहास से संबंधित अनेक जानकारी मिली। मैंने केस लॉ से शुरुआत की। मैं, हारवर्ड के प्रोफेसर लेरी लेसिग (Larry Lessig) के साथ काम करते हुए, एक विक्रेता से संयुक्त राज्य अमेरीका के

कोर्ट आफ अपील्स के, सभी पुराने मामलों को खरीदा और उन्हें नेट पर डाल दिया। इन मामलों को नेट पर डालने में हमारे 6,00,000 डॉलर खर्च हुए। लेकिन पहली बार लोगों को यह सुविधा मिली कि वे बिना किसी खर्चे के, नेट पर उपलब्ध इन विचारों तक पहुँच सकते थे। यह औचित्यपूर्ण था।

संयुक्त राज्य अमेरिका के कोर्ट आफ अपील्स के बाद, मैंने अमेरिका के जिला न्यायालयों पर ध्यान दिया जो "पेसर" (पब्लिक एक्सेस टू कोर्ट इलेक्ट्रोनिक रिकाड्र्स) नामक एक सिस्टम चलाते थे। जिसकी सहायता से विवरण, राय, डॉकिट्स और अन्य चीजों को पाया जा सकता था, लेकिन इसके लिए प्रति पेज 8 सेन्ट देने होते थे (आजकल प्रति पेज के लिए 10 सेन्ट्स भी देने पड़ सकते हैं)। यह सच में मुझे बहुत बेतुका लगा, इसलिए मैंने, 'पेसर के बारे में अक्सर पूछे जाने वाले प्रश्नों (फ्रिक्युन्टलि आस्क्ड क्योश्चेन्स)' के व्यापक सेट के उपर, पेसर डोक्स की पुर्नरावर्तन (रीसाइकिल) करने के लिए एक सिस्टम बनाया। यह सिस्टम कई तकनीकी और आर्थिक खामियों से गुजरा।

यह वर्ष 2008 की बात है, एक बार सहसा मेरा फोन बजा। लाइन पर एमआईटी (MIT) से स्टीव शुल्ट्ज (Steve Schultz) नामक छात्र था और उसका मित्र आरोन स्वाट्र्ज (Aaron Swartz) भी था। मैं, आरोन को उस समय से जानता हूं जब वह 12 साल का था। वह लैरी लेस्सिग़ का शिष्य था और जो इंडस्ट्री गेट टुगेदर्स जैसे कार्यक्रम में अक्सर आता था। आरोन ने मेरे साथ आई.आर.एस (IRS) जैसे कई मामलों पर काम किया था। उसने, मेरी पूर्व पत्नी रेब्रेका मालामूड के साथ भी काम किया था जब वह इंटरनेट अर्काइव के लिए ओपन लाइब्रेरी सिस्टम का संचालन करती थी।

आरोन को मेरा एफ.ए.क्यू (FAQ) काफी पसंद आया और उसने बड़े पैमाने पर पुर्नरावर्तन के लिए, लाइब्रेरी का उपयोग करने का निर्णय किया। स्टीव ने एक साधारण पेसर क्रॉलर (crawler) लिखा था और आरोन ने उसका प्रयोग करना चाहा। अदालतों ने, देश भर के खास 20 पुस्तकालयों में, सिर्फ एक प्रायोगिक सेवा (Self-Employed Women 's Association of India) स्थापित की थी, यह देखने के लिए कि क्या "साधारण" लोग पेसर का इस्तेमाल करना चाहते हैं। यह एक तरह से कांग्रेस के अधिकारियों के अत्यधिक दबाब के सामने, अदालत द्वारा थोड़ा झुकने जैसा था। कांग्रेस यह जानना चाहती थी कि क्यों उन्हें, पेसर के बारे में इतने पत्र प्राप्त हो रहे हैं। अदालतों ने सोचा कि 2-वर्षीय पायलट प्रयोग, एक विलम्ब करने का आसान तरीका हो सकता है।

आरोन ने स्टीव का कोड लिया और एक बड़ा क्रॉलर लिख डाला। उन्होंने देखा कि लाइब्रेरी सिस्टम के अन्दर जाने (एक्सेस) के अधिकार को जाँच करने की प्रक्रिया, 'कुकि' पर आधारित है। जिसका अर्थ यह था कि जब, सप्ताह के शुरूआत में, एक बार लाइब्रेरियन सिस्टम पर लॉग-इन करता है तब उसके बाद, एक तिकड़म से, कोई भी एक सप्ताह तक बैठ कर, मुफ्त में पेसर को उपयोग कर सकता था। मैं इसे ठीक से समझ नहीं पाया हूँ कि आरोन ने यहां क्या किया था। लेकिन मुझे ऐसा लगता है कि उन्होंने, सप्ताह में एक बार, सेक्रामेंटो लाइब्रेरी में किसी जिगरी दोस्त को भेजा और उसने वहाँ की कुकि (cookie) को कॉपी किया और उस कुकि को, आरोन को ईमेल से भेज दिया। यह कुकि, जो एक सप्ताह

के लिये मान्य है, जिसकी सहायता से वह इस सिस्टम को सप्ताह भर के लिये, क्राल करने के लिए सक्षम हो गये।

कुछ महीने के बाद, मुझे आरोन से एक नोट प्राप्त हुआ, जिसमें उसने कहा कि उसके पास कुछ डाटा है, और क्या वह मेरे सर्वर पर लॉग इन कर सकता है। मैं आमतौर पर ऐसा अधिकार किसी को नहीं देता, वास्तव में मैंने अपने सिस्टम पर किसी को भी कोई गेस्ट अकाउंट नहीं दिया था। लेकिन आरोन कुछ खास था और इसलिए मैंने उसे एक अकाउंट दे दिया। मैंने इसके बारे में ज्यादा सोच-विचार भी नहीं किया। फिर संभवतः एक महीने बाद हमने देखा कि उसने उस पर करीब 900 गीगाबाइट डेटा अपलोड किया है। यह बहुत ज्यादा था। लेकिन वह एक होशियार लड़का था, इसलिए मुझे उस पर आश्चर्य नहीं हुआ। मैंने इसको अपने मन में रख लिया पर इस पर दोबारा नहीं सोचा क्योंकि हमारे पास पर्याप्त डिस्क स्पेस उपलब्ध था।

फिर फोन बजा। आरोन लाइन पर था। सरकार ने एकाएक प्रयोगात्मक सिस्टम को बंद कर दिया है और नोटिस जारी किया है कि उनके सिस्टम पर हमला हो गया है, और उन्होंने एफ.बी.आई को कॉल किया। उन्होंने 20-लाइब्रेरी के संपूर्ण प्रयोग को रोक दिया है। वे बात कर रह थे कि उनके सिस्टम को 'हैक' कर दिया गया है, जो एक गंभीर मामला था।

...

फिर दो घटनाएं घटी। सबसे पहले, मैं वकील के पास गया और आरोन को भी वकील ढूढ़ने को कहा। जो हुआ था हमने उसे गौर से देखा, और अन्ततः मेरी राय थी कि हमने कुछ भी गलत नहीं किया है। हमने किसी भी समझौते या सेवा (Self-Employed Women 's Association of India) की शर्तों का उल्लंघन नहीं किया है। हां, यह जरूर था कि अदालतों ने किसी व्यक्ति से आशा नहीं की थी कि वह पब्लिक टर्मिनल से 900 गीगाबाइट डेटा प्राप्त कर लेगा। मैंने एफ.बी.आई को कहा कि 'किसी नौकरशाह को आश्चर्य में डालना कोई अपराध नहीं है'। यह पब्लिक डाटा है और हमने इसे पब्लिक को दी गई सुविधा से ही प्राप्त किया है। हम निर्दोष हैं।

दूसरी बात यह थी कि अब मैंने गोपनीयता अतिक्रमण (प्राइवेसी वायलेशन्स) के लिए इन डाटा को पैनी नजर से देखना शुरु कर दिया। मुझे इसमें हजारों दस्तावेज ऐसे मिले जो, कोर्ट के नियमों के विरुद्घ, व्यक्तिगत् सूचना प्रकट कर रहे थे, जैसे कि सामाजिक सुरक्षा नंबर, छोटे बच्चों के नाम, गोपनीय सूचनाओं को देने वाले के नाम, कानून के अधिकारियों के घर के पते, चिकित्सा संबंधी व्यक्तिगत अवस्था का विवरण आदि, जिसे हरगिज प्रकट नहीं किया जाना चाहिए था।

इस काम को करने में मुझे दो महीने लगे। लेखा परीक्षा (ऑडिट) के परिणाम लिखे गए और एक प्रमाणित (सर्टिफाइड) पत्र, 32 जिलों के प्रत्येक मुख्य न्यायाधीशों को भेजे गए। उन्होंने शुरु में ऑडिट को नजरअंदाज कर दिया था, लेकिन मैं उन्हें यह बार-बार भेजता रहा, और तीसरी बार जब मैंने उन्हें वे नोटिस भेजे, तो उनपर मैंने लाल स्याही में "तीसरा और आखिरी

नोटिस" मुद्रांकन कर दिया था। मैंने संयुक्त राज्य अमरीका जिला के मुख्य न्यायाधीशों को एक गुस्ताखी भरा पत्र भेजा था, लेकिन फिर भी उनका ध्यान इस तरफ नहीं गया।

यूएस सीनेट ने इस नोटिस को गंभीरता से लिया और उन्होंने संयुक्त राज्य अमेरिका के न्यायिक सम्मेलन को, तीखे शब्दों में लिखा एक पत्र भेजा। कोर्ट ने, अपनी गोपनीयता की प्रथा (प्राइवेसी प्रेक्टिसेज़) में कुछ हल्के बदलाव किए, लेकिन हाँ, कुछ न्यायधीशों ने इस मामले को गम्भीरता से लिया, जिसका श्रेय उन्हीं को जाता है। हालांकि इससे हमें कुछ भी लाभ नहीं हुआ। करमुक्त अभिगमन (फ्री-एक्सेस) पायलट प्रयोग निलम्बित रहा। अदालतों ने, उनके केसों के फाइल देखने के भाव भी बढ़ा दिए।

एफ.बी.आई. ने आरोन के घर पर निगरानी रक्खी और उससे बात करने की कोशिश की लेकिन उसने बात करने से इंकार कर दिया। बाद में एफ.बी.आई. ने, अदालतों को कहा कि हमने कुछ गलत नहीं किया है। इसके बाद, न्यूयॉर्क टाइम्स में लेख छपने के बाद, न्यायालय ने एफ.बी.आई को बुलाया और इस मामले पर दुबारा नजर डालने को कहा। फिर भी कुछ नहीं मिला, और एफ.बी.आई ने न्यायालयों को इस मामले को यहीं पर छोड़ देने की गुजारिश की।

...

यह बात तब की थी जब से मैंने सविनय अवज्ञा (सिविल रेसिस्टेंश) का गम्भीरता से अध्ययन करना शुरु किया था। मुझे ज्ञात था कि हम उन खतरों का समाना नहीं कर रहे थे जिन खतरो का गांधीजी और मार्टिन लूथर किंग ने सामना किया था। मुझे किसी भी विधि अधिकारी या सतर्कता समिति के सदस्य से खतरा नहीं था कि वे मुझे शारीरिक नुकसान पहुचाएंगे। विधि साहित्य को एक्सेस करना, सामाजिक न्याय पाने के लड़ाई की तुलना में, एक छोटा सा संघर्ष था। यह जनता के लिए आजादी की लड़ाई लड़ने की तरह नहीं था।

लेकिन हमारा प्रयास, सिस्टम की कार्यशैली को बदलना था, और हम यह जानते थे कि हम उन लोगों से बहुत कुछ सीख सकते थे, जो हम से पहले विभिन्न संघर्षों से गुजर चुके हैं। साथ ही, मैं यह जानना चाहता था कि समाज में प्रभावकारी बदलावों को कैसे अमल में लाया जा सकता है। अपने सिर को दीवार पर मारने से, या पवन चक्की को झुकाने से कुछ नहीं होगा। मैं इस बारे में और जानना चाहता था कि पहले ऐसे बदलाव कैसे लाये गये थे। मैं यह भी जानना चाहता था कि हम अपनी वर्तमान की शिकायतों में न उलझ कर, कैसे आने वाले समय में बदलाव ला सकते हैं।

मेरा यह अध्ययन, वर्ष 2011 से और भी अधिक गहन होता चला गया। मैं अब केस लॉ पर काम नहीं कर रहा था, और कानून द्वारा अपेक्षित तकनीकी मानकों पर ध्यान केंद्रित करना शुरु कर दिया था। प्राइवेट पार्टियाँ सोचती थी कि इन कानूनों पर उनका ही स्वामित्व है। वे सोचती थी कि इसके चलते उनकी तन्ख्वाह दाव पर है। वे कड़ा संघर्ष करने को तैयार थीं। मुझ पर कभी कोई मुकदमा नहीं चला, लेकिन मुझे पता था कि कुछ गैर-लाभकारी स्टेंडर्ड निकायों को इसकी काफी चिंता थी और वे किसी भी कीमत पर यह बदलाव चाहते थे।

उस दौरान कुछ ऐसा हुआ कि आरोन को हिरासत में ले लिया गया। उसने जे.एस टी.ओ.आर (JSTOR) सिस्टम से कई महत्वपूर्ण स्कोलरली आर्टिकल्स डाउनलोड कर लिए थे। वह ऐसा एम.आई.टी (MIT) में होने के कारण ही कर सका क्योंकि उसे वहां अतिथि विशेषाधिकार (गेस्ट प्रिविलेज़) प्राप्त था। एम.आई.टी ने पुलिस बुला लिया जब कि ऐसी स्थिति में, आरोन जैसे दुर्लभ विद्यार्थी के साथ जो करना चाहिए था वह यह था कि उसे बुला कर समझाने की कोशिश करना। मैंने अपने मित्र जेफ़ शिल्लर (Jeff Schiller) को फोन किया जो एम.आई.टी नेटवर्क को चलाता था, तब उसने मुझे बताया कि वास्तव में क्या हुआ था। यह मामला उसके अधिकार क्षेत्र के अन्दर नहीं आता था क्यों कि अब कोई और ऑपरेशन चला रहा था, और जब एक बार पुलिस बुला ली गई है तो, अब पीछे जा पाना संभव नहीं था।

पुलिस ने उसे यूएस के अटॉर्नी को सौंप दिया, जो इस मामले को एक उदाहरण की तरह प्रस्तुत करना चाहते थे। उन्होंने आरेन पर 13 संगीण आरोप लगाए। इन आरोपों के सिद्ध होने पर, भारी जुर्माना भरना पड़ सकता था और सालों तक जेल में बिताने पड़ सकते थे। मुझे आरोन के लिये सबसे बड़ा खौफ यह लग रहा था कि उसका ऐसे अपराधों के लिये अपराधी घोषित होने पर, अपने मतदान का अधिकार वह खो देगा। एक तथा-कथित हैक़र के छूटने पर, उस पर यह आम शर्त लगायी जाती है कि आप आगे कम्प्यूटर और इंटरनेट का प्रयोग नहीं कर सकते हैं। और यह आरोन जैसे व्यक्ति के लिए सबसे दर्द भरी, दिल दहलाने वाली स्थिति होगी। संयुक्त राज्य अमेरिका के अटर्नी इस मामले को इसके अंजाम तक पहुँचाने के लिये कटिबद्ध थे, और उन्होने आरोन के अटर्नी को यह सूचित किया कि वे, आरोन को जेल की सजा से बचने के लिये, किसी भी प्ली बारगेन के सौदे के लिये तैयार नहीं थे।

आरोन का अपराध यह था कि उसने बहुत बड़ी संख्या में आर्टिकल्स डाउनलोड किए थे। जे.एस.टी.ओ.आर (JSTOR) सर्विस पर, डाउनलोडिंग की अनुमति होती है। कोई भी छात्र केंपस-वाइड सर्विस के अंतर्गत, जे.एस.टी. ओ.आर जर्नल के आर्टिकल्स पढ़ सकता था। समस्या यह थी कि आरोन ये आर्टिकल्स बड़ी तेजी से पढ़ रहा था। यह सोच कर मैं अभी भी चकरा जाता हूँ कि कैसे यह, कथित तौर पर अपराध बन गया।

आरोन ने ये आर्टिकल्स अभी तक कहीं रिलीज नहीं किए थे, हालांकि संयुक्त राज्य अमरीका के अटर्नी को यह पूरा विश्वास था कि यह तो होने ही वाला है। मुझे इस बात का विश्वास नहीं था। जब आरोन ने पेसर डोक्स डाउनलोड किए थे, तो उसने मुझे दिये थे, उनको स्क्रब करके रिलीज करने के लिए। वह सर्वर नहीं चलाता था, इसलिए वह, मेरे और ब्रूस्टर जैसे लोगों पर निर्भर करता था। उसने अब तक, जे.एस.टी.ओ.आर (JSTOR) के डाटा रिलीज करने के लिए कोई कदम नहीं उठाये थे।

संभवतः, आगे के समय में, वह इन आर्टिकल्स को रिलीज करने के लिए कदम उठाये, लेकिन इस बात का अभी तक कोई सबूत नहीं था कि वह भविष्य में ऐसा करेगा। वह, मेरे जैसे व्यक्ति, या नेट पर ऐसे काम करने वाले अपने दोस्तों में किसी का साथ लिये बिना, यह काम नहीं कर पायेगा।

उसने पहले वेस्ट (West) से, बड़ी संख्या में लॉ जर्नल डाउनलोड किए थे, लेकिन उसने उन्हें भी कभी रिलीज नहीं किया। बल्कि उसने उन आर्टिकल्स पर, एक बिग-डेटा विश्लेशण करके एक बुनयादी (seminal) पेपर संयुक्त रूप से लिखा था जिसमें यह दिखाया कि कैसे लॉ के प्रोफेसर लोगों को, आमतौर पर कॉरपोरेट हितों के अनुकूल, उनके मुद्दों पर लिखने के लिये अनुदान मिलता है जैसे कि प्रदूषण के चलते उत्पन्न वैधानिक देयधन (लायेबिलिटी), और बाद में यही आर्टिकल्स कोर्ट के मामलों में, उनकी तरफ से उपयोग किए गए।

आरोन ने, हमारे प्रिय मित्र क्ले जॉनसन से कहा कि वह पर्यावरण परिवर्तन के अनुसंधान में, भ्रष्टाचार के सबूत ढूढ़ने के लिए वह जे.एस.टी.ओ.आर के आर्टिकल्स का विश्लेषण कर रहा था। आरोने की गिरफ्तारी के बाद, जहां तक क्ले को याद है, उसका वक्तव्य इस प्रकार का था, “इसमें कोई संदेह नहीं है कि डेटा फ्री होना चाहिए, लेकिन मैं सिर्फ पर्यावरण परिवर्तन आर्टिकल्स को लिखने के लिये, दिये गये अनुदानों का विश्लेषण करना चाहता था।” ऐसा आरोन ही कह सकता है।

आरोन की गिरफ्तारी और मेरे द्वारा किये जा रहे टेक्निकल स्टेंडर्ड के मामलों के गहन अध्ययन के चलते मैं कई रात ठीक से सोया नहीं और मैंने अनगिनत रातें अध्ययन करने में बिताये। जब जनवरी, 2013 में आरोन ने आत्महत्या कर ली तो इंटरनेट पर कार्यरत सभी लोगों ने शोक मनाये, खासतौर पर उनलोगों ने जिन्हें उसके साथ काम करने को अवसर और गौरव प्राप्त हुआ था। मुझे उसके जाने का आज भी बहुत दुख है।

हिंद स्वराज

वर्ष 1909 में महात्मा गांधी ने *“हिंद स्वराज”* की रचना की। वह लंदन से वापस जहाज से लौट रहे थे और दक्षिण अफ्रीका में ज्यादा गंभीरता से मुद्दों को उठाने वाले थे। उनका सत्याग्रह अभियान सफल रहा था, लेकिन यह सफलता अत्यंत कष्ट सहकर, और बलिदान देकर प्राप्त हुई थी। मुझे लगता है कि गांधी जी अपने मस्तिष्क में उन बातों पर स्पष्टता लाना चाहते थे जिनपर उन्हें विश्वास था। गांधी जी, एस.एस किल्दोनन कैसल नामक जहाज पर, नौ दिनों तक जमकर लिखते रहे। जब उनके दाएं हाथ में दर्द होने लगता तो वे बाएं हाथ से लिखने लगते। जब उन्होंने इस पुस्तक का प्रकाशन किया था, तो उन्होंने उसके ऊपर बड़े अक्षरों में लिखा था “कोई अधिकार आरक्षित नहीं (No Rights Reserved).”

यह पुस्तक सबसे हटकर थी लेकिन लाजवाब थी। गांधी जी के पास ढ़ेरों विचार थे जिनमें से कुछ उनके मित्रों को तर्कसंगत लगते थे और कुछ नहीं। नेहरू और टैगोर इस पुस्तक को पसंद नहीं करते थे। इस पुस्तक में कुछ ऐसे विचार हैं जो आज मुझे मूर्खतापूर्ण लगते हैं जैसे “अस्पताल पापों का प्रसार करने वाले संस्थान हैं (hospitals are institutions for propagating sins)।” परंतु इन कड़े वाक्यों के बाद भी कोई भी व्यक्ति यह तो स्वीकारता है कि बापू के विचारों में दम था। भले ही आप पुस्तक में प्रत्येक शब्द का समर्थन न भी करते हो लेकिन उसमें, गांधी के विचार से, भारत में और भारतीयों द्वारा झेली जाने वाली समस्याओं का संपूर्ण विवरण था और उसके निवारण के दमदार सिद्धांत भी दिये गये थे।

कोड स्वराज पर नोट

गांधीजी ने एक उत्तर दिया था। हो सकता है कि यह सही उत्तर न हो, नि:संदेह यह सिर्फ इकलौता उत्तर नहीं था। लेकिन यह सुसंगत उत्तर था और यह उनकी, इस बात के बारे में पहली संपूर्ण अभिव्यक्ति थी कि मौलिक परिवर्तन, विश्व में कैसे लाया जा सकता है। वे यह लगातार कह रहे थे, उसे पुनः दुहरा रहे थे कि यह परिवर्तन कैसे होने चाहिए। उनके लेखन के 100 खंडों का संकलित कार्य यह दर्शाता है कि उनके विचार किस तरह विकसित हुए। लेकिन मेरे लिए, *'हिंद स्वराज'*हमेशा मेरे पुस्तक की अलमारी में विशेष स्थान प्राप्त है क्योंकि यह हमें, एक छपे पुस्तिका के जरिये मजबूत संदेश देता है। यह पुस्तिका की शक्ति को दर्शाता है ओर यह भी बताता है कि क्यों प्रत्येक व्यक्ति को अपने विचारों को प्रसारित करने लिये एक मुद्रक होना चाहिये ।

मैंने जब पहली बार हिंद स्वराज पुस्तक पढ़ा तो मेरे दिमाग में “कोड स्वराज (Code Swaraj)” शब्द गुजँने लगा। हिंद स्वराज का विचार और भारतीयों का स्वशासन (सेल्फ रूल), दोनों ही विचार स्पष्ट लक्ष्यों पर केंद्रित हैं। ये बहुत आकांक्षापूर्ण थे लेकिन इनमें कुछ प्राप्त करने योग्य भी थे। कुछ खरी वास्तविकता थी। कुछ ठोस ध्येय था। यह स्वतंत्रता की लड़ाई के मुख्य प्रतीकों में एक था। शब्द महत्वपूर्ण होते हैं और *“हिंद स्वराज”* शब्द, लोगों ने जैसे ही सुना उनके लिए यह विशिष्ट अर्थ का हो गया। यह शब्द किसी बड़े कार्य का संकेत बन गया, एक सामूहिक लक्ष्य के रूप में।

गांधी जी ने हमें दूसरे सिद्धांतों से भी परिचित कराया है। सत्यग्राह एक संघर्ष है लेकिन यह कोई लघु घुमावदार संघर्ष नहीं है कि जो किसी भी अच्छे ध्येय के खिलाफ किया जाय। सत्याग्रह एक विशिष्ट संघर्ष है जिसे किसी ठोस लक्ष्य के लिये किया जाता है, जैसे कि एक विशेष अधिनियम की अवज्ञा करके नमक बनाना।

सत्याग्रह के लिए गहन तैयारी की आवश्यकता होती है। लोगों को मुद्दे के विषय में स्वयम् को शिक्षित करना पड़ता है। एक सत्याग्रह के लिए नैतिक आधार जरूरी हैं। गांधी जी ने जब समुद्र तट तक जाने के लिये कूच किया तो उन्होंने इसके पहले, अपने इरादे की सूचना वायसराय को दी। सत्याग्रह अपने लक्ष्य पर केंद्रित होनी चाहिए, और एक बार जब लक्ष्य प्राप्त हो जाय तो उन्हें उस लक्ष्य को और आगे बढ़ा नहीं देना चाहिए। जीत की घोषणा के बाद, लोगों को अन्य मुद्दों पर आग्रसर हो जाना चाहिए। सबसे महत्वपूर्ण बात यह है कि किसी भी सत्याग्रह अभियान को, एक बहुत बड़े लक्ष्य के संदर्भ में करना चाहिए, जैसे कि स्वराज की प्राप्ति।

गांधी जी के ये उपदेश दक्षिण अफ्रीका को, और भारत को भेजे गये। ये उपदेश गांधी जी के माध्यम से, मंडेला और केनियट्टा और न्क्रूमाह तक पहुंचे और पूरे अफ्रीका में फैल गये। गांधी जी के ये उपदेश किंग तक, और अमेरिका में नस्लभेद के विरूद्ध की लड़ाई तक फैले। इन उपदेशों ने विश्व को बदल दिया।

कोड स्वराज, एक प्रतीक और एक लक्ष्य के रूप में

मेरे लिए कोड स्वराज का अर्थ है कि हमारी नियमों की पुस्तकें खुली और करमुक्त उपलबध होनी चाहिए। इंटरनेट ने विश्व को बदल दिया है और इसने विश्व को, ओपन सोर्स सोफ्टवेयर

और ओपन प्रोटोकॉल के माध्यम से बदला था। सभी यह जान सकते हैं कि इंटरनेट कैसे काम करता है यदि वे प्रोटोकॉल के विवरण (स्पेसिफिकेशन्स) पढ़ने के लिए समय निकालें जो सार्वजनिक रूप से उपलब्ध है।

इंटरनेट कोई अन्ततोगत्वा होने वाला निष्कर्ष नहीं था। वर्ष 1980 में जब मैंने इंटरनेट पर काम करना शुरू किया तो उस समय विभिन्न तरह के नेटवर्क थे। एक नेटवर्क को, इन्टरनेशनल आर्गनाइजेशन फार स्टैन्डर्डाइजेशन और बड़े कॉर्पोरेटों और सरकारी संगठनों की सहायता से विकसित किया जा रहा था। इसे ओपन सिस्टम इंटरकनेक्शन (ओ.एस.आई) कहा जाता था और उन्होंने जो मॉडल अपनाया था वह वैसा ही था जैसा मॉडल हम आज भी मानक निकायों को प्रयोग करते हुए देखते हैं। प्रोटोकॉल की विशेषताओं को नियंत्रित प्रक्रिया के अंतर्गत तैयार किया गया था। इसके विवरण के दस्तावेज काफी मंहगे थे और उनकी प्रतिलिपि, एक निजी संस्थान द्वारा दिये गये लाइसेंस के बिना, नहीं बनाई जा सकती थी।

मैं उस समय कंप्यूटर नेटवर्क पर, पेशेवर रेफरेंश पुस्तकें लिख रहा था और उसके लिये हमें बहुत सारे "ओ.एस.आई" के दस्तावेजों खरीदना पड़ता था। मैंने, कंप्यूटर ट्रेड के मैंगज़ीनों के लिए कॉलम भी लिखे थे। मेरे अधिकांश कॉलम इस संदर्भ में लिखे गए हैं कि कैसे मानकों की उच्च कीमत, और बंद विकास की प्रक्रिया (क्लोज़ड प्रोसेस) इस नई प्रौद्योगिकी की अन्तर्निहित संभावनाओं के प्राण हर ले रही है।

इसी बीच, इंजीनियरों के एक अनौपचारिक ग्रुप ने इंटरनेट इंजिनीयरिंग टास्क फोर्स (आई.ई.टी.एफ) का गठन किया। यह समूह स्वयं-आयोजित था और इसके सभी प्रोटोकॉल ओपन थे और निःशुल्क उपलब्ध थे। ज्यादा महत्वपूर्ण बात यह थी कि यह एक 'काम करते कोड (वर्किंग कोड)' के सिद्धांत पर काम कर रही थी। जिसका मतलब यह था कि आप समिति के बैठक में, इंटरनेट संचालन के किसी भी पहलू के मानकीकरण के लिये तब तक प्रस्तुत नहीं कर सकते हैं जब तक कि आपने उसे अपने काम करते कोड के द्वारा कार्यांवित नहीं कर लिया है, उदाहरण के लिए आप ई-मेल हेडर के फारमेट का सुझाव तब तक नहीं प्रस्तुत नहीं कर सकते जब तक आपने ई-मेल हेडर के सुझाव को कोड करके अमल न कर दिया हो। इंटरनेट प्रटोकॉल उन चीजों पर आधारित होते थे जो वास्तव में काम करते थे, जबकि ओ.सी.आई कॉर्पोरेट के एजेंडों पर निर्भर होती थी।

इंटरनेट प्रोटोकॉल पर मेरा योगदान कम है लेकिन मैंने आई.ई.टी.एफ पर बहुत समय दिया और आखिरकार इंटरनेट के प्रशासन प्रणाली के मामलों पर काम किया। मैं उस रैडिकल समूह का हिस्सा था, जो इसके प्रशासन को निपुणता से नियंत्रित कर, एक बौट्म-अप मॉडल की ओर ले जाते गये और इसके प्रशासन प्रणाली को सरकारी प्रायोजकों (स्पोनसर्स) के नियंत्रण से बचाते रहे, जैसे कि अमेरिका रक्षा मंत्रालय और वह अन्य एजेंसियां, जो आज भी हमारे उपर कई पर्यवेक्षी (सुपरवाइजरी) निकायों, जैसे इंटनेट आर्किटेक्चर बोर्ड की स्थापना कर रहे हैं।

हम मूल सिद्धांतों पर अडिग रहे जैसे कि बैठकों में भाग लेते व्यक्ति अपने विचारों को प्रकट करते हों, न कि अपने नियोक्ताओं के। इनमें कोई भी व्यक्ति भाग ले सकता था, वहां कोई

भी आवेदन या सदस्यता नहीं होती थी। मैंने उस विषय पर समय लगाया है कि उन दस्तावेजों को कैसे उपलब्ध किया जा सकता है, जो आई.ई.टी.एफ डाटाबेस का निर्माण करते हैं, और बाद में मैंने, मार्शल टी. रोज़ के साथ मानको के लिए, संलेखन भाषा (ऑथिरिंग लैंग्वेंज) पर काम किया जिसका प्रयोग आज भी किया जा रहा है।

इंटरनेट ने, ओ.एस.आई (OSI) के खिलाफ लड़ाई जीती। हमने यह पाया कि जब कभी भी बड़ी समस्या होती है जिसका समाधान असंभव लगता है तब हमारा ओपन नेटवर्क, इसका कोई-न-कोई समाधान हमेशा निकाल लेता है। सहसा कोई नया स्नातक विद्यार्थी, कोई ऐसा उपाय ढूंढ़ निकालेगा जिससे चीजों को बेहतर तरीके से किया जा सकता है। इंटरनेट की प्रगति, हमारी सभी कल्पनाओं की परिधियों को लांघ चुकी है, लेकिन हम कम से कम इस बात पर तो जरुर फ़ख्र करेंगे कि हमने, इसकी प्रगति में राह में कभी कोई रुकावट नहीं डाले। ओ.एस.आई (OSI) दल ने इसे नहीं समझा और अब वे इतिहास के एक पन्ने में, एक छोटे फुटनोट तक ही सीमित रह गये हैं।

...

कोड स्वराज इंटरनेट के लिए वास्तविक रहा है हालांकि अब भी हमलोग, बड़े दीवारों का सामना कर रहे हैं। यदि आपने लाइनक्स का प्रयोग किया है तो आप यह देख पायेंगे कि कंप्यूटर का संचालन कैसे किया जाता है लेकिन आप अपने आई-फोन के सोर्स कोड को देख नहीं सकते हैं। नेट के प्रोटोकॉल विवरण खुले हैं लेकिन आजकल इस पर चलने वाली ज्यादातर सेवाएं, विशाल और केंद्रित क्लाउड सेवाओं पर, स्थानान्तरित हो रही हैं। हमलोग नेट न्यूट्रैलिटी के लिये लगातार संघर्ष कर रहे हैं, और अभी भी ज्यादतर इंटरनेट से जुड़ी ज्यादा विषय आज भी खुले हुए (ओपेन सोर्स) हैं, और हमें इन्हें इसी रूप में रखने के लिए लड़ते रहना होगा। अब भी इंटरनेट पर, नकली खबरों, अब्यूसिव बोट्स, और नेट को खराब करने के अनेक प्रपंचों के आक्रमण हो रहें हैं ताकि इसे अपकृत कर, बंद किया जा सके।

हमें अपने दृष्टिकोण को, सिर्फ इंटरनेट को खुला और करमुक्त करने के काम से ज्यादा उपर रखना चाहिए। हमें उन्ही सिद्धांतों को जीवन के अन्य क्षेत्रों में भी लागू करने के प्रयत्न करना चाहिए। कोड स्वराज का सिद्धान्त, कानून के क्षेत्र में भी लागू होता है। हम सही अर्थों में लोकतंत्र कैसे बन सकते हैं, अगर जिन कानूनों के माध्यम से हम सरकार का निर्माण करते हैं वे ही अधूरे हैं, तकनीकी रूप से त्रुटिपूर्ण हों, और महंगे हों? जब आज वकील, विक्रेता द्वारा संचालित एक पुराने और घटिया सिस्टम को उपयोग करने को बाध्य है, जैसे वह कंपनी, जो हमें जौर्जिया लॉ के एकमात्र अभिगमन (एक्सेस) के लिये, एक तकनीकी रूप से त्रुटिपूर्ण सोफ्टवेयर को उपयोग करने को, और अनगिनत शर्तों को मानने को बाध्य करती है। यहां तक कि पब्लिक सिस्टम, जैसे यू.एस फेडरल कोर्ट्स का अभिगमन भी, निहायत अयोग्य और महंगे कैश रजिस्टर के पीछे छिपा है जिससे कोई भी साधारन कार्य करना असंभव सा लगता है, जैसे कि गोपनीयता के अतिक्रमण के अध्ययन के लिए, सभी जिला न्यायलयों के कार्यों को डाउनलोड करना।

मुझे लगता है कि कोड स्वराज, इंटरनेट और, कानून से भी ज्यादा अन्य क्षेत्रों को इंगित करता हे, हमारी तकनीकी मानको की स्वतंत्रता का संघर्ष, इसका एक उदाहरण है। हमारे विश्व का ज्यादा से ज्यादा तकनीकीकरण हो रहा है। अतः यह नितान्त जरुरी है कि हम यह समझे कि हमारे विश्व के प्रमुख संरनात्मक ढांचों का संचालन कैसे होता है। मानक हम सब की सर्वसमत्ति को दर्शाता है कि चीजें को कैसा बनाया जाय। कोड स्वराज यह कहता है कि यदि कोई मानक अर्थपूर्ण है तो उसे सभी लोगों को पढ़ने के लिए, और उस पर विवेचना करने के लिये उपलब्ध होने चाहिए। कोई भी निजी मानक, किसी भी निजी कानून की भांति मूर्खतापूर्ण ही होगा।

मुझे इला भट्ट के शब्द याद हैं जिन्होंने हमसे कहा था कि हमें अपने लक्ष्यों के प्रति आकांक्षापूर्ण होना चाहिए। हमें विश्व की शांति के लिए काम करना चाहिए, भले ही हमें इस बात का विश्वास हो कि यह कार्य जल्द नहीं हो सकता, भले ही हमें यह भी विश्वास न हो कि ऐसा कभी भी होगा। फिर भी हमें उसके लिए प्रयास जरुर करते रहना चाहिए।

ज्ञान की प्राप्ति भी एक आकांक्षापूर्ण लक्ष्य है। हमें उसके लिए काम करते रहना चाहिए। और जैसे हिंद स्वराज का लक्ष्य, भारत के भविष्य के कुछ अकांक्षापूर्ण लक्ष्यों के साथ जुड़ा था, मुझे विश्वास है कि कोड स्वराज का लक्ष्य भी, वैश्विक ज्ञान के सार्वजनिक अभिगमन के लक्ष्यों को साथ संलग्न है। यदि हमारे पास कोड स्वराज नहीं है तो हम कभी भी ज्ञान के अभिगमन की स्वतंत्रता प्राप्त नहीं कर पाएगें। यदि आपके पास कानून की खुली किताब नहीं होगी तो आप कभी भी सूचना को लोकतांत्रीकरण करने में सक्षम नहीं हो पाएगें। यह, एक लोकतंत्र में, लोगों द्वारा अपनी ही किस्मत को, अपने ही नियंत्रण में करने के बारे में है।

ओपन गर्वमेंटः एक मंत्र

बराक ओबामा के कार्यभार संभालने के बाद एक दिलचस्प घटना हुई। सिलिकॉन वैली में वर्षों से चल रही सरकारी सूचना के लिए चल रहे हमारे संघर्ष को एक विवाद की तरह देखा जा रहा था। लेकिन, प्रौद्योगिकी की शक्ति का उपयोग कर सरकार को बेहतर बनाने के ओबामा के प्रयास के चलते, लोगों में आशा की एक लहर दौड़ गई। गूगल और फेशबुक के वरिष्ठ इंजीनियरों ने अधिक वेतन वाली अपनी नौकरी छोड़कर व्हाइट हाउस में काम करने के लिए आ गये।

राष्ट्रपति ने एक चीफ टैक्नोलॉजी ऑफिसर को नियुक्त किया और मेरा यह मानना था कि जिन तीन लोगों ने उन पदों के कार्यभार संभाले, वे सभी मेरे दोस्त समान थे। नेशनल आर्काइव के लिये डेविड फेरिएरो (David Ferriero) जैसे दूरदर्शी अधिकारियों को पूरी एजेंसियों को चलाने का काम दिया गया था। रिपब्लिकन, कांग्रेस को चला रहे थे, लेकिन ऐसा लग रहा था कि वे भी प्रौद्योगिकी को अपनाना चाह रहे थे। मैं कंजरवेटिव रिपब्लिकन, कांग्रेस के सदस्य डैरेल ईसा के साथ मिलकर काम कर रहा था, मुझे भी यह सब दिखाई दे रहा था। उनका मुख्य काम कांग्रेसनल वीडियोज़ के एक बड़े हिस्से को सार्वजनिक करना था।

अंतर्राष्ट्रीय स्तर पर, व्हाइट हाउस द्वारा ओपन गर्वमेंट की साझेदारी पर अद्‌भुत प्रयास किए गए थे। प्राय: कई देशों के अधिकारी आकर मिलते एवं वे ओपन गर्वमेंट की योजनाएं और लक्ष्य तैयार करते। संयुक्त राज्य अमेरिका की प्रत्येक संघीय एजेंसी को अपने लिये ओपन गर्वमेंट संबंधी योजनाएँ बनाने को कहा गया। एजेंसियों को उनके द्वारा जनता के लिये सार्वजनिक किए गए डाटा सेट के आधार पर, उनको रैंक देना शुरू किया गया। उस स्थिति में पारदर्शिता, एक नारा बन गई और ओपन करना - लक्ष्य।

सरकारी सेवा (Self-Employed Women 's Association of India) में, अधिक संख्या में तकनीकी विशेषज्ञों को लाने के लिए संयुक्त राज्य अमेरिका ने युनाइटेड किंगडम की एक अग्रणी एजेंसी, गवर्नमेंट डिजिटल सर्विस का अनुकरण किया जो आधुनिक कंप्यूटर प्रोग्रामिंग को प्रत्यक्ष रूप से ऑनलाइन सरकारी सेवाओं में ला रहे थे। इस नई यू.एस. डिजिटल सर्विस से “18F” नामक एक अन्य समूह भी जुड़ गया। “18F” नामक यह समूह जनरल सर्विसेज एडमिनिस्ट्रेशन का एक हिस्सा है, जिसमें करीब सौ होनहार युवा और अनुभवी तकनीकी विशेषज्ञ स्टाफ भरे हैं। (संगठन को यह अनोखा नाम इसलिये पड़ा क्यों कि इसके कार्यालय की इमारत, 18वीं स्ट्रीट और F स्ट्रीट के कोने पर स्थित थी।)

उस समय आरोन स्वार्टज ने एक निबंध लिखा था जिसे मैंने परिशिष्ट के रूप में संलग्न किया है। उन्होंने चेताया था कि एकमात्र लक्ष्य के रूप में पारदर्शिता, एक गलत लक्ष्य होता है, और मैं भी उसकी इस बात पर सहमत था । वास्तव में मुझे उस समय काफी गुस्सा आता था जब लोग यह कहा करते थे कि मैं, सरकार में पारदर्शिता लाने के एकनिष्ठ लक्ष्य को लेकर ही अपना काम कर रहा हूँ। मुझे गलत न समझें। मैं किसी कार्य के संचालन को ज्यादा प्रभावकारी बनाने में एक साधन के रुप में पारदर्शिता के उपयोग पर पूरी तरह विश्वास रखता हूँ। यह महत्वपूर्ण है, सिर्फ सरकारी एजेंसियों के संचालन में ही नहीं बल्कि मेरे जैसे पब्लिक चैरिटी के लिए भी। लेकिन, मुझे ऐसा लगता है कि जो हम कर रहे हैं उसके लिए यह पारदर्शिता का फ्रेम ठीक नहीं है। पारदर्शिता अपने आप में एक अस्पष्ट लक्ष्य है। इसके अन्तर्गत सत्याग्रह जैसे किसी विशिष्ट अभियान को शामिल नहीं किया जा सकता है। आपका लक्ष्य, कुछ बड़े फ्रेम का होना चाहिये।

मैंने यह कार्य इसलिए किया क्योंकि यह सरकार के कार्यविधि को बेहतर बनाएगा। मैं उन कार्यविधियों की सुधार में दिलचस्पी ले रहा था जिसके द्वारा सरकार अपने नियमों को, खुद को, बार को, और जनता को उपलब्ध कराती है। मैं कांग्रेस संबंधी सुनवाई को इंटरनेट पर उपलब्ध कराना चाहता था क्योंकि यह देश के सभी विद्यार्थियों को शिक्षित करने के लिये एक ऐसा उपकरण था जिसने कांग्रेस के कर्मचारियों के लिए, कांग्रेस को बेहतर तरीके से चलाने का काम आसान बना दिया था।

मैंने यह पाया कि पारदर्शी सरकार के आंदोलन में लगे नेक लोगों की एक बड़ी संख्या यह सोच यह थी कि वे सिस्टम को अंदर से बदलने जा रहे थे। मैं यह स्पष्ट कहता हूं कि उनमें से कुछ लोग तो इससे भी ज्यादा करने में सफल रहे थे। एक छोटी सी SWAT टीम के आश्यचर्यजनक कार्य को देखें, जिसने healthcare.gov को एक ठेकेदार की दुर्दशा से बचाया। लेकिन कई लोग यह महसूस करते थे कि अन्दर में एक गुट काम कर रहा था। यदि आप सरकार का हिस्सा नहीं थे तो आप किसी समस्या के समाधान के भागी नहीं बन

सकते थे। उनमें से अधिकांश लोग मुझसे बात करने में झिझक रहे थे और इस बात के लिए चिंतित थे क्योंकि उन्हें ऐसा लग रहा था कि वे इस संघर्ष, और मौलिक परिवर्तन को अपना रहे हैं।

मुझे लगता है कि आपको, सरकार को बाहर और अन्दर, दोनों तरफ से प्रभावी बनाने की आवश्यकता है। मैं भारत और संयुक्त राष्ट्र अमेरिका, दोनो के सिविल सेवा (Self-Employed Women 's Association of India) के कौशल का बड़ा प्रशंसक रहा हूँ। आप किसी भी मिशन ऑरिएंटेड एजेंसी को देखें उसमें आपको तकनीकी ज्ञान में महारथ हासिल किये लोग मिलेंगे और आप उन्हें सार्वजनिक सेवा (Self-Employed Women's Association of India) के प्रति प्रतिबद्ध पायेंगे।

हालांकि, हम ये सरकार के सिर्फ अन्दरूनी लोगों पर छोड़ नहीं सकते हैं। हम अपनी सरकारों के मालिक हैं और यदि हम उनके कार्य में सक्रिय रूप से भाग नहीं लेते हैं, तो वे अपनी पूर्ण क्षमता तक नहीं पहुंच पाएंगे। पारदर्शिता को एक लक्ष्य के रूप में निर्धारित करना ही पर्याप्त नहीं है, बल्कि हमें अधिक विशिष्ट (स्पेसिफिक) होना होगा। इसलिए कोड स्वराज की जरुरत है। यदि कोई कानून है, तो उसे सार्वजनिक होना चाहिए। पारदर्शिता की दृष्टि से यह केवल पारदर्शिता के लिये नहीं है, बल्कि यह हमारे कानूनी और तकनीकी संरचना को प्रभावी रूप से कार्य करने के लिए एक महत्वपूर्ण उपकरण है। ऐसा केवल आंतरिक प्रयास से ही नहीं होता है।

कई सालों से, ऐसा लग रहा था कि सरकार के अन्दर से काम करना ही एकमात्र तरीका है। यूनाइटेड किंगडम की गवर्नमेंट डिजिटल सर्विस को, तकनीकी दुनिया में सार्वभौमिक प्रशंसा मिली है, लेकिन सरकार में बदलाव होने के बाद अब यह एक खाली ढांचा है। संयुक्त राज्य अमेरिका में, यू.एस. डिजिटल सर्विस और 18 F, इस बात का संघर्ष कर रहे थे कि विधायिकी और कार्यकारी शाखाओं में नीति निर्धारकों का ध्यान उन पर रहे। वे लगातार अच्छा काम कर रहे हैं और मैं, इन दोनों एजेंसियों के कार्यरत प्रशासकों को व्यक्तिगत दोस्त की हैसियत से जानता हूँ और उनके खुद की सार्वजनिक सेवा (Self-Employed Women 's Association of India) की भावना का मैं काफी कद्र करता हूँ। लेकिन उन्हें बाहर से हमारी सहायता की आवश्यकता है। हम प्रशासन को सिर्फ सरकार के भरोसे नहीं छोड़ सकते हैं। नागरिक होने के नाते यह हमारी जिम्मेदारी भी है।

भारत में ज्ञान का एजेंडा

जैसे ही दिसंबर करीब आया और वर्ष 2017 का अंत हुआ, मैंने यह समझने की कोशिश में अपने दिन बिताए कि मैं क्या करना चाहता हूँ। मुझे लगा कि मैं भारत में अधिक काम करना चाहता हूँ। मैं ऐसा अपने स्वार्थी कारणों के लिए करना चाहता हूँ। मुझे इस विशाल और विविधतापूर्ण देश से बहुत कुछ सीखने को मिलता है, यह समृद्ध इतिहास और जीवंत लोगों का देश है। मुझे लगता है कि सैम पित्रोदा के साथ किये गये काम एक परिवर्तन की शुरुआत है। उनके जरिए मैं भारत में बहुत सारे लोगों से मिला और मुझे इस बात का यकीन है कि वे जिन्दगी भर मेरे अच्छे दोस्त बनें रहेंगे।

कोड स्वराज पर नोट

मैं इस पुस्तक का अंत उन चर्चों को लिखकर करना चाहूंगा, जो भविष्य की कार्रवाई के लिए एजेंडा बनेगा। मैं अपने विचारों को क्रम में रखकर ऐसा करूंगा, लेकिन मैं यह आशा करता हूँ कि दूसरे लोग भी हमारे साथ इस संघर्ष में जुड़ेंगे।

कुल दस ऐसे क्षेत्र हैं जहाँ हम काम कर सकते हैं। उनमें से अधिकांश क्षेत्रों में पहले से ही कार्य जारी है। मैं इस बात को स्पष्ट कर देना चाहता हूं कि हो सकता है कि दूसरे लोगों के पास इससे अलग और बेहतर लिस्ट हो। मैं इन दस विषयों को किसी भी निर्णायक कार्यक्रम की वस्तु के रूप में नहीं रख रहा हूँ। मैं यह विश्वास करता हूँ कि जब महात्मा गांधी ने कहा था कि "बदलाव का साधन बनो" तो इससे उनका तात्पर्य केवल यही नहीं था कि लोग कोई संघर्ष करें, उन्हें साथ-साथ अपने अन्दर भी देखना चाहिए और उन्हें दूसरे लोगों को यह बताने की जरुरत नहीं कि उन्हें क्या करना चाहिये।

1. तकनीकी ज्ञान- निसंदेह यह सबसे पहला है, तकनीकी ज्ञान प्राप्त करने की लड़ाई, यह कोड सत्याग्रह है। इस बारे में, केवल भारत में ही नहीं पूरे विश्व में प्रश्न उठाए गए हैं। लाखों लोग इंटरनेट पर हमारे द्वारा पोस्ट किए गए मानकों का प्रयोग करते हैं, हमने भारत और संयुक्त राज्य अमेरिका में नागरिकों को सूचित किया है। साथ ही यह भी स्पष्ट किया है कि इस सूचना को और विकसित करने की अत्यंत आवश्यकता है।

हम दिल्ली के माननीय उच्च न्यायालय और माननीय यू.एस. कॉर्ट ऑफ अपील के फैसले का इंतजार कर रहे हैं, लेकिन हमें इंतजार करने के अलावा भी बहुत कुछ करना चाहिए। हमें उन लोगों के, शिक्षाविज्ञ, इंजीनियर, नगरीय अधिकारियों और आम नागरिकों के दिमाग में इन मुद्दे को उठाना चाहिए, जो इन दस्तावेजों का प्रयोग करते हैं। ऐसा तभी संभव है जब हम सभी अपनी आवाज़ को उठाएंगे और यह मांग करेंगे कि वैसे तकनीकी नियम, जो हमारे समाज का नियंत्रण करते हैं वे सार्वजनिक रूप से सर्वसाधारन को उपलब्ध होने चाहिए।

2. भारतीय सार्वजनिक पुस्तकालय - दूसरा, भारतीय सार्वजनिक पुस्तकालय के साथ मिलकर पुस्तकों सर्वसाधारन को उपलब्ध कराना। काफी काम होना बाकी है और भारत में सभी पुस्तकालयों में उच्च गुणवत्ता में स्कैनिंग करने की क्षमता है। वर्तमान संग्रह के लिए काफी काम करना बाकी है, जैसे कि मेटाडेटा को व्यवस्थित करना, ठीक से नहीं हुए स्कैन का पता लगाना और अधिक सामग्रियों को शामिल करना। साथ-साथ इसे अत्याधुनिक आप्टिकल कैरेक्टर रीडर के माध्यम से उसे टेक्स्ट में परिवर्तित करने की सख़्त जरुरत है।

डिजिटल लाइब्रेरी ऑफ इंडिया - यह भारत सरकार का एक अत्यंत सराहनीय प्रयास है। मेरा मानना है कि पूरे संग्रह को फिर से स्कैन करना चाहिए। किये गये स्कैनिंग निम्न स्तर के हैं, यहाँ पर कई पेज गायब हैं और कई तिरछे हैं। इन सब कारण से यह संग्रह अभी भी पूर्ण नहीं हैं। इसे आप्टिकल कैरेक्टर रीडर से पढ़ना मुश्किल हो जाता है। भारत में विशाल सार्वजनिक स्कैनिंग केंद्र मौजूद हैं, जिसने सार्वजनिक क्षेत्र की सामग्रियों को उपलब्ध कराया। यह भारत में सभी भाषाओं में शैक्षिक सामग्री को उपलब्ध करने के लिए काफी उपयोगी हो सकता है। वर्तमान में हमारे पास 4,00,000 पुस्तकों का संग्रह है। लेकिन मुझे उम्मीद है कि थोड़ा और प्रयास करके हम लाखों पुस्तकों को स्कैन कर सकते हैं। यह

काफी संभावित लक्ष्य है और इसमें कुछ वर्षों का समय लग सकता है। यह भारत के भावी शिक्षा में एक बेहतरीन निवेश साबित हो सकता है।

जब राष्ट्रपति बराक ओबामा ने अपना पद संभाला तो मैंने जॉन पॉडेस्टा (John Podesta) से संपर्क किया और हमने उसी पृष्ठभूमि में राष्ट्रपति को एक पत्र लिखा। मैंने उस पत्र को, राष्ट्रपति के मुहिम के नारे "हाँ, हम कर सकते हैं (Yes We Can)" पर आधारित YesWeScan.Org नाम की वेबसाइट पर डाल दिया। पत्र की सबसे आकर्षित पंक्ति थी- "यदि हम किसी व्यक्ति को चाँद पर भेज सकते हैं तो हम कांग्रेस की लाइब्रेरी को साइबर स्पेस पर भी डाल सकते हैं।" चूंकि जॉन मेरे सह-लेखक थे, प्रशासन ने आर्किविस्ट डेविड फेरिएरो (David Ferriero) के माध्यम से एक अच्छा उत्तर तो दिया लेकिन उसका कोई फायदा नहीं हुआ। मैंने नई डिजिटल पब्लिक लाइब्रेरी ऑफ अमेरिका जैसे आकांक्षापूर्ण लक्ष्य में रूचि दिलाने का प्रयास किया लेकिन इसका कोई लाभ नहीं हुआ। मुझे यह उम्मीद है कि भारत इस चुनौती का सामना करेगा और आनेवाली पीढ़ी को शिक्षित करने के लिए एक ज्ञान मंदिर का निर्माण करेगा।

3. सरकार के अध्यादेश। तीसरा प्रयास, सरकार की पत्रिकाओं/फ़रमानों को आधुनिक बनाना। इसमें सरकार के अन्दर और अन्य मूलभूत क्षेत्रों में जैसे कि आधिकारिक राजपत्र में, समर्थन मिलने की उम्मीद लगती है। लेकिन इस क्षेत्र में अधिक प्रयास की आवश्यकता है। राजपत्र के पुराने अंकों उनके रहस्यमय तकनीकी इंटरफेसों से बचाना है। इससे महत्वपूर्ण यह है कि राजपत्रों, नियमों, अधिनियमों, उपनियमों और सरकार के अन्य अध्यादेशों को व्यापक रूप से उपलब्ध कराना लेकिन ऐसा तभी संभव है जब सरकारी कार्यकारी इन सामग्रियों को प्रकाशित करने को, एक लाभकारी प्रयत्न के रूप में देखेगी। हमें उन्हें उसी तरह से शिक्षित करना चाहिए जैसे हम स्वयं को शिक्षित करने में लगे हैं।

हम सरकार के अध्यादेश को व्यापक रूप से उपलब्ध कराने के लिए दो प्रयास कर सकते हैं। पहला तकनीकी कार्य है और वह है, राज्यों और नगरपालिकाओं के सभी राजपत्रों की एक प्रतिलिपि को प्रकाशित करना, और इसमें वर्तमान ऑनलाइन फाइलों के अलावा इनके पुराने ऐतिहासिक संस्करणों को भी स्कैन करना। उपलब्ध ऑनलाइन राजपत्र का मिरर बनाना एक मुश्किल कार्य है लेकिन इसे एक छोटे पर अनवरत प्रयास से किया जा सकता है।

एक अन्य गतिविधि जो उपयोगी साबित हो सकती है वह है, सम्मेलन या कांग्रेस, या किसी अन्य समारोह के लिए, सरकार के, विधि के, और तकनीकी दुनिया के प्रतिभागियों को एकत्रित करना। यहां, आधिकारिक पत्रिकाओं के प्रकाशन तंत्र को आधुनिक बनाने, और कानूनों को व्यापक रूप से प्रकाशित करने के लिए कुछ वैधानिक परिवर्तनों की आवश्यकता है। और इसमें कोई संदेह नहीं है कि इसके लिये कुछ प्रशासनिक और प्रक्रियात्मक परिवर्तनों की आवश्यकता पड़ सकती है। भारत में ऐसे लोगों को साथ लाना है, जो सरकार के आदेशपत्रों के साथ काम करते हैं, और उसके साथ वैसे लोगों को भी लाना है जिनके पास वैसी तकनीकी दक्षता हो जैसा कि उन लोगों के पास था जिन्होने यू.के. का सिस्टम बनाया था, और तब शायद कुछ ठोस कदम लिये जा सकते हैं।

4. हिंद स्वराज।- यह चौथा क्षेत्र है, हिंद स्वराज के समृद्ध इतिहास के शानदार दस्तावेजों को प्रकाशित करना, यह मुझे व्यक्तिगत रूप से पसंद है। मैं उसे संग्रह में शामिल करने के लिए काफी उत्साहित हूँ। यहां पर कुछ मुद्दे हैं। महात्मा गांधी के कार्यों पर तकनीकी प्रयोग और कॉपीराइट के माध्यम से कई बार नियंत्रण करने का प्रयास किया गया है। स्वतंत्रता संग्राम का संपूर्ण विवरण और सभी स्रोत दस्तावेज और संविधान निर्माताओं के कथनों को उपलब्ध कराना चाहिए। विशेष रूप से जब सामग्रियों का विकास, सरकारी धन के माध्यम से किया गया था।

यहाँ तक की साबरमती आश्रम भी महात्मा गांधी के संकलित कार्यों के कॉपीराइट पर अपने स्वामित्व का दावा करता है और उनके प्रयोग पर तकनीकी सीमाएं लगाता है। मुझे इस बात को स्वीकार करना चाहिए कि जब मैंने महात्मा गांधी के संकलित कार्यों की पीडीएफ फाइलों को प्राप्त किया था तो मैंने उन पर से सुरक्षात्मक प्रतिबंध (ताकि लोग प्रत्येक पेज को अलग से निकाल सकें) को, और उस पर लगे जलचिह्नों (वाटरमार्क्स) को, जो प्रत्येक पृष्ठ पर लगे थे, हटा दिया। मेरा मानना है कि वे सब चीजें इन पृष्ठों को खराब कर रहे थे।

मैंने साबरमती आश्रम को, गांधीजी के पोर्टल से संबंधित सामग्रियों को अप्रतिबंधित करने के लिये एक प्रार्थना पत्र भेजा है ताकि हम इसमें, हिंद स्वराज के, बिना जलचिह्न और बिना तकनीकी प्रतिबंधों के प्रति को संलग्न कर सकें। इस विषय पर उन लोगों से बात होने की उम्मीद है, जो भारत में महत्वपूर्ण ऐतिहासिक सामग्रियों के संरक्षक हैं। मैं संकलित कार्यों में लगने वाले कुछ प्रतिबंधों की आवश्यकताओं को समझता हूँ, जो उस कार्य की अखंडता की रक्षा करने और उनके दुरुपयोग न होने के लिए आवश्यक हैं। लेकिन मुझे ऐसा नहीं लगता है कि इन ऐतिहासिक कार्य को लॉक करके इनके दुरूपयोग को रोका जा सकता है क्योंकि इससे वे केवल इसके वैधिक उपयोग को ही हतोत्साहित करेंगे। मेरा मानना है कि हमें इस पर अगले कुछ वर्षों तक चर्चा करनी होगी क्योंकि हम सभी का एक ही उद्देश्य है।

5. फोटोग्राफिक रिकॉर्ड ऑफ इंडिया। यह ऐसा पांचवा कार्यक्षेत्र है जिसके बारे में मेरा मानना है कि हमें बेहतर फोटोग्राफिक रिकॉर्ड ऑफ इंडिया प्रदान करने के लिए कार्य करना चाहिए। हमें सूचना मंत्रालय के सर्वर पर निम्न गुणवत्ता की तस्वीरें मिली, फिर भी वे तस्वीरें काफी बेहतर थीं। भारत के अनगिनत फोटोग्राफिक आर्काइव हैं जिनमें उच्च गुणवत्ता वाले स्कैन की गई तस्वीरें लगी हुई हैं पर वे पैसे की दीवार (पे-वाल) के पीछे बन्द हैं। यहां अनेक जगहों पर विस्मयकारी संग्रह मौजूद हैं, जैसे कि ब्रिटिश लाइब्रेरी।

मेरा मानना है कि उच्च गुणवत्ता वाले डेटाबेस का विकास करना सार्थक उद्देश्य है, जिसका प्रयोग प्रिंट से लेकर वेब तक किया जा सके और उस डाटाबेस को बिना किसी प्रतिबंध के उपलब्ध किया जा सके। यह मुश्किल कार्य नहीं है। उदाहरण के लिए सूचना मंत्रालय के फोटोग्राफिक रिकॉर्ड को आसानी से उपलब्ध किया जा सकता और उसके प्रयोग पर प्रतिबंध लगाने का कोई कारण नहीं है।

6. आकाशवाणी। छठ्ठा, मैं आकाशवाणी पर महात्मा गांधी के जीवन के अंतिम वर्ष के, 129 भाषणों को पाकर एकदम विस्मित था। निःसंदेह आकाशवाणी की तिजोरी (वाल्ट) में और भी अनेक उपयोगी सामाग्रियाँ होंगी। उनमें से कुछ को संगीत या अन्य सामग्री की

व्यवसायिक सीडी के रूप में जारी किया गया था। एक समय था जब आकाशवाणी सरकार का अभिन्न अंग था। ऐसा लगता था कि उनके आर्काइव को विस्तृत उपयोग के लिए उपलब्ध करना काफी रोचक कार्य हो सकता है।

7. भारत का एक वीडियो रिकॉर्ड- सांतवा, वीडियो आर्काइव, औडियो आर्काइव से काफी संबंधित है। हमने "भारत एक खोज" नामक कार्यक्रम के 53 एपिसोड पोस्ट किए हैं। यह अब भी उतना ही लोकप्रिय है जितना कि यह पहली बार प्रसारित होने पर था। रामायण को क्यों नहीं पोस्ट किया जाये? या उन हजारों शानदार गीतों, नृत्य, कला और भारत की संस्कृति और इतिहास को क्यों नहीं पोस्ट किया जाये? आकाशवाणी की भांति दूरदर्शन भी काफी समय तक सरकार का ही अंग था। अब वह स्वतंत्र एजेंसी है जिसका उद्देश्य सार्वजनिक है।

दूरदर्शन के अलावा, पूरे भारत में वीडियो के अन्य कई आर्काइव हैं, जिन्हें आसानी से उपलब्ध किया जा सकता है। यू.एस नेशनल आर्काइव से मेरा अनुभव यह रहा है कि उनके संरक्षित वीडियो का उपयोग बड़े पैमाने पर किया जाना चाहिए। जब हमारे स्वयंसेवकों ने 6,000 वीडियो को कॉपी कर उसे उपलब्ध कराया, और उस पर 7.5 करोड़ से अधिक व्यूज़ मिले तो इससे पुरालेखकर्ता आश्चर्यचकित रह गए। आर्काइव का मुद्रीकरण (मोनेटाइजेशन) करने के गलत तरीकों के चलते, वीडियो को छुपाया जाता है, लेकिन ऐसा करने से शायद ही उनका व्यापक वितरण हो पाता है या उससे कोई बड़ी रकम मिल पाती है। इस तरह से, इतिहास को दूसरे से वंचित रखने से जनता की उचित सेवा (Self-Employed Women 's Association of India) नहीं होती है।

अच्छी गुणवत्ता वाले वीडियो, फोटो और ऑडियो उपलब्ध कराने का एक और पहलू है। फिल्म या न्यूज प्रोडक्शन, या उच्च गुणवत्ता वाली पत्रिका लेख लिखने का सबसे मुश्किल काम यह जानना है कि फिल्म के लिए "बी-रौल", या प्रिंट के लिए "स्टाक फोटो" क्या क्या हैं। यदि आप यात्रा संबंधी लेख लिख रहे हैं, तो हो सकता है कि आपको ताज महल की तस्वीर की आवश्यकता पड़े। यदि आप भारत पर एक फिल्म बना रहे हैं, तो हो सकता है कि आप नेहरू की फुटेज चाहते हों। इस तरह के ऐतिहासिक सामग्री को प्राप्त करना अक्सर बहुत मुश्किल होता है।

ऐतिहासिक रिकॉर्ड के सार्वजिनक केंद्र को डिजिटाइज़ करके और इन सूचना को मुफ्त और अप्रतिबंधित उपयोग के लिए उपलब्ध कराने से सरकार, बॉलीवुड और समाचार मीडिया और सभी छोटे स्वतंत्र फिल्म निर्माता, लेखक और यहां तक कि छात्रों को भी एक अच्छा उपहार देगी। इससे वे अपने स्वयं के काम में इस सामग्री का उपयोग करना चाहें, तो कर सकेंगे। इस सामान्य सार्वजनिक कोर को बनाने से हम निजी गतिविधियों को प्रोत्साहित कर सकते हैं।

ये सात कार्य क्षेत्र काफी मुश्किल पर काफी स्पष्ट हैं। मैं तीन और चुनौतियों को सामने रखना चाहता हूँ।

8. पारंपरिक ज्ञान;

9. आधुनिक वैज्ञानिक ज्ञान;
10. लोकतांत्रिक जानकारी का व्यापक और आकांक्षात्मक लक्ष्य;

पारंपरिक ज्ञान और जैविक लुटेरे (बायोपाइरेट्स)

पारंपरिक ज्ञान मेरे लिए बिल्कुल नया क्षेत्र था, जिसे मैंने विस्तृत रूप से नहीं पढ़ा था। वर्ष 2017 अक्टूबर में मैंने सैन फ्रांसिस्को से फ्लाइट ली और सैम ने शिकागो से फ्लाइट ली।हम दिल्ली हवाईअड्डे पर मिले और वहां से सीधे बेंगलुरु गए। हमें पहले एक आयुर्वेदिक विश्वविद्यालय और अस्पताल जाना था, जहां सैम इस संगठन के कुलपति थे। इस संगठन को उन्होंने 30 साल पहले अपने दोस्त दर्शन शंकर के साथ मिलकर शुरू किया था।

भारतीय संस्कृत पाठ्यों में आयुर्वेद को चिकित्सा का पारंपरिक विज्ञान माना जाता है। समय के साथ यह परिष्कृत होता गया। इसके चिकित्सकों को वैद्य के रूप में जाना जाता है। यूनानी चिकित्सा परम्परा, आयुर्वेद से संबंधित थी। यह प्राचीन चिकित्सा परंपरा अरबी और फारसी दुनिया से आई थी। इसका अभ्यास मुस्लिम हकीमों द्वारा किया जाता था।

जब सैम अपने बोर्ड और प्रोफेसरों के साथ काम में व्यस्त थे, तो मैं इधर उधर घूमने लगा। ट्रांस डिसिप्लिनरी यूनिवर्सिटी (टीडीयू) एक आकर्षक स्थान हैं। भारत में 6,500 से ज्यादा औषधीय पौधों का इस्तेमाल किया गया है और यह प्राचीन ग्रंथों में प्रलेखित हैं। टीडीयू में 1,640 से अधिक प्रजातियां उगाई जा रही हैं। एक बड़े वनस्पति संग्रहालय में, 4,500 से अधिक प्रजातियों को संरक्षित और एकत्रित किया गया है।

टीडीयू पारंपरिक पाठ्यों और सिद्धांतों के विस्तृत ज्ञान को आधुनिक विज्ञान से जोड़ता है। 50 से अधिक पीएचडी विद्यार्थी यह समझने की कोशिश करते हैं कि आयुर्वेद की प्राचीन तकनीकें कैसे और क्यों काम करती हैं (या काम नहीं करती हैं)। हाल ही में स्कूल ने स्नातक पाठ्यक्रम शुरू किया है। यह एक बड़ा अस्पताल भी चलाता है। इसके अलावा टीडीयू, 6,500 औषधीय पौधों, सूत्रीकरण (फारमुलेशन), औषध विज्ञान, फार्मास्यूटिकल सिद्धांतों और विधियों, चिकित्सा विज्ञान, रोगजनन, जैव-नियमन और आयुर्वेदिक विज्ञान के अन्य पहलुओं के कम्प्यूटरीकृत डेटाबेस का संचालन करता है।

मैंने इस तरह के शोध के कई उदाहरण देखे हैं। उदाहरण के लिए, ऐसे कई अध्ययन हैं जो बताते हैं कि कुछ खाद्य पदार्थ लंबी उम्र का इजाफा कर सकते हैं। कुछ लोकप्रिय अध्ययनों ने इस गुण को रेड वाइन में बताया है। आयुर्वेद में, अनार ऐसे गुणों के लिए ही जाना जाता है। आयुर्वेद की एक शाखा जिसे रसायन कहा जाता है वह दीर्घायु विज्ञान के नाम से जाना जाता है।

एक पीएचडी छात्र ने इस प्रस्ताव का परीक्षण करने के लिए ड्रोसोफिला (फल मक्खी) पर प्रयोग किया। कुछ मक्खी को रेड वाइन दिया गया और अन्य को अनार का रस दिया गया और बाकी नियंत्रित समूह में थे। यह देखना था कि ये मक्खियाँ एक कंटेनर पर कितनी दूर तक चढ़ सकती थी, जो उनके जीवन शक्ति और सामर्थ्य को मापता था। छात्र ने पाया कि मक्खी पर आहार के अनुपूरण ने न केवल उनके जीवन अवधि ही नहीं बढ़ाई बल्कि

उनकी प्रजनन क्षमता को भी बढ़ाया। अर्थात् यह पाया गया कि वे मक्खियाँ रेड वाइन और नियंत्रण समूह के मक्खियों की तुलना में बेहतर थी।

टीडीयू बोर्ड ऑफ ट्रस्टीज़ के सह-अध्यक्ष डॉ. रामास्वामी एक प्रमुख न्यूरोलॉजिस्ट हैं। उन्होंने मुझे एक और अधिक प्रभावशाली प्रयोग के बारे में बताया। चिकित्सा के क्षेत्र में शोध करने की समस्याओं में एक यह है कि तथाकथित असली दुनिया में परिणामों का परीक्षण कैसे किया जाता है। कोई भी व्यक्ति, प्रयोगशाला में चूहों या मक्खियों पर प्रयोग कर सकता है, लेकिन ये मनुष्य से अलग हैं। मनुष्यों पर परीक्षण का सिद्धांत विशेष रूप से मुश्किल होता है क्योंकि इससे कोई भी बड़ा नुकसान हो सकता है। फ़ील्ड टेस्ट के लिये कड़े प्रयोगशाला प्रोटोकॉल होते हैं। यह सभी चिकित्सा अनुसंधानों के लिए एक कठिन समस्या है।

डॉक्टर ने कहा कि वे उन दवाइयों की प्रभावशीलता का परीक्षण करना चाहते थे, जो मलेरिया का इलाज करने में सहायक थीं। हालांकि, ऐसा करने का एकमात्र तरीका लिवर की बायोप्सी लेना था जिसमें दवा का इंजेक्शन दिया गया हो। यह निश्चित तौर पर मलेरिया से ग्रस्त किसी जीवित मानव पर संभव नहीं है।

टीम ने अत्याधुनिक स्टेम सेल तकनीकी का प्रयोग किया। इसमें प्राथमिक तौर पर हाथ की त्वचा की कोशिकाओं को लिया जाता है। स्टेम सेल से मानव शरीर के किसी भी अंग को विकसित किया जा सकता है। अतः, उन्होंने कुछ लिवरों को विकसित किया। उन्होंने इन लिवरों में मलेरिया की सुई लगाई। फिर इनमें से एक लिवर में आयुर्वेदिक दवा डाला। इस तरीके से उन्हें प्राचीन दवा की प्रभावशीलता का पता लगाया।

यह यात्रा दिलचस्प थी। पारंपरिक ज्ञान के बारे मेरे विचार इस से बदल गए थे। दर्शन शंकर ने कहा कि उनके पास एक विस्तृत डेटाबेस है, जिसमें उन्होंने तस्वीरों, टिप्पणियों और अन्य सामग्रियों के साथ पारंपरिक पाठ्यों में उल्लेखित दवाओं को रखा है। मैंने उनसे पूछा कि क्या इस डेटाबेस को ऑनलाइन रखा जा सकता है? उन्होंने कहा कि जैव विविधता अधिनियम इस पर रोक लगाएगी। मैं इसे समझ नहीं पाया और इसके बारे में और अधिक जानकारी प्राप्त करना चाहता था।

उस शाम, मैसूर की महारानी, रॉयल महामहिम प्रमोदा देवी वाडियार ने अपने बैंगलुरु पैलेस मे बैंगलुरु समाज के कुछ चुनिंदा विख्यात सदस्यों और टीडीयू के डॉक्टरों के लिए एक समारोह का आयोजन किया था। प्रस्तुतियों के बाद, हमने दक्षिण भारतीय भोजन के शानदार खाने का लुफ्त उठाया, जिसमें डोसा और पानी पुरी और तरबूज में परोसी गई तरबूज से बनी कुल्फी और खोखले संतरे में परोसी गई संतरे की कुल्फी शामिल थी। डीनर पर, मैं आयुर्वेदिक ज्ञान के बारे पूछता जा रहा था और जानकारी का प्रसार इन्टरनेट पर करने के लिए जैव विविधता नियम के प्रतिरोध को भी समझने के लिये भी प्रश्न पूछ रहा था।

...

कोड स्वराज पर नोट

जब मैं कैलिफोर्निया वापस आया, तो मैंने पारंपरिक ज्ञान और जैविक लूट (बायोपायरेसी) से संबंधित पुस्तकें खरीदी और इसकी शुरुआत वंदना शिवा के अभूतपूर्व कार्यों की पुस्तक से की। मैंने प्राचीन चिकित्सा के कुछ संस्कृत विद्वानों को नोट भेजे, जो पब्लिक लाइब्रेरी ऑफ इंडिया के सक्रिय उपयोगकर्ता थे और मैंने उनसे पूछा कि उनकी इसके बारे में क्या राय है। पारंपरिक ज्ञान पर पेटेंट के बारे में मैंने कई पुस्तकों से आयुर्वेदिक दवाओं और बौद्धिक संपदा का इतिहास पढ़ा।

दो चीजों ने मुझमें कौतुहल उत्पन्न कर दिया। पहला, दर्शन शंकर ने मुझे 13 सीडी भेजी, जिन्हें वे "मेडिसिनल प्लान्ट इन होमियोपैथी (Medicinal Plants in Homeopathy" और "मेडिसिनल प्लान्ट इन केराल (Medicinal Plants of Kerala)" के शीर्षक से बेचते हैं। प्रत्येक सीडी में साधारण डेटाबेस इंटरफेस था। इसमें पौधों के तस्वीरों के साथ कुछ मूलपाठ, संकेत शब्द (की वर्ड्स) और अन्य सामग्री शामिल थे। इस सीडी को देखकर ऐसा लग रहा था कि इन सब सामग्री को अच्छे इंटरनेट इंटरफेस में आसानी से बदला जा सकता है।

दूसरी बात जो मुझे परेशान कर रही थी, वह था ट्रेडिशनल नॉलेज डिजिटल लाइब्रेरी नामक सरकार का बड़ा प्रयास। इस सिस्टम को अनेक वर्षों में बनाया गया है जिसमें 150 किताबों को बड़ी मेहनत से अनुलेखन किया गया, और फिर एक डेटाबेस में 2,97,183 पारंपरिक आयुर्वेदिक और यूनानी फार्मूलेशन को सम्मिलित किया गया। प्रख्यात विशेषज्ञों ने लेखों का चयन किया है और मैं यह कह सकता हूं कि यह डेटाबेस पारंपरिक ज्ञान के आयुर्वेदिक फार्मूलेशन के कोड की कला को दर्शाता है। पर इसमें भी एक पेंच है। यह डेटाबेस जनता के लिए उपलब्ध नहीं है और यह केवल पेटेंट परीक्षकों के लिए ही उपलब्ध है।

मैं लंबे समय से यू.एस. पेटेंट सिस्टम को लेकर चिंतित हूँ। मुझे ऐसा लगता है कि अब तक जो भी "बिजनेस के तरीके (Business Methods)" और "साफ्टवेयर" पेटेंट हुए हैं, उनसे लाभ होने के बजाय हानि ज्यादा हुई है और ये ज्यादा नवीन या अद्वितीय भी नहीं है। मैंने वर्ष 1994 में यू.एस पेटेंट डेटाबेस को इंटरनेट पर डाला था। मैंने पेटेंट की प्रक्रिया को समझने में काफी समय बिताया है। साथ ही उन लोगों से बात की है, जो अपने दैनिक कार्य में पेटेंट का इस्तेमाल करते हैं। वास्तव में, जब पहली बार मैंने पेटेंट डेटाबेस को इंटरनेट पर डाला, तो मेरे सबसे उत्साही उपयोगकर्ताओं में से कुछ यू.एस. पेटेंट एंड ट्रेडमार्क ऑफिस में काम करते थे। उन्हें कार्यालय में खराब और पुरानी सर्च करने की सुविधाएं प्रदान की गई थी और वे अपने शोध के लिए मेरे सिस्टम का उपयोग करने मेरे घर आते थे।

व्यापारिक तरीकों और सॉफ्टवेयर पेटेंट की बढ़ती संख्या के अलावा, दवाओं से संबंधित इसी तरह के मुद्दे सामने आए हैं। विशेष रूप से, यू.एस और यूरोपीय पेटेंट कार्यालयों ने बहुत अधिक संख्या में संदिग्ध पेटेंट जारी किए हैं। इससे भारत, अफ्रीका और कई अन्य जगहों पर, जहाँ दैनिक जीवन में इन पारंपरिक ज्ञान का उपयोग करने का गहन इतिहास रहा है जन आक्रोश की लहर दौड़ गई है ।

सबसे प्रसिद्ध पेटेंट हल्दी का था। हल्दी लंबे समय तक घावों के उपचार सहित कई चिकित्सा के गुणों के लिए जाना जाता है। दो अमेरिकी शोधकर्ताओं ने "हल्दी पाउडर और

उसके उपयोग" पर एक पेटेंट प्राप्त किया। भारत समुचित कारणों से क्रोधित हुआ। वैज्ञानिक और औद्योगिक अनुसंधान परिषद के महानिदेशक डॉ. आर.ए. माशेलकर ने इस पेटेंट के खिलाफ एक बड़ी मुहिम चलाई, काफी प्रयास के बाद इस पेटेंट को रद्द किया गया।

बासमती चावल पर भी एक पेटेंट जारी किया गया था, जिसे बंगाल में हजारों साल से उगाया जाता है। यह पेटेंट अच्छी फसल उगाने के लिए चावल की बौनी किस्मों के साथ बासमती चावल की क्रॉस ब्रीडिंग पर आधारित था। यह निश्चित रूप से नवाचार नहीं है क्योंकि भारत में किसानों ने सदियों से इस उद्देश्य से क्रॉस ब्रीडिंग करके चावल उगा रहे हैं। इतना ही नहीं, पेटेंट में बासमती शब्द को भी शामिल किया गया था। इसके चलते इस शब्द का उपयोग करने पर किसानों के खिलाफ कार्रवाई की जा सकती थी।

जैव विवधता पर अंतरराष्ट्रीय समुदाय ने संयुक्त राष्ट्र सम्मेलन के साथ मिलकर, यह स्वीकार किया है कि वे पेटेंट जो पारंपरिक ज्ञान पर आधारित होते हैं और जिसे स्थानीय लोग काफी समय से जानते हैं, वे किसी पश्चिमी जैविक लुटेरे कम्पनियों (कॉर्पोरेट्स बायोपाइरेट्स) के अधिकार में नहीं आना चाहिए जो उस ज्ञान को अपने लिये हड़प लेना चाहते हैं। इस सम्मेलन ने विभिन्न देशों को एक राष्ट्रीय कानून बनाने के लिए प्रेरित किया और भारत ने वर्ष 2002 के जैव-विविधता अधिनियम बनाया। उस सम्मेलन और इस अधिनियम, दोनों का प्रमुख सिद्धांत यह है कि पश्चिमी कॉर्पोरेशनों को स्थानीय समुदायों के ज्ञान से कमाये आमदनी को, सिर्फ अपने लिये नहीं सीमित करना चाहिए बल्कि उसे उन स्थानीय लोगों के साथ साझा करना चाहिए।

यदि पारंपरिक ज्ञान पर पेटेंट जारी किया जाता है तो मैं इस बात के समर्थन में हूँ कि उसके लाभ को साझा करना चाहिए। इसके अलावा यदि जैविक सामाग्री को विशेष उपचारात्मक प्रभाव की जागरूकता के आधार पर, या फिर इसे किसी स्थानीय क्षेत्र में व्यापक रूप से उपजाया जाता है, तो उससे हुई आमदनी को स्थानीय समुदाय के साथ साझा करना चाहिए। जैव-विविधता अधिनियम इन सिद्धांतों को प्रतिस्थापित करता है।

हालांकि मेरी समस्या यह है कि हल्दी से लेकर बासमती चावल तक जितने भी पेटेंटों को सम्मानित किया गये थे उनमें से अधिकांश नकली थे। उन्हें जारी ही नहीं करना चाहिए था। लेकिन अब भी ऐसे रद्दी पेटेटों को जारी किया जा रहा है। परंपरागत ज्ञान डिजिटल लाइब्रेरी का सिद्धांत यह है कि इसका प्रयोग पेटेंट परीक्षक, रद्दी पेटेंटों को जारी होने से रोकने के लिए करें। डिजिटल लाइब्रेरी ने संयुक्त राष्ट्र अमेरिका और यूरोप पेटेंट कार्यालय के साथ समझौता किया है। मैं इस विचार का पूर्णतः समर्थन करता हूँ कि पेटेंट परीक्षक को इस डेटाबेस का प्रयोग नियमित रूप से करना चाहिए। यह सकरात्मक चीज है।

लेकिन कुछ लोग यह मानते हैं कि डेटाबेस को विस्तृत स्तर पर उपलब्ध करना कुछ हद तक बुरा हो सकता है। इससे यह ज्ञान बुरे निगमों को उपलब्ध होगा जिसका वे लाभ उठा सकते हैं। टी.डी.यू के डेटाबेस को इंटरनेट पर नहीं डालने का भी यही कारण हो सकता है। मुझे यह तर्क समझ में नहीं आ रहा था। पिछले तीन दशकों से मैं जिस तरह की जानकारी को ऑनलाइन पर सार्वजनिक कर रहा हूँ, यह तर्क मेरे इस अनुभव के ठीक विपरीत था।

कोड स्वराज पर नोट

मैंने इस पर सलाह लेने के लिए कई लोगों को नोट भेजा कि वे इसके बारे में क्या सोचते हैं। वे मेरी इस बात से सहमत थे कि डेटाबेस को गुप्त रखने से बुरे पटेंट को रोका नहीं जा सकता है। मैं इस निष्कर्ष पर आ चुका हूँ कि इस सूचना को गुप्त रखना, महत्वपूर्ण सार्वजनिक सूचना की प्रगति और विस्तार को बाधित करता है। मुझे इस बात का ध्यान है कि मैंने डेटाबेस को नहीं देखा है, और संस्कृत के विशेषज्ञों ने सावधान किया है कि किसी भी फारमुलेशन्स को बिना उसके अंतर्निहित लेखों/सद्धांतो को समझे, डेटाबेस में डालना उसे कचरा का ढेर बना देना होगा जिससे सिर्फ कचरा ही निकलेगा।

पर यह बहुत ही उच्च गुणवत्ता वाला डेटाबेस है। मेरा मानना है कि विस्तृत रूप से इसकी उपलब्धता, उपयोगी ज्ञान के प्रचार में सहयोग कर सकती है। यदि यह जानकारी बुरे पेटेंट को रोकने में उपयोगी है तो इस जानकारी को पेटेंट-बस्टरों के व्यापक समूह को उपलब्ध कराना लाभदायक हो सकता है। यदि डेटा उच्च गुणवत्ता का नहीं है तो संस्कृत विशेषज्ञ इस पर टिप्पणी लगाने का काम कर सकते हैं और इसे ज्यादा उपयोगी बना सकते हैं। यह आयुर्वेदिक और यूनानी विज्ञान की प्रगति में भी काफी उपयोगी हो सकती है।

केवल परीक्षकों तक डेटाबेस सीमित करने से बेहतर यह हो सकता है कि यह वंदना शिवा जैसे पेटेंट बस्टरों को इस डेटाबेस को उपयोग करने के लिए प्रेरित किया जाए। मेरी सहकर्मी बेथ नॉवेक, व्हाइट हाउस में अमेरिका के पूर्व राष्ट्रपति बराक ओबामा के ओपन गर्वमेंट इनिशिएटिव की अध्यक्ष थी (वे सैम पित्रोडा की भी दोस्त हैं)। वो "पीयर टू पेटेंट (Peer To Patent)" नामक तंत्र की प्रवर्तक थी, जिसमें पेटेंट परीक्षक पूर्वगामी कला के उदाहरणों का पता लगाने के लिए नेट पर अन्य लोगों के साथ काम करते हैं। सिर्फ कुछ पेटेंट परीक्षकों के लिए डेटाबेस उपलब्ध कराने के बजाय, पीयर टू पेटेंट बेहतर परिणाम पाने के लिए लोगों के ज्ञान का लाभ उठाता है।

मैं इस बारे में सुनिश्चित नहीं हूँ कि इसका उत्तर क्या है लेकिन मेरा यह झुकाव है कि सरकार के ट्रेडिशनल नॉलेज डिजिटल लाइब्रेरी के डेटाबेस को सार्वजनिक रूप से उपलब्ध कराना चाहिए। इसमें सार्वजनिक क्षेत्र का ज्ञान शामिल है, इसे सरकार द्वारा इकट्ठा किया गया था और इसे उपलब्ध करना परंपरागत ज्ञान के लिए अच्छा होगा।

सरकारी उद्यम के रूप में, ऐसा लगता है कि कॉपीराइट अधिनियम, सूचना का अधिकार अधिनियम, और संविधान सभी की प्रवृति मुक्त प्रकाशन की ओर है। मैं गलत भी हो सकता हूँ, लेकिन मुझे उम्मीद है कि वर्ष 2018 में इस पर चर्चा होगी। इसके परिणामस्वरूप हो सकता है कि सरकार को एक औपचारिक याचिका दायर करूँ कि वे अपने डेटा को सार्वजनिक करें, केवल पोर्टल के लिए नहीं बल्कि उसे भारी मात्रा में डाउनलोड करने के लिये और फिर उसको अपने तरीके से प्रयोग करने के लिए।

वैज्ञानिक ज्ञान और दिल्ली विश्वविद्यालय की फोटोकॉपी की दुकान

नौंवा क्षेत्र है वैज्ञानिक ज्ञान का। मेरा तात्पर्य शोध पत्रिकाओं में छपे आधुनिक विद्वानों के प्रकाशन से है। वर्ष 2017 में मेरा अधिकांश प्रयास वैज्ञानिक ज्ञान तक पहुंचने की बाधाओं से निपटने में लगा था। विशेष रूप से अमेरिकी कर्मचारियों और अधिकारियों द्वारा उनके

सरकारी कर्तव्यों के दौरान लिखे गये पत्रिकाओं के लेख थे, जिन्हें अवैध रूप से प्रकाशकों द्वारा पैसे की दीवार (पे-वाल) के पीछे छिपाया गया था।

मेरी कार्यवाही की मूल योजना अमेरिकी बार एसोसिएसन में मेरे निष्कर्षों पर होने वाले वोटों से उत्पन्न समस्या का विश्लेषण करना था। यह देखना था कि एसोसिएसन मुझे वोट 'हाँ' में देती है या 'ना' में। फिर उसके बाद उस सूचना को प्रमाणित मेल द्वारा कई दर्जन प्रकाशकों और एजेंसियों को भेजी जानी थी। इन पत्रों द्वारा प्रकाशकों को नोटिस दिया जाना था कि उन पर कुछ सवाल उठे हैं और उन्हें 60 दिनों के अंदर अपनी प्रतिक्रिया देनी है।

मेरे दिमाग में एक ही सवाल था कि “फिर क्या होगा”? जब मैं पब्लिक डोमेन के काम पर कॉपीराइट के अनुचित दावों के बारे में पत्र भेजता हूँ, तो मैं इसे प्रकाशित करने की अनुमति नहीं मांगता हूँ। यदि कोई काम पब्लिक डोमेन में है, तो मुझे किसी अनुमति की जरूरत नहीं है। मैं इस बात को भी स्पष्ट कर देता हूँ कि मेरे पास ऐसे काम की एक कॉपी भी है जिस के बारे में यह प्रश्न उठा रहा हूँ, अन्यथा यह केवल एक सैद्धांतिक मुद्दा है। मैंने प्रतिक्रियाएं मांगी, लेकिन मुझे नाममात्र प्रतिक्रियाएं ही मिली। इस स्थिति में प्रश्न यह था कि क्या इस लेख को पोस्ट किया जाना चाहिए?

मुझे स्की-हब(Sci-Hub) के एलेक्सजांड्रा एल्बाक्यान और जेएसटीओआर (JSTOR) के एरॉन स्वाट्र्ज के अनुभवों की जानकारी है कि जब प्रकाशकों को उनके वित्तीय हितों पर खतरा नजर आता है, तो वे कितने क्रूर हो सकते हैं। मुझे नहीं लगता है कि यदि मैं सरकार के कामों के बारे में वैध तरीके से बात करूंगा, तो प्रकाशक मेरी बात को जरा भी सुनेंगे। वे वही करते हैं, जो मानकों के लोगों ने किया है और वे जम कर झगड़ने के लिये खड़े होते हैं। मैं निश्चित रूप से उस नोटिस को प्रकाशकों को भेजने जा रहा हूँ क्योंकि मुझे लगता है कि उन्होंने सार्वजनिक संपत्ति का दुरुपयोग किया है, लेकिन मैं ऐसा करने के लिए किसी दूसरे रास्ते की तलाश कर रहा हूँ, जो कम रुखड़ा हो और जो मुझे मेरे लक्ष्यों तक पहुंचाए।

भारत में भी ऐसी ही स्थिति है। दिल्ली विश्वविद्यालय के कॉपी करने की दुकान वह रास्ता हो सकता है। दिल्ली विश्वविद्यालय में एक छोटा और निजी कॉपी करने की दुकान थी। प्रोफेसर वहां कुछ पत्रिकाओं के लेखों की सूची लाते हैं। दुकानदार पुस्तकालय में जाकर उन लेखों को लाकर उनकी प्रतिलिपियां बनाते है, और फिर उन प्रतिलिपियों को एक साथ जोड़ कर विद्यार्थियों के लिए पाठ्यक्रम पुस्तिका तैयार करते हैं। वे उस पाठ्यक्रम पुस्तिका को मामूली दरों पर बेचते हैं। रामेश्वरी फोटोकॉपी शॉप के खिलाफ ऑक्सफोर्ड यूनिवर्सिटी प्रेस, कैम्ब्रिज यूनिवर्सिटी प्रेस और टेलर एंड फ्रांसिस ने मुकदमा दायर किया था। दुकान पर सशस्त्र पुलिस बल ने छापा मारा था। दुकान के मालिक ने ‘द वायर’ को बताया कि “यह शर्मनाक था - मैं खुद को गुनहगार महसूस कर रहा था।”

यह मुकदमा दिल्ली के उच्च न्यायालय में गया। भारत के एक प्रमुख बौद्धिक सम्पत्ति के विद्वान और एक समर्पित सार्वजनिक कार्यकर्ता, मेरे मित्र शमनाद बशीर ने छात्रों और शिक्षाविदों की सोसाइटी की ओर से हस्तक्षेप किया।

कोड स्वराज पर नोट

किसी भी अन्य कॉपीराइट अधिनियम के समान ही भारत के कॉपीराइट अधिनियम में कुछ अपवाद हैं, जिसमें कॉपीराइट लागू नहीं होता है। उदाहरण के लिए, अमेरिका में, अमेरिकी सरकार का काम कॉपीराइट से मुक्त हैं। भारत और अमेरिका दोनों में, कोई भी कॉपीराइट का उल्लंघन करे बिना किसी नेत्रहीन के लिये, किताब को कॉपी कर सकता है। इस बात से कोई फर्क नहीं पड़ता कि किताब की अहमियत क्या है, यह एक अंतर्राष्ट्रीय संधि का नतीजा है।

भारत में, कॉपीराइट के संबंध में एक और अपवाद है, यदि कोई शिक्षक अपने छात्र को निर्देश देने के लिए किसी काम की कॉपी करवाता है, तो उस पर कॉपीराइट लागू नहीं होगा। न्यायलय का कहना है कि दिल्ली विश्वविद्यालय में पाठ्यक्रम पुस्तिका कॉपीराइट के इस अपवाद के अधीन आते हैं। इसलिए, रामेश्वरी फोटोकॉपी शॉप ने कॉपीराइट का कोई उल्लंघन नहीं किया है क्योंकि पाठ्यक्रम पुस्तिका को विश्वविद्यालय की अनुमति के साथ किसी विशेष उद्देश्य के लिए तैयार किया गया था, ज्ञान के प्रसार को बढ़ावा देने के लिये जो कॉपीराइट का मुख्य उद्देश्य है।

कॉपीराइट कानून इन पर लागू नहीं होते हैं। और मुकदमा खारिज किया गया।

मैं दिल्ली यूनिवर्सिटी के मामले पर विचार कर रहा हूँ, और अदालत का निर्णय मेरे कानों में गूंज रहा है। क्या होगा यदि मैं अपने पत्रिका के लेखों के डेटाबेस को विश्वविद्यालय के परिसर में दिखाऊं? मैं दिल्ली विश्वविद्यालय के मामले की तरह ही कुछ करने की सोच रहा था, जो अमेरिका में भी सर्वव्यापी हो।

मेरा विचार है कि एक प्रोफेसर मुझे पत्रिका के लेखों के लिए एक डिजिटल ऑब्जेक्ट आइडेंटिफायर की सूची दे सकता है। फिर, जब छात्र खिड़की पर आएंगे, तो मैं उन्हें उनके पाठ्यक्रम के साथ एक यूएसबी (USB) ड्राइव दे दूंगा। फिर मैं दूसरे विश्वविद्यालय में जाऊंगा और इसी प्रक्रिया को दोहराऊंगा। यह ज्ञान उपलब्ध कराने की सेवा (Self-Employed Women 's Association of India) होगी। हम मुफ्त यूएसबी ड्राइव के साथ विद्यार्थियों को कुछ नाश्ता भी दे सकते हैं। मेरे पास गुआकेमोले व्यंजनों का अद्भुत संग्रह है, जो भारत में काफी मशहूर है।

मैंने शामनद से पूछा “क्या यह बात इसी बिन्दू पर नहीं है?” उन्होंने सहमति व्यक्त करते हुए कहा कि यह यूएसबी ड्राइव भी पाठ्यक्रम पुस्तिका के समान ही है, लेकिन कोई यह नहीं बता सकता है कि न्यायालय इसके विशिष्ट तथ्यों का कैसे व्याख्या करेगा। क्या वे यूएसबी ड्राइव के पाठ्यक्रम को कागजी पुस्तिका के समान देखेंगे। लेकिन हम दोनों इस बात पर सहमत हुए कि यह काम निश्चित रूप से इसी बिंदू पर थे।

शिक्षा का अधिकार न केवल कॉपीराइट अधिनियम में दर्ज किया गया है, बल्कि यह भारत के संविधान के मूलभूत अधिकारों में भी शामिल है। उदाहरण के लिए, अपने पसंद के पेशे का चुनाव करना मौलिक अधिकार है, एक अधिकार जो जाति के परे है। लेकिन यह जाति से कुछ ज्यादा हैः आप अपने पसंद के पेशे का अभ्यास नहीं कर सकते हैं यदि आप उस पेशे को सीख नहीं सकते। तकनीकी मानकों के साथ मेरा यही तर्क था और मैं सामान्य रूप

से ज्ञान पाने के लिए भी यही प्रस्ताव रखूंगा। एक जानकार नागरिक का कार्यशील लोकतंत्र में मुख्य योगदान होता है।

वैज्ञानिक सूचना सभी लोगों को प्रदान करने के बजाय, मैं 2 करोड़ भारतीय विद्यार्थियों को वह सूचना, एक बार में उपलब्ध कराने में खुश रहूँगा। यह महत्वपूर्ण बिंदू बन सकता है: ज्ञान की पहुंच द्विगुणी (बायनरी) समस्या नहीं है। यद्यपि यहाँ निजी संपत्ति के अधिकार का मामला है, लेकिन हम इस अधिकार को ज्ञान के रास्ते में अनुचित बाधा बनने नहीं दे सकते हैं जब विद्यार्थी अपनी शिक्षा को आगे बढ़ाने में प्रयासरत् है। शिक्षा के लिए बाधा उत्पन्न करना अनैतिक है और शायद उन बाधाओं को दूर करने का यही अवसर है।

मुझे इस डेटा का भारत में प्रयोग करने और उसे भारतीय विद्यार्थी तक पहुंचाने की उम्मीद है। मैं इस बारे में आश्वस्त नहीं हूँ कि मुझमें इस कार्य को कर पाने का साहस है। क्या भारत के विश्वविद्यालय को इतना साहस है कि मुझे अपने परिसर में इस बात के लिये आने की अनुमति दें। मुझे नहीं पता कि इस बात पर लालची प्रकाशक कैसी प्रतिक्रिया देंगे। लेकिन मेरा यह मानना है कि यह गतिविधि भारत के कानून के अन्तर्गत आता है। और यदि उस सूचना को उपलब्ध कराने के लिए ज्ञान-सत्याग्रह ही एकमात्र रास्ता है तो फिर इसे करना ही चाहिए।

सूचना का लोकतांत्रिकरण

दसवां क्षेत्र है सूचना का लोकतांत्रिकरण करना। यह मेरा कार्यक्षेत्र है, शायद यह सबसे महत्वपूर्ण है। मेरा व्यक्तिगत ध्यान उन बड़े डेटाबेस को खोजना और फिर उन्हें सार्वजनिक करना है जिन्हें पब्लिक फंड से, यानि ज्यादातर सरकारी फंड से, बनाया गया हो। यह एक उपर से नीचे (टॉप-डाउन) जाने का उद्यम है, जो अक्सर भारत या अमेरिका में राष्ट्रीय सरकार के स्तर पर ही काम करता है। मैं उन चीजों की तलाश करता हूँ, जो पहले से मौजूद हैं, और उन्हें लोगों तक उपलब्ध कराने की कोशिश करता हूँ।

लेकिन ज्ञान उपर से नीचे (टाप-डाउन) नहीं बहता है। ज्ञान लोगों से शुरू होता है। वर्ष 2016 में, अपनी यात्रा के दौरान जब मैं बंकर रॉय से मिला तो मुझे इसका आभास हुआ। सैम को संभ्रांत मेयो कॉलेज में व्याख्यान देना था और उसके बाद अगली सुबह हम बेयरफुट कॉलेज में सैम के पुराने दोस्त बंकर से मिलने गए। उसके बाद सैम को सैंट्रल यूनिवर्सिटी ऑफ राजस्थान के चांसलर की तरह, दीक्षांत समारोह की अध्यक्षता करनी थी।

बेयरफुट कॉलेज अद्भुत जगह है। बंकर ने वर्ष 1972 में इसकी स्थापना की थी। वर्तमान में राजस्थान के मध्य में तिलोनिया गांव के समीप इसका बड़ा परिसर है। उनका उल्लेखित काम है सौर लालटेन का। वे दुनिया भर के गांवों से महिलाओं को लाए और उन्हें सौर लालटेन बनाने के और उसके रखरखाव के तरीकों को सिखाते हैं। वे लोग सोल्डर करना, स्कैमैटिक्स डायग्राम पढ़ना और दूसरों को प्रशिक्षित करना सीखते हैं। ये महिलाएं अपने घर वापस जाती हैं और अपने गांव में रोशनी फैलाने का काम करती हैं। इससे विद्यार्थियों और वयस्कों को अंधेरा होने के बाद भी पढ़ने की सुविधा मिलती है। सौर ऊर्जा का उपयोग कई अन्य कार्यों के लिए भी किया जाता है, जैसे कि सेल फोन को चार्ज करने के लिए।

कोड स्वराज पर नोट

इसके अलावा, बेयरफुट कॉलेज ने सोलर कुकर, जल पुनर्प्राप्ति (रिक्लमेशन) परियोजनाएं, सौर ऊर्जा संचालित जल विलवणीकरण (डीसैलिनेशन), कचरा निपटाने की प्रणाली और अन्य कई योजनाओं को विकसित किया है। उन्होंने एप्पल कम्पनी के साथ एक ऐसे सिस्टम पर भी काम किया है, जिससे यदि बच्चे दिन भर खेतों में काम करते हैं, तो वे रात में शिक्षा प्राप्त कर सकेंगे। हाल के पी.एच.डी कर चुके छात्रों ने अपनी पी. एच.डी के उपरान्त के (पोस्ट-डौक) एक साल टिलोनिया में गुजारे, और उस समय का उपयोग ज्यादा बेहतर प्रौद्योगिकी बनाने के लिए किया, फिर उन्हें भारत और दुनिया के गावों में जा कर लगाने के लिये किया।

ज्ञान जमीनी स्तर से उत्पन्न होता है। कोई व्यक्ति राष्ट्रीय सरकारों पर ही सिर्फ ध्यान केंद्रित कर सकता है, लेकिन ऐसा करने का मतलब होगा कि वह, अनगिनत छोटे पुस्तकालयों, स्कूलों, गांवों में बुजुर्गों के ज्ञान, मंदिरों और आयुर्वेदिक डिस्पेंसरी में रखे जाने वाले परंपरागत ज्ञान और ज्ञान के कई भंडारणों को अनदेखा कर रहा है।

सूचना का लोकतांत्रिकरण एक लक्ष्य है, जो अमेरिका और भारत के बीच पर-उर्वरण (क्रौस-फर्टिलाइजेशन) का अवसर प्रदान करता है। उदाहरण के लिए, दोनों देशों के किसानों को एक जैसी समस्याओं का सामना करना पड़ता है, जैसे कि सही सॉफ्टवेयर की प्राप्ति, खेती करने की अपनी मशीनों की मरम्मत, और बीजों का पुनर्उपयोग आदि। अमेरिका और भारत दोनों के पास मजबूत ग्रामीण परंपराएं और पूरे देश में फैले इनके छोटे शहरों में विशाल संसाधन मौजूद हैं। अमेरिका-भारत भाई भाई, बहुत शक्तिशाली नारा रहेगा। अमेरिका में रहने वाले 35 लाख भारतीय मूल के नागरिक, इस साझेदारी के निर्माण करने के लिए एक मजबूत आधार बन सकते हैं।

सैम पित्रोदा अक्सर सूचना के लोकतांत्रिकरण के बारे में वक्तव्य देते रहते हैं। यह एक महत्वकांक्षी लक्ष्य है। यह कोई डेटाबेस नहीं है, जिसे मुक्त किया जाना है। सूचना का लोकतांत्रिकरण से ज्ञान के उत्पादन और उसके उपभोग में मौलिक परिवर्तन आयेगा। ज्ञान तक की सार्वभौमिक पहुंच हमारे समय की प्रतिज्ञा है और सूचना का लोकतांत्रिकरण इसका परिणाम। हमें अवश्य ही इस आकांक्षापूर्ण लक्ष्य पर काम करना चाहिए।

मेरी अपनी खोज, भारत की

भारत और संयुक्त राज्य अमेरिका दुनिया के दो सबसे बड़े लोकतंत्र हैं, और स्वतंत्रता तथा कानून के शासन के लिए लड़ी गई महत्वपूर्ण लड़ाईयों का इतिहास, इन दोनों देशों की विरासत में हैं। यह शायद मेरे जैसे एक अप्रवासी अभारतीय के लिए, भारत के ज्ञान के बारे में विमर्श करना थोड़ी धृष्टता होगी, लेकिन मुझे इस बात से प्रसन्नता हुई है कि मेरे प्रयासों को अच्छी प्रतिक्रिया मिली है और मैं अब उन्हें दुगने प्रयासों के साथ करना चाहूँगा।

यह मेरा दृढ़ विश्वास है कि यदि ज्ञान पर सार्वभौमिक पहुंच पाने के लिये, और ज्ञान को सभी अंकुशों से स्वतंत्र करने के लिये दुनिया भर में क्रांति छिड़ जाए, तो इस क्रांति का नेतृत्व करने के लिये भारत, दुनिया भर के देशों में सबसे अच्छी स्थिति में होगा। मेरे इस विश्वास के पीछे दो उपाख्यानों के उदाहरण हैं जिसे मैं बताना चाहूँगा।

डॉ. कविराज नागेंद्रनाथ सेनगुप्त लिखित *'औषधि की आयुर्वेदिक प्रणाली'*, खंड-2 बंगला भाषा में लिखी एक उत्कृष्ट किताब, जिसका अनुवाद सन् 1901 में अंग्रेजी में किया गया था, उसके एक उद्धरण से मैं काफी प्रभावित हुआ। सेनगुप्त उन वैद्यों और संस्कृत आचार्यों के वशंज थे जिन्होंने कलकत्ता में लंबे समय तक डाक्टरी की थी। इस किताब की भूमिका में उन्होंने लिखा है कि "इस देश का ज्ञान विक्री के विनिमय हेतु नहीं है। हिंदु शास्त्रों के अनुसार ज्ञान की बिक्री निन्दनीय है। "

वो बातें मेरे मस्तिष्क में गूँजने लगी। मैंने जितने भी भारतीय मानकों को पोस्ट किया उन सभी के ऊपर भरत मुनि के नीतिशतकम् के शब्दों को लिखा, "ज्ञान ऐसा खजाना है जिसे चुराया नहीं जा सकता है। " मुझे उन शब्दों को, वर्ष 1901 की आयुर्वेदिक पुस्तक पर देखने की उम्मीद नहीं थी लेकिन स्वाभाविक रूप से, मुझे इसके लिये आश्चर्यचकित नहीं होना चाहिए था।

सेनगुप्त जी ने पुनः मुझे आश्चर्यचकित किया, क्योंकि उन्होंने लॉर्ड फ्रांसिस बेकन के शास्त्रीय ग्रंथ *"द एडवांसमेंट ऑफ़ लर्निंग"* का उद्धरण दिया था। बेकन ने कहा ज्ञान के निर्माण का कार्य "लाभ या बिक्री की दुकान" नहीं होनी चाहिए बल्कि ज्ञान को "रचनाकार की कीर्ति का प्रचुर भंडार का द्योतक और मानवीय अवस्था को सुख चैन पहुँचाने वाला" होना चाहिए।

डॉ. सेनगुप्त उन शास्त्रीय पाठ्यों का गहराई से अध्ययन करके व्याख्या करते हैं कि यह प्राचीन काल में कैसे कार्य करते थे:

> *"यदि कोई व्यक्ति शिक्षा के किसी क्षेत्र में प्रवीणता हासिल किये हुए हो तो वह उस ज्ञान को इसके इच्छुक योग्य छात्रों को देने के लिए बाध्य हैं। शिक्षक अपने छात्रों को न केवल शिक्षा देंगे बल्कि जब तक वे साथ हैं उनके रहने और खाने का भी प्रबंध करेंगे। समृद्ध और भू-स्वामीगण् शिक्षा प्रदान करने वालों शिक्षकों की सहायता करेंगे।"*

स्वाभाविक रूप से कोई व्यक्ति इस सिद्धांत को थोड़ा संदेहात्मक रूप से देखेगा। जैसे शमनाद बशीर ने मुझे यह याद कराया था कि पहले अधिकांश ब्राह्मण धार्मिक ग्रंथों के संचार की युक्तिपूर्ण तरीके से सीमित रखते थे। यदि कोई शूद्र उसे सुन लेता था तो वे उनके कानों में पिघला हुआ सीसा डाल कर सजा देते थे। लेकिन मेरा यह सुझाव है कि ज्ञान का संचार, जातिनिषेध और अन्य बाधाओं को लांघ कर किया जाना चाहिये और यह सिद्धांत भारत के इतिहास में प्रचूर मात्रा में व्याप्त था।

पारंपरिक ज्ञान पर मेरी पढ़ाई के दौरान, मेरा सामना एक और ऐसी उपाख्यान से हुआ, जिसने मुझे परेशान कर दिया। मैं *'डॉक्टरिंग ट्रेडिशन'* पढ़ रहा था, जो 19वीं शताब्दी के अंत में बंगाल में आयुर्वेदिक अभ्यासों के आधुनिकीकरण पर आधारित थी। पिछली शताब्दी की शुरुआत में, पश्चिमी चिकित्सा शिक्षा अधिक व्यापक हो गई थी, पर डाक्टरी के नए वर्गों में कई आयुर्वेदिक चिकित्सक भी थे। उन्होंने थर्मामीटर, अणुविक्षण यंत्र

(माइक्रोस्कोप) और स्टॉप वॉच जैसे नए उपकरणों को अपना लिया था। नए अस्पताल बनाए जा रहे थे। फार्मेसियां बड़ी और अधिक केंद्रित हो गई थीं।

इन सबों के बीच, नए विश्वविद्यालयों और कॉलेजों का निर्माण चिकित्सा के शिक्षण के लिए किया जा रहा था। जब नए 'अस्टांग आयुर्वेद' महाविद्यालय का निर्माण हुआ, तो उसकी नींव रखने के लिए महात्मा गांधी को आमंत्रित किया गया था।

महात्मा गांधी ने अपने किसी निजी कारणों से इस निमंत्रण को स्वीकार कर लिया। वहां पर उनका स्वागत विशेष अतिथि के रूप में तुरही-नाद के साथ किया गया और उनसे दो शब्द कहने के लिए कहा गया। उन्होंने उसके बाद इस पूरे उपक्रम की जमकर आलोचना की। आप 6 मई, 1925 के उनके भाषण को संकलित कार्यों के खंड 27 के पेज 42 पर पढ़ सकते हैं। महात्मा गांधी ने इस बात पर जोर दिया कि वे इन सब के बारे में क्या महसूस करते हैं कि कैसे बड़े बड़े अस्पताल और चमकीले डिस्पेन्सरी, चीजों को बेहतर बनाने के बजाय खराब कर रहे हैं। उन्होंने कहा कि आयुर्वेदिक चिकित्सकों में विवेक की कमी है और उनमें नम्रता की भी कमी है। यह तो केवल उनकी शुरूआत थी। वे बाद में, इस प्रश्न के जड़ तक जाकर उसकी कड़ी आलोचना की, और ऐसा सिर्फ गांधी जी ही कर सकते थे।

महात्मा गांधी के जाने के बाद वहां पर उथल-पुथल मच गई। निमंत्रण समिति ने उन्हें पत्र लिखा और उनसे अपने शब्द वापस लेने की प्रार्थना की। उन्होंने इसे नकार दिया। मैंने उनका यह भाषण सैम पित्रोदा को भेजा और उन्होंने यह कहते हुए प्रतिक्रिया दी कि वे बहुत से बिंदुओं पर गांधी जी से सहमत हैं। सैम ने स्पष्ट किया कि गांधी के कहने का तात्पर्य यह था कि समाज को रोगों के रोकथाम पर ध्यान देना चाहिए न कि चिकत्सकों, दवाईयों और अस्पतालों के व्यवसाय उद्यम के रूप में विकास करने पर। गांधी जी ने यह भी कहा कि आपका यह सोचना कि आपके पास सभी उत्तर हैं एकदम गलत है। और वे यह महसूस करते हैं कि अधिकांश चिकित्सक यह सोचते हैं कि सभी उत्तर आयुर्वेद के पास है, जो गलत है। और उन चिकित्सकों में सामान्य लोगों के स्थानीय ज्ञान के प्रति, नम्रता और विश्वास की भी कमी दिखती है।

इन दो उपाख्यानों ने मुझे यह बताया कि क्यों सूचना के लोकतांत्रिकरण और उसकी निरंकुश विमुक्ति के आंदोलन की शुरुआत के लिये भारत ही सबसे अच्छा स्थान है। सूचना सभी लोगों को उपलब्ध हो, यह विचार भारतीय इतिहास में, और गणतंत्र के आधुनिक लोकतांत्रिक ढ़ाचे में पूरी तरह अंतर्निहित है। पश्चिमी देशों की दवाओं की उच्च कीमत, पारंपरिक ज्ञान पर पेटेंट्स, और पूरे वैज्ञानिक संग्रह (कार्पस) तक सीमित पहुंच, यह सभी ज्ञान पर लगे अंकुशों का प्रतीक है, जिसे लोग पहचानते और समझते हैं।

भारत के लोग इस बात को समझते हैं कि जब ज्ञान कुछ निगमों की निजी संपत्ति बन जाती है, तो इससे समाज को कितना ज्यादा नुकसान पहुंचता है। भारत में सामाजिक मुद्दों पर बहस करना परंपरा है। ऐसा ही गांधी जी ने भी किया, जब उन्होंने अस्टांग में खुल कर भाषण दिया था। ऐसा ही सम्राट अशोक ने किया था, जब उन्होंने सभी धर्मों के लिए

सहिष्णुता को प्रोत्साहित किया था और तीसरी बौद्ध परिषद को प्रायोजित करने में सहायता भी की थी। यदि हम ज्ञान के सार्वभौमिक पहुंच के बारे में स्पष्ट रूप से बातचीत करते हैं, तो भारत इस चर्चा के लिए एकदम सही जगह है।

यह नोट मैं कैलिफोर्निया में, क्रिसमस का दिन पूरा कर रहा हूँ। मैंने फरवरी में भारत जाने के लिए टिकट बुक किया है। मुझे आशा है कि नया साल मेरे लिये, और दूसरों के लिए भी ज्ञान से भरा साल होगा। मुझे इस यात्रा में शामिल करने के लिए मैं अपने दोस्त सैम पित्रोदा का आभारी हूँ। जय हिंद। कोड स्वराज

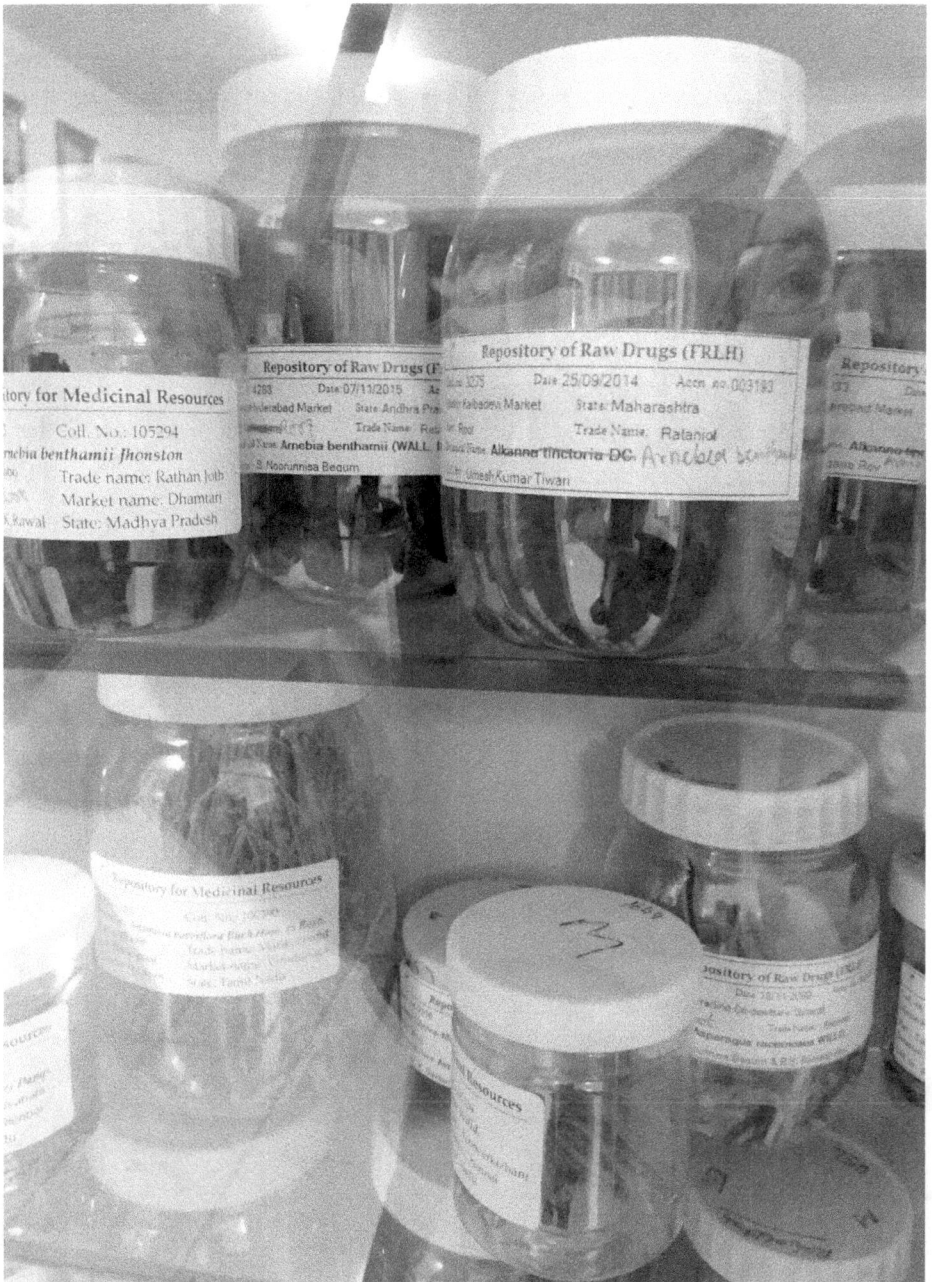

टी.डी.यू., बैंगलूरु में वनस्पति संग्रहालय (हर्बेरियम)

टी.डी.यू, बैंगलूरु में वनस्पति संग्रहालय (हर्बेरियम)

साबरमती आश्रम में गांधीजी के काम करने की जगह

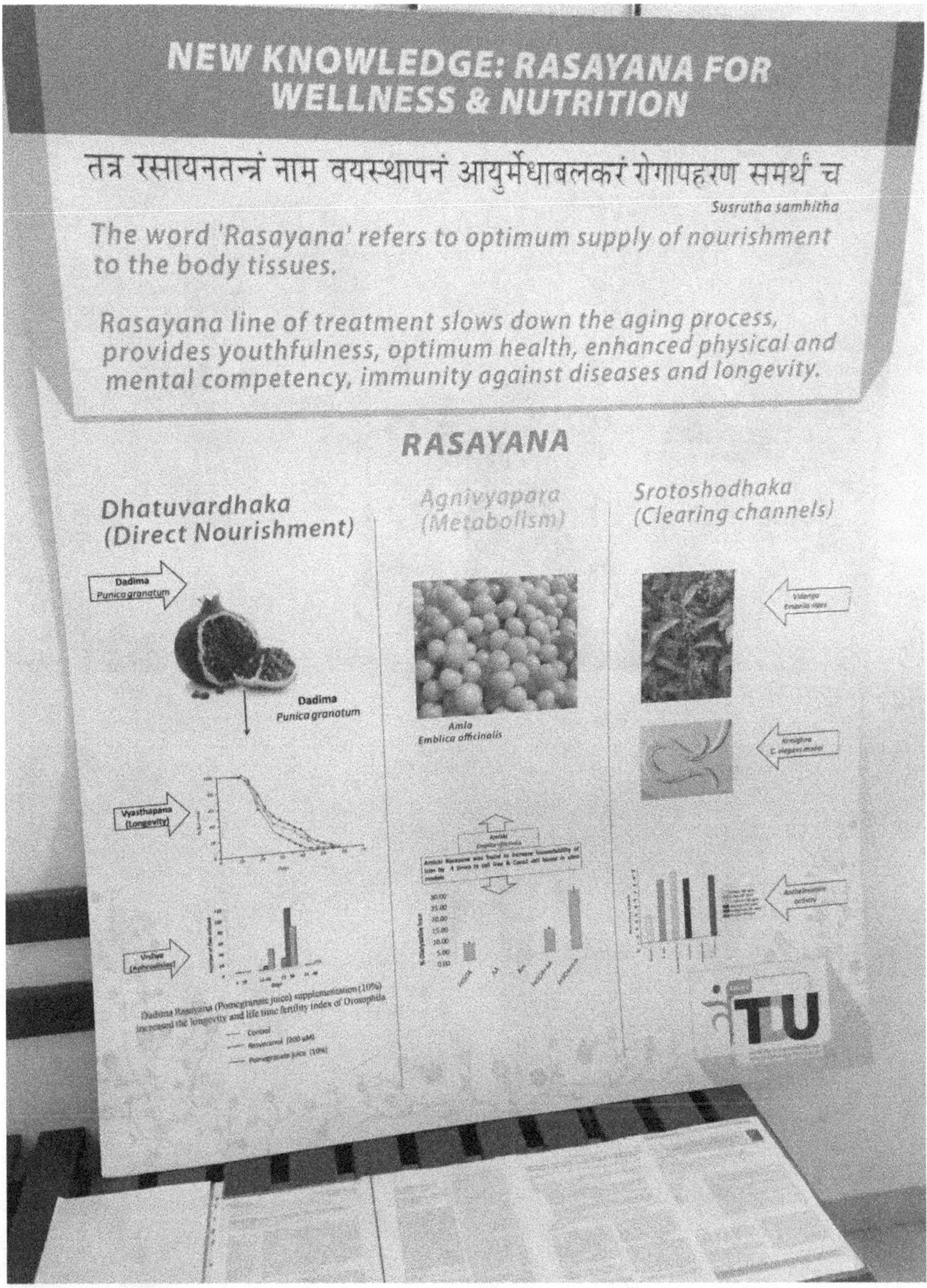

आयुर्वेदिक दवाई के पारंपरिक सिद्धांत, रसायन के वैज्ञानिक परीक्षण पर, डॉक्टरेट के छात्रों का एक पोस्टर

मैसूर के महारानी के साथ

रात के खाने पर सैम पित्रोदा के साथ। मध्य में खड़े हैं टीडीयू के श्री दर्शन शंकर हैं।

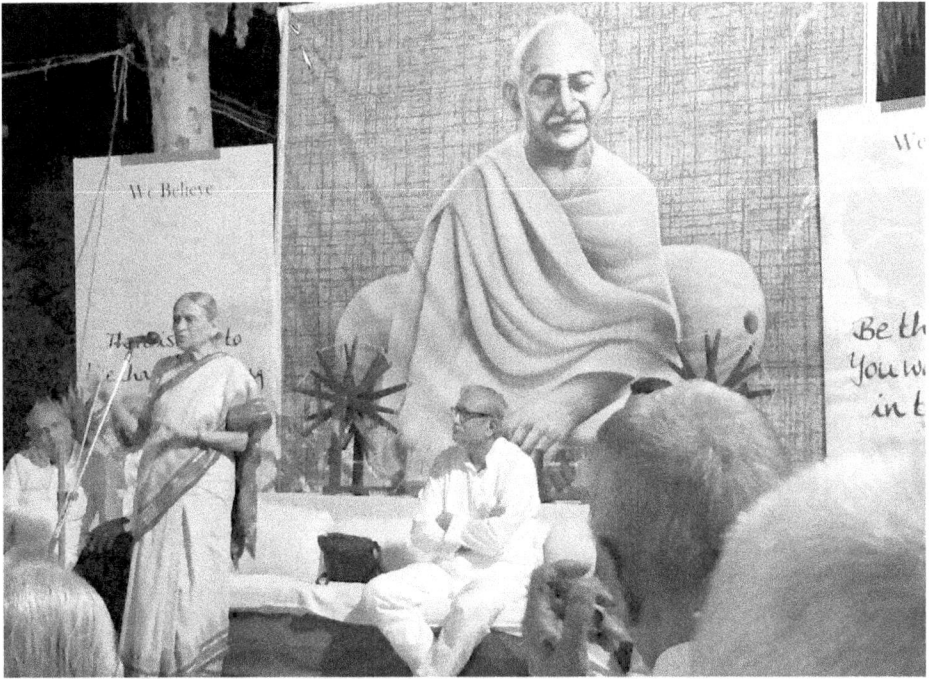

अहमदाबाद में इला भट्ट और अनामिक शाह भाषण देते हुए

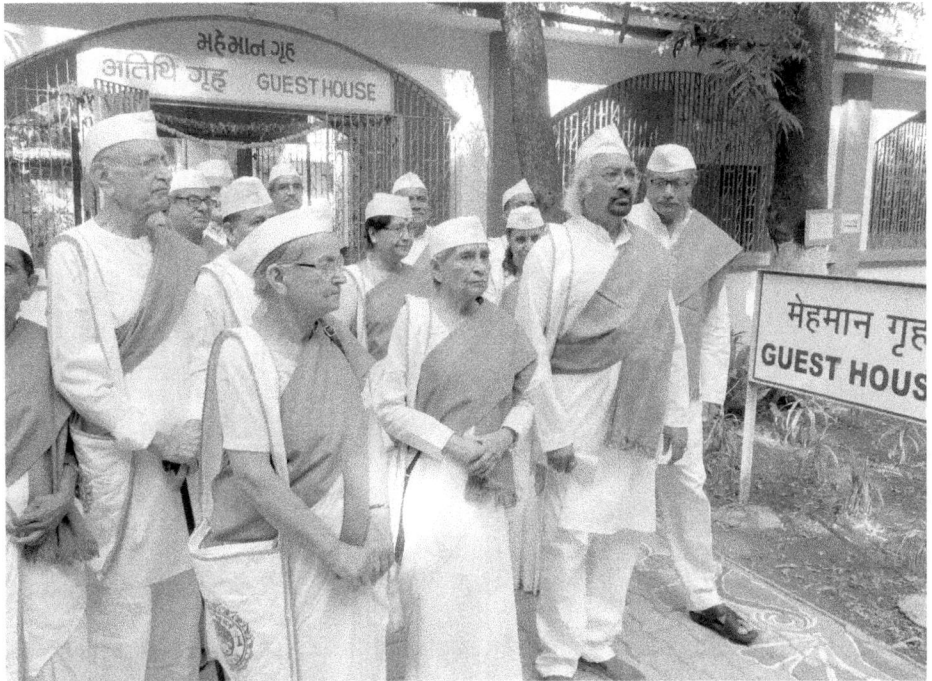

गुजरात विद्यापिठ में दीक्षांत समारोह का जुलूस

पुस्तकें, लॉर्ड रिचर्ड एटनबरो द्वारा संकलित संग्रहों में से

नेहरू के संकलन, भारतीय निर्माण संहिता, ओर आजादी के दस्तावेज जिसका स्कैनिंग होना बाकी है।

बेयरफुट कॉलेज में, विशाल कठपुतलियों के साथ

बेयरफुट कॉलेज में, महिलाएँ सौर लालटेन बनाने और उसके रखरखाव करना सीख रही हैं।

बेयरफुट कॉलेज में, बंकर रॉय पानी की पुनर्प्राप्ति (रिक्लेमेशन) प्रणाली के बारे में समझा रहे हैं।

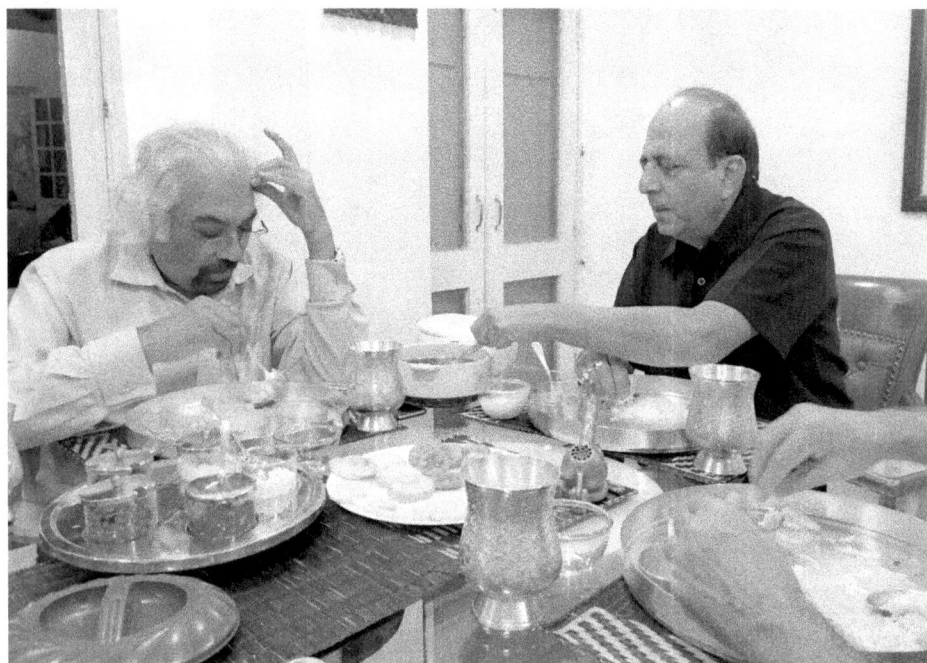

दिनेश त्रिवेदी के घर पर गुजराती भोजन

सलमान के कक्ष में, निशिथ देसाई के फर्म की अनंत मालती और सलमान खुर्शीद।

सैम पित्रोदा, गुजरात विद्यापाठ के विद्यार्थियों से बातचीत करते हुए

निशीथ देसाई के साथ, मुंबई में इंडिया गेट पर

अधिसूचनाओं (नोटिफिकेशन्स) के डब्बे, जो मानक निकायों को भेजे गए। कर्क वाल्टर द्वारा ली गई तस्वीर।

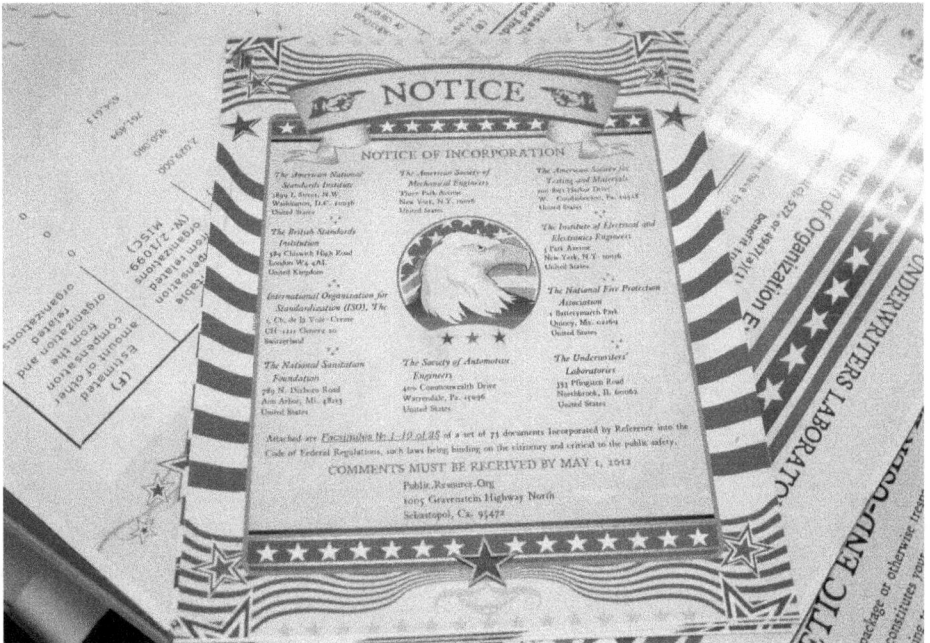

कम्पनी बनाने (इनकोरपोरेशन) की नोटिस जो हमारे इस विश्वास को प्रस्तुत करता है कि कानून सभी को उपल्बध होने चाहिए।

दो डिस्क अरै में 545 लाख पत्रिकाओं के लेखों जिस में सभी मानवीय ज्ञान का एक बड़ा भाग उपलब्ध है। इन डिस्को को 'पब्लिक रीसोर्स' ऑफिस से हटा कर और अन्य जगहों पर भेज दिया गया है।

परिशिष्टः ज्ञान पर ट्वीट्स

कार्ल मालामुद, सेबस्टोपोल, कैलिफ़ोर्निया, 6 Jun, 2017

@carlmalamud, 2:13 PM - 6 Jun 2017
1/10 पब्लिक रिसोर्स, वैज्ञानिक लेखों/ स्कोलर्ली लिटरेचर का आडिट कर रहे हैं। हमने अमेरिकी सरकार के कार्यों पर अपना ध्यान केन्द्रित किया है।

Replying to @carlmalamud, 2:13 PM - 6 Jun 2017
2/ हमारे ऑडिट ने यह निर्धारित किया है कि संघीय कर्मचारियों या अधिकारियों द्वारा लिखित 12,64,429 जर्नल के लेख, संभवतः कॉपीराइट से रहित हैं।

Replying to @carlmalamud, 2:13 PM - 6 Jun 2017
3/ इस विषय पर अधिक जांच करने के लिए, मैंने उस डेटाबेस की कॉपी बना ली है जिसे स्कीहब (SciHub) कहा जाता है, जिसमें 63+ मिलियन, जर्नल के लेख हैं।

Replying to @carlmalamud, 2:14 PM - 6 Jun 2017
4/ इस स्कीहब को कॉपी करने का उद्देश्य है, उसका परिवर्तनकारी उपयोग करना, और उसमें से उन सभी लेखों को निकालना है जो सार्वजनिक क्षेत्र (पब्लिक डोमेन) के हैं।

Replying to @carlmalamud, 2:14 PM - 6 Jun 2017
5 / जिन 12,64,429 सरकारी पत्रिका के लेखों का मेरे पास मेटाडेटा है, अब मैं उनके संभावित रिलीज़ के लिए उनमें से 11,41,505 फाइलें (90.2%) निकाल सकता हूँ।

Replying to @carlmalamud, 2:14 PM - 6 Jun 2017
6 / इसके अतिरिक्त, मेरे पास सन् 1923 या उससे पहले के प्रकाशित 20,31,359 लेख हैं। इन दो श्रेणियां के लेख मिलकर, स्कीहब के 4.92% लेख हो जाते हैं।

Replying to @carlmalamud, 2:15 PM - 6 Jun 2017
7 / अतिरिक्त श्रेणियों जिसकी जांच करनी बाकी है, उनमें वे लेख हैं जिसके कॉपीराइट का रजिस्ट्रेशन खतम (लैप्स) हो गया हो, वे लेख जहां ओपन ऐक्सेस नहीं है, और वे लेख जिसके लेखकों ने कॉपीराइट अपने पास रख लिया हैं।

Replying to @carlmalamud, 2:15 PM - 6 Jun 2017
8 / पब्लिक रिसोर्स शीघ्र ही एलेक्जांड्रा के पुस्तकालय का निष्कर्ष शीघ्र ही उपलब्ध कराएगा, और उसे प्रकाशकों और सरकारों को पेश करेंगा।

Replying to @carlmalamud, 2:15 PM - 6 Jun 2017
9 / एलेक्जांड्रा एल्बाक्यान (Alexandra Elbakyan) ने स्कीहब का निर्माण कर और ज्ञान तक सार्वजनिक पहुंच को संभव कराने के लिए एक गहन और साहसपूर्ण योगदान दिया है। हम सभी को उनका समर्थन करना चाहिए।

Replying to @carlmalamud, 2:16 PM - 6 Jun 2017
10 / सभी ज्ञान तक सार्वभौमिक पहुंच को संभव कराना हमारी पीढ़ी का अधूरा वादा है। इंटरनेट के ज़रिए यह सपना वास्तविक सच बन सकता है।

सी, डब्ल्यू.एम.जी, खंड 85 (1946), फ्रंटिसपीस, नई दिल्ली की भंगी कॉलोनी में जवाहरलाल नेहरू के साथ।

सी.डब्ल्यू.एम.जी, खंड 48 (1931-1932), पृष्ठ 80, लंकाशायर में वस्त्र श्रमिकों के साथ

सी.डब्ल्यू.एम.जी, खंड 90 (1947-1948), फ्रंटिसपीस

इंटरनेट आर्काइव पर आरोन स्वार्टज की, न्यूला क्रीड द्वारा निर्मित प्रतिमा। बी.ज़ेड पेट्रॉफ़ द्वारा फोटो

आरोन, इंटरनेट पर अभिव्यक्ति की स्वतंत्रता पर भाषण दे रहें हैं। डैनियल सिरादस्की द्वारा खींचा फोटो

परिशिष्ट: पारदर्शिता कब उपयोगी होती है?

आरोन स्वार्टज (Aaron Swartz), जून, 2009

"पारदर्शिता" एक अनिश्चित शब्द है, यह "सुधार (रिफौर्म)" शब्द जैसा होता है, जो सुनने में तो अच्छा लगता है लेकिन वास्तव में उसका जुड़ाव उस अनियमित राजनीतिक बात से होता है जिसे कोई बढ़ावा देना चाहता है। लेकिन इस विषय पर बात करना मूर्खतापूर्ण है कि क्या "सुधार" शब्द उपयोगी है (यह सुधार पर निर्भर करता है), आमतौर पर पारदर्शिता पर बात करके हम किसी खास निष्कर्ष पर नहीं पहुंच पाएंगे। सार्वजनिक सुनवाई से लेकर पुलिस द्वारा पूछताछ की प्रक्रिया का वीडियो टेप करने की मांग को पारदर्शिता के अंतर्गत कहा जा सकता है - इतने बड़े केटोगरी के बारे में बात करना ज्यादा उपयोगी नहीं होता है।

सामान्यत:, जब कोई व्यक्ति आपको "सुधार" या "पारदर्शिता" शब्दों का अर्थ समझाने की कोशिश करता है तो आपको उस पर संशय होना चाहिए। लेकिन विशेष रूप से, प्रतिक्रियावादी राजनीतिक आंदोलन का, स्वयम् को इस तरह के बढिया शब्दों के आवरण से ढ़क लेने का, एक लम्बा इतिहास है। उदाहरण के लिए, बीसवी सदी के प्रारंभिक वर्षों में हुए 'अच्छे शासन' (गुड गवर्नमेंट: गु-गु) आंदोलन को ही देखें। इसे प्रतिष्ठित प्रमुख प्रतिष्ठानों (फाउन्डेशन्स) द्वारा वित्तीय सहायता दी गई थी और इसने यह दावा किया कि यह व्यवस्था से भ्रष्टाचार मिटायेगा और राजनीतिक तंत्र की बुराईयों को दूर करेगा, जो लोकतंत्र के विकास में बाधक बन रहे हैं। ऐसा होने के बजाय यह लोकतंत्र के लिये ही बाधा बन गया। यह उन वामपंथी उम्मीदवारों के लिये, जो अब निवार्चित होने के कगार पर थे, उनके निर्वाचन में बाधक बन गये।

गु-गु सुधारकों ने कई सालों तक चुनावों को संचालित किया। उन्होंने शहरी राजनीति को राष्ट्रीय राजनीति से अलग करने का दावा किया लेकिन इनका वास्तविक प्रभाव था मतदाताओं को हतोत्साहित कर मतदान में उनकी उपस्थिति को कम करना। उन्होंने राजनेताओं को वेतन देना बंद कर दिया था। यह भ्रष्टाचार को कम करने की उम्मीद से लिया गया कदम था लेकिन इससे केवल यह सुनिश्चित हो सका कि सिर्फ धनी लोग ही चुने जाने के लिये आगे आयेंगे। उन्होंने चुनावों में पक्ष (पार्टी) की भूमिका को हटा दिया। शायद ऐसा इसलिए किया गया क्योंकि शहरी चुनावों का संबंध स्थानीय मुद्दों से था, न कि राष्ट्रीय राजनीति से। लेकिन इसका प्रभाव व्यक्ति विशेष के नाम की शक्ति को बढ़ाना था, पर मतदाताओं के लिए यह समझना मुश्किल हो गया कि कौन-सा उम्मीदवार उनकी तरफ का है। और उन्होंने मेयरों की जगह, अनिवार्चित शहरी प्रबंधकों को नियुक्त कर दिया जिससे चुनाव में विजयी होने पर भी विजयी उम्मीदवार कोई प्रभावी बदलाव नहीं ला पाते थे।[1]

स्वाभाविक रूप से, आधुनिक पारदर्शिता आंदोलन प्राचीन 'अच्छे शासन' (गु-गु) आंदोलन से काफी भिन्न है। लेकिन इसकी कहानी से यह स्पष्ट होता है कि हमें लाभ-निरपेक्ष (नान-प्रौफिट) प्रतिष्ठानों की सहायता से सतर्क रहना चाहिए। मैं पारदर्शिता सोच की एक और कमी को ओर ध्यान दिलाना चाहता हूँ और यह दिखाना चाहता हूँ कि कैसे यह काम को

बिगाड़ सकता है। इसकी शुरूआत ऐसी चीज के साथ होती है जिससे आपको असहमत होना मुश्किल होता है।

जनता के साथ दस्तावेज़ साझा करना

आधुनिक समाज में नौकरशाही का जन्म हुआ है और आधुनिक नौकरशाही का संचालन कागजों-पत्रों, ज्ञापनों, रिपोर्टो, फौर्मों और फाइलों की प्रणाली पर होता है। जनता को इन आंतरिक दस्तावेजों को देखना वास्तव में अच्छा लगता है और वास्तव में इन दस्तावेजों के प्रकाशन से अच्छे परिणाम भी प्राप्त हुए हैं। भले ही ये दस्तावेज़ राष्ट्रीय सुरक्षा अभिलेखागार (नेशनल सिक्युरिटी आर्काइव) के हों, जिसे सूचना की स्वतंत्रता अधिनियम (एफ.ओ.आई.ए) के चलते प्रकाशित किया जा सका, और जिससे इस बात का पता चल सका है कि दशकों से हमारी सरकार पूरे विश्व में अनेक गलत काम कर रही थी। अथवा ये दस्तावेज वो हों जिसे कार्ल मालामुद और उसके स्कैनिंग के चलते हमें मिले हों, जिसने बहुत ही ज्यादा मात्रा में, सरकार के उपयोगी दस्तावजों को, कानून से लेकर फिल्मों तक के दस्तावेजों को, इंटरनेट के माध्यम से सभी लोगों को उपलब्ध करा दिया है।

मुझे ऐसा संदेह है कि कुछ लोग अपनी राजनीतिक प्राथमिकताओं की सूची में “सरकारी दस्तावेजों को वेब पर प्रकाशित करने” को उपर रख सकते हैं, लेकिन यह बहुत ही सहज परियोजना है (यह एक प्रकार से कई सामाग्रियों को स्कैनरों से गुजारना ही है) और इसमें बहुत अधिक खतरा भी नहीं है। सबसे बड़ी चिंता की बात है- निजित्व (प्राइवेसी) की - जिसको बचाये रखने के लिये उचित कदम उठाये जा चुके है। संयुक्त राज्य अमेरिका में, एफ.ओ.आई.ए और निजत्व अधिनियम (प्राइवेसी एक्ट, पी.ए) इस संबंध में स्पष्ट दिशा-निर्देश देता है कि लोगों के निजित्व की रक्षा करते हुए, दस्तावेजों के प्रकाशन को कैसे सुनिश्चित किया जा सकता है।

संभवत: सरकारी दस्तावेजों को ऑनलाइन करने की अपेक्षा यह अधिक उपयोगी होगा कि कॉर्पोरेट और लाभ-निरपेक्ष रिकॉर्डों तक की पहुंच, सार्वजनिक बनाई जा सके। औपचारिक सरकार से बाहर, कई राजनीतिक क्रिया-कलाप होते हैं और इस प्रकार वे एफ.ओ.आई.ए कानून के कार्य क्षेत्र से बाहर होते हैं। लेकिन ऐसी चीजें, पारदर्शिता पर कार्य करने वाले कार्यकर्ताओं से रडार से पूर्णत: बाहर होती हैं। इसके बजाय बड़े-बड़े निगम, जिन्हें सरकार से अरबों डॉलर के अनुदान प्राप्त होते हैं, अपने दस्तावेजों को पूर्णत: गुप्त रखते हैं।

जनता के लिए डेटाबेस तैयार करना

कई नीति संबंधित प्रश्न, आपसी हितों की प्रतिस्पर्धा की लड़ाई हैं - कोई भी कार चालक ऐसी कार नहीं चाहता है, जो मोड़ने वक्त लुढक जाए और उनकी जान ले ले, लेकिन कार कंपनियां ऐसी कारें बेचती रहती हैं। यदि आप कांग्रेस के सदस्य हैं, तो उपर्युक्त दो बातों में से किसी एक का चयन करना आपके लिये कठिन होगा। एक ओर आप ऐसे लोगों के द्वारा निर्वाचित सदस्य हैं, जिन्होंने आपके लिए मतदान किया है। लेकिन दूसरी ओर वह बड़ा

निगम है, जिसने आपके चुनाव अभियान के लिए धन की व्यवस्था की है। वास्तव में ऐसी स्थिति में आप, किसी भी एक पक्ष की अत्यधिक नाराज़गी, सम्हाल नहीं सकते हैं।

इसलिए, कांग्रेस समझौता कराने का प्रयास कराती है। इस तरह की समझौता का उदाहरण है, ट्रांसपोर्टेशन रिकॉल एन्हांसमेंट, अकांउटबिलिटी, एंड डॉक्मेंटेशन (टी.आर.ई.ए.डी) अधिनियम। सुरक्षित कारों की मांग के बजाय, कांग्रेस कार कंपनियों से यह अपेक्षा करती है कि उनकी कार की किन किन स्थितियों में लुढ़कने की संभावना है इसका वे रिपोर्ट करें। और यह है पारदर्शिता की फिर से जीत!

या, एक और ज्यादा प्रसिद्ध उदाहरण यह है: वाटरगेट कांड के बाद, लोग इस बात से काफी खिन्न थे कि राजनेताओं को बड़े निगमों से लाखों डॉलर मिलते हैं। लेकिन, दूसरी ओर निगम, राजनेताओं को धन उपलब्ध कराने में काफी तत्पर रहते हैं। इसलिए इस परिपाटी पर रोक लगाने के बजाय, कांग्रेस ने केवल यह मांग की कि राजनेता ऐसे सभी लोगों पर नज़र रखें, जो उन्हें धन मुहैया कराते हैं, और वे इसका एक रिपोर्ट सार्वजनिक निरीक्षण के लिए पेश करें।

मुझे इस तरह की परिपाटी बहुत ही हास्यास्पद लगती है। जब आप एक नियामक (रेगुलेटरी) एजेंसी बनाते हैं, तो आप ऐसे लोगों का समूह बनाते हैं जिनका कार्य कुछ समस्याओं का हल करना होता है। उन्हें उन लोगों की जांच करने का अधिकार दिया जाता है, जो कानून तोड़ रहे हों और उन्हें ऐसा प्राधिकार (आथोरिटी) दिया जाता है कि वे उन लोगों को दंडित कर सकें। दूसरी ओर, पारदर्शिता ऐसे कार्यों को सरकार को देने के बजाय औसत नागरिकों को सौंप देती है, जिनके पास ऐसे प्रश्नों को जांच करने के लिए, न तो समय है और न ही क्षमता। और उनेके द्वारा इसके बारे में कुछ कदम उठाना तो दूर की बात होगी। यह एक तमाशा है: जिससे ऐसा लगता है कि कांग्रेस इस महत्वपूर्ण मुद्दे के बारे कुछ कार्य कर रही है, लेकिन निगम प्रायोजकों (स्पौन्सर्स) को बिना किसी खतरे में डाले।

डेटाबेस की विवेचना करना, जनता के लिए

यह वह स्थिति है जब बीच में प्रौद्योगिकीविद आते हैं। "कुछ चीजों के बारे में आम जनता को ठीक से समझना जरा मुश्किल होता है?" उनसे यह सुनने को मिलता है कि "हमलोग जानते हैं उसे कैसे ठीक करना है" इसलिए वे डाटाबेस की एक कॉपी डाउनलोड करते हैं और आम जनता के उपयोग के लिए इसे इन्टरनेट पर डाल देते है - इसके सारांश आंकड़े तैयार कर के, उसके आस-पास सुंदर चित्रों को डाल कर के, और इसमें कुछ खास सर्च और विजुअलाइजेशन की विशेषता के साथ। अब जांच करने वाले नागरिक, इंटरनेट पर जाकर इस बात का पता लगा सकते हैं कि उनके राजनेताओं को वित्तीय सहायता कौन कर रहा है, और उनकी कार कितनी खतरनाक हैं।

सुस्त लोग इसे पसंद करते हैं। हाल ही के अनेक विनियमनहीनता (डीरेगुलेशन) से प्रभावित और सरकार विरोधी भावना से ओतप्रोत लोग, सरकार के प्रति शंकित रहते हैं। उनका कहना है कि "हम नियामकों (रेगुलेटरों) पर विश्वास नहीं कर सकते हैं"। "हमें स्वयम् उन आंकड़ों की विवेचना करनी होगी"। ऐसा प्रतीत होता है कि प्रौद्योगिकी कोई सटीक

समाधान निकालेगी। आपको केवल इसे ऑनलाइन करना है - लोग कम से कम डेटा का तो निरीक्षण तो कर सकते हैं, भले ही वे किसी और पर विश्वास न करें।

केवल एक समस्या है: यदि आप नियामकों पर विश्वास नहीं कर सकते हैं, तो आप डेटा पर विश्वास करने के बारे में कैसे सोच सकते हैं?

डेटाबेस तैयार करने की समस्या यह नहीं है कि उसे पढ़ना कठिन होता है; बल्कि यह है कि उसकी ठीक से विवेचना नहीं की जा सकती है और ना ही उसे अमल किया जा सकता है, और इसमें वेबसाइट से भी कोई मदद नहीं मिलती है। क्योंकि इसके सत्यापन की जाँच करने का कोई प्रभारी नहीं होता है इसलिए पारदर्शिता वाली डेटाबेस में दी गई अधिकांश बातें झूठी होती हैं। कभी-कभी वे इतनी भंयकर झूठ होती हैं, जैसे कुछ कारखाने कार्यस्थल पर लगने वाली चोटों के बारे में अपने पास दो खाते रखते हैं: जिनमें से एक सही होता है जिसमें प्रत्येक चोट की घटना को दर्ज किया जाता है, और दूसरा सरकार को दिखाने के लिए होता है जिसमें केवल 10% चोटों की घटनाओं को दर्शाया जाता है।[2] उन्हें और भी चालाकी से दिखाया जाता है : कुछ फार्म तो गलत तरीके से भरे रहेंगे, कुछ में टाइपिंग गलत किया रहेगा, या कुछ डेटा को इस तरीके से बदल दिया गया होगा कि उसे फ़ॉर्म में दर्शाया ही न जा सके। इन डेटाबेसों को पढ़ने के लिये सरल बनाने का परिणाम हो जाता है इन्हें सरलता से पढ़ने योग्य बनाना, पर केवल झूठी बातों का।

तीन उदाहरण:

- कांग्रेस के कामकाज जनता को देखने के लिए खुले हैं, लेकिन यदि आप सदन की मंजिल पर जाते हैं (या यदि आप इन पारदर्शिता साइटों में से किसी एक पर जाते हैं) तो आप पाते हैं कि वे अपने सभी समय बिताते हैं, डाकघरों के नाम देने पर। सभी वास्तविक कार्य, आपातकालीन प्रावधानों के माध्यम से पारित किये जाते हैं, और किसी साधारण बिलों के उप-भागों में छुपे रहते हैं। (बैंक को बचाने का कार्य, पॉल वेल्स्टोन के मानसिक स्वास्थ्य अधिनियम के अन्दर रखा गया था)। मैट टैब्बी (Matt Taibbi) की *'द ग्रेट डिरेंज़मेंट'* (स्पाइजेल एंड ग्राऊ) इस कहानी को बताती है।
- इन साइटों में से कई साइटें आपको यह बताते हैं कि आपके निर्वाचित आधिकारिक कौन हैं, लेकिन आपके निर्वाचित आधिकारिकों का वास्तव में क्या प्रभाव पड़ा है इसके बारे में कुछ नहीं रहता है? 40 वर्ष तक, न्यूयॉर्क के लोगों ने यह समझा था कि उन्हें अपने निर्वाचित अधिकारीगण् - नगर परिषद, महापौर, गवर्नर द्वारा शासित किया गया था। लेकिन रॉबर्ट कैरो ने 'द पावर ब्रोकर (विंटेज)' में बताया कि, वे सभी लोग गलत थे। न्यूयॉर्क में शक्ति केवल एक ऐसे व्यक्ति द्वारा नियंत्रित था, जो हर बार चुनाव में असफल रहा, ऐसा व्यक्ति जिसके बारे में किसी को भी मालुम नहीं था कि उसके पास पूरा नियंत्रण है: और वह व्यक्ति था पार्कों का आयुक्त, रॉबर्ट मोज़ेज़।
- इंटरनेट पर बहुत सारी साइटें आपको यह बताएगी कि आपके प्रतिनिधि को

> किससे पैसा मिलता है, लेकिन उनका अनावृत (डिसक्लोज़्ड) अभिदान (कनट्रीब्यूशन) उन्हे मिले वास्तविक अभिदान का बहुत ही छोटा भाग होता है। जैसा कि केन सिल्वरस्टीन ने हार्पर प्रकाशक के लिये अपने लेखों की श्रृंखला में उल्लेख किया है कि कैसे एक कांग्रेस का सदस्य होने के कारण ऐसे लोगों को अनेक तरीके से अनुलाभ (पर्क्स) और नकदी बड़ी मात्रा में मिलती है जबकि यह बात छिपाई जाती है कि यह आया कहां से। इनमें से कुछ लेख उनकी पुस्तक 'तुर्कमेनिस्कैम (रैंडम हाउस)' में शामिल हैं।

पारदर्शिता के प्रशंसक, इस शब्द के चारो ओर चक्कर लगाते रहते हैं। वे कहते हैं, "ठीक है लेकिन कुछ तो डेटा सही होंगे। अगर ऐसा न भी हो तो क्या हम ये नहीं सीखते कि लोग किस प्रकार झूठ बोलते हैं?" संभवत: यह सही है, हालांकि इस बारे में कोई अच्छा उदाहरण मिलना मुश्किल है (वास्तव में ऐसे पारदर्शी कार्य का कोई अच्छा उदाहरण सोचना मुश्किल है, जिसमें कुछ भी प्रमाणित हुआ हो, सिवाय इसके कि उसमें पादर्शिता अधिक हुई है)। लेकिन हरेक चीज की अपनी एक कीमत होती है।

विश्व भर में पारदर्शिता परियोजनाओं के लिए सैकड़ों लाख डॉलर खर्च किए जाते हैं। वह पैसा आसमान से नहीं आता है। प्रश्न यह नहीं है कि पारदर्शिता बिल्कुल न होने के बजाय कुछ पारदर्शिता तो बेहतर है: बल्कि यह कि क्या इन संसाधनों को खर्च करने के लिए, पादर्शिता ही सबसे उपयोगी है। यदि इन संसाधनों का उपयोग अन्यत्र किया जाए तो क्या इसका प्रभाव अपेक्षाकृत बेहतर नहीं होगा।

मुझे ऐसा ही लगता है। यह सारा पैसा, सीधे उत्तर प्राप्त करने के लक्ष्य से खर्च किया गया, न कि सिर्फ कुछ काम करने के लिये। अमल करने की शक्ति के अभाव में, विश्व के अधिकांश पठनीय डेटाबेसों से कोई ज्यादा प्रभाव नहीं पड़ेगा, भले ही ये पूर्णत: सही भी हों तो भी। इसलिए लोग ऑनलाइन पर जाते हैं और देखते हैं कि सभी कारें खतरनाक हैं, और सभी राजनेता भ्रष्ट हैं। यह जानने के बाद भी वे क्या कर सकते हैं?

निश्चित रूप से, वे छोटे बदलाव कर सकते हैं - इस राजनेता को शायद दूसरे की तुलना में कुछ कम तेल-धनराशि मिलती है, इसलिए मैं उसे अपना वोट दूंगा (दूसरी ओर, हो सकता है कि वह बेहतर तरीके से झूठ बोलती हो, और तेलधनराशि को वह किसी पी.ए.सी या अन्य प्रतिष्ठानों (फाउन्डेशन) या अन्य प्रचारकों (लौबिइस्ट) के माध्यम से लेती हो)- लेकिन इससे वे किसी बड़े मुद्दे का समाधान नहीं कर सकते हैं जो सरकार कर सकती है: वेबसाइट पढ़ने वाले थोड़े से लोग, कार कंपनी को बाध्य नहीं कर सकते हैं कि वे सुरक्षित कार बनाएं। आपने अपनी वास्तविक समस्या के समाधान करने के लिए कुछ नहीं कर पाये हैं: आपने इसे और अधिक निराशाजनक बना दिया है: सभी राजनेता भ्रष्ट हैं, सभी कारें खतरनाक हैं। आप कर ही क्या सकते हैं?

एक विकल्प

विडंबना यह है कि इंटरनेट कुछ ऐसा भी उपलब्ध कराता है जिसमें आप कुछ कर सकते हैं। इसने लोगों को अपना समूह बनाना और एक साथ मिलकर सर्वमान्य कार्य करना पहले से कहीं ज्यादा आसान कर दिया है। और इसके माध्यम से लोगों को एक साथ आने से - न कि वेबसाइट पर पड़े डेटा के विश्लेषण से - वास्तविक राजनीतिक प्रगति हो सकती है।

अभी तक हमने छोटे मुद्दों को देखा है कि - लोग इटंरनेट पर जो भी देखते हैं उसकी नकल कर उसे राजनीति में लागू करने की कोशिश करते हैं। यदि वीकिपीडिया अच्छा काम कर रहा है, तो आप राजनीतिक वीकिपीडिया बना देते हैं। सभी लोग सोशल नेटवर्क को पसंद करते हैं इसलिए आप राजनीतिक सोशल नेटवर्क बना देते हैं। लेकिन ये उपकरण अपनी मूल सेटिंग में तो काम करते हैं क्योंकि उस में वे एक विशिष्ट समस्या का समाधान करने की कोशिश करते है न कि इस कारण कि वे कोई जादू की छड़ी हैं। राजनीति में प्रगति करने के लिए, हमें यह सोचने की आवश्यकता है कि इसकी समस्याओं का समाधान कैसे किया जा सकता है, न कि वैसे तकनीकों को नकल करके, जो अन्य क्षेत्रों में सफल हुए हैं।

डेटा विश्लेषण इसका एक हिस्सा हो सकता है, लेकिन यह एक बड़ी तस्वीर का हिस्सा है। लोगों के उस समूह के बारे में सोचें, जो किसी खास मुद्दे का सामना करने के लिए साथ मिलकर काम करने के लिये आये हैं, जैसे कि खाद्य सुरक्षा का मुद्दा। आपके पास ऐसे प्रौद्योगिकीविद हो सकते हैं, जो सुरक्षात्मक रिकॉर्डों पर नजर रखते हैं, संवादाताओं की फोन कॉलों की जांच करते हैं, इमारतों में घुसपैठ करते हैं, ऐसे वकील हो सकते हैं जो दस्तावेजों से संबंधित सम्मन जारी करते हैं और मुकदमा दायर करते हैं, ऐसे राजनैतिक आयोजक हों सकते हैं जो परियोजना का समर्थन करते हैं और स्वयंसेवकों का संयोजित करते हैं, ऐसे कांग्रेस के सदस्य हो सकते हैं जो आपके मुद्दों पर सुनवाई करने के लिए दबाव डालते हो और आपकी समस्याओं को सुलझाने के लिये कानून पारित कराते हो, और आपसे संबंधित ऐसे स्वाभाविक ब्लॉगर और लेखक हो सकते हैं जो आपकी कहानी को, जैसे जैसे यह विकसित होती रहती है, उसे सुनाते रहते हैं।

कल्पना कीजिए: एक जांच दल, एक मुद्दा पर कार्यवाही कर रहा है, सच का पता लगा रहा है और सुधार के लिए जोर दे रहा है। स्वाभाविक रूप से वे प्रौद्योगिकी का उपयोग करते हैं लेकिन इसके साथ में राजनीति और कानून का भी उपयोग करते हैं। सबसे अच्छी स्थिति में, पादर्शिता कानून आपको अन्य डेटाबेस देखने की क्षमता प्रदान करता है। लेकिन एक मुकदमा (या कांग्रेस संबंधी जांच) आपको सभी डेटाबेस के देखने के लिये और उसके पीछे के सोर्स रिकॉर्ड को भी देखने के लिए अधिकार मिलता है, और उसके बाद लोगों को शपथबद्ध करा कर उनसे पूछताछ करने का अधिकार भी मिलता है। इन सभी का जो भी अर्थ हो, यह आपको अपनी जरूरत के अनुसार पूछ ताछ करने का अधिकार मिलता है, न कि उस चीज का पूर्वानुमान करने के लिये जिसकी कभी भविष्य में आपको जरूरत पड़ेगी।

यह वह जगह है जहां पर डेटा विशलेषण वास्तव में उपयोगी हो सकता है। इसका उपयोग, न तो कि किसी रैंडम सर्फर को वेब पर निश्चित उत्तर प्रदान करने के लिये होगा बल्कि इसका उपयोग विसंगतियों, और प्रतिमानों (पैटर्न) को पहचानने के लिये, और ऐसे प्रश्नों का

उत्तर खोजने के लिये जिसकी जांच दूसरे लोग कर रहे हों। इसका उपयोग कोई उत्पाद बनाने के लिये नहीं होगा बल्कि यह किसी अन्वेषण की प्रकिया में भाग लेने के लिये उपयोगी होगा।

लेकिन इसे तभी किया जा सकता है जब इस जांच दल के सदस्य अन्य लोगों के साथ मिलकर काम करते हैं। वे अपने लक्ष्य को प्राप्त करने के लिए सब कुछ कर सकते हैं, बशर्ते कि वे “प्रौद्योगिकी”, “पत्रकारिता” और “राजनीति” के श्रेणियों में बंटे न हों।

अभी, प्रौद्योगिकीविज्ञ इस बात पर जोर देते हैं कि वे किसी भी मुद्दे पर डेटा का पता लगाने के लिए निष्पक्ष मंच का निर्माण कर रहे हैं। पत्रकार इस बात पर जोर देते हैं कि वे तथ्यों पर नजर रखने के लिए प्रवेक्षक रहते हैं। राजनीति से संबंधित लोग यह सोचते हैं कि उन्हें पहले से ही उत्तर पता हैं और उन्हें किसी ओर प्रश्नों की जांच करने की आवश्यकता नहीं है। ये सभी अपनी अपनी सीमाओं तक सीमित हैं, और वे बड़ा परिदृश्य नहीं देख पा रहे हैं।

मैं भी था। मैं इन मुद्दों के बारे में काफी गंभीर हूँ - मैं भ्रष्ट राजनेता नहीं चाहता हूँ ; मैं नहीं चाहता था कि कारें लोगों की जान लें, और एक प्रौद्योगिकीविज्ञ के रूप में मुझे इनका समाधान करने में खुशी मिलेगी। इसलिए मैं पारदर्शिता की मांग की बहाव में बह गया। मैं उन चीजों को करने जैसा लगा, जिसे मैं बहुत अच्छे तरीके से कर सकता हूँ – जैसे कि कोड लिखना, डेटाबेस की जांच करना- मुझे लगा कि इससे मैं दुनिया को बदल सकता हूँ।

लेकिन यह कुछ ज्यादा काम नहीं करता है। डेटाबेस को ऑनलाइन डालने से समस्या का समाधान नहीं हो सकता है क्योंकि पारदर्शिता शब्द सुनने में जितना अच्छा लगता उतना वास्तव में नहीं होता है। लेकिन यह स्वयं को भ्रम में डालने के लिए अच्छा था। मुझे सिर्फ यह करना था कि चीजों को ऑनलाइन कर देना, और फिर यह सोंचना कि कहीं न कहीं कोई व्यक्ति उसे जरुर उपयोगी पायेगा। आखिरकार, प्रौद्योगिकीविज्ञ तो ऐसे ही काम करते हैं, है ना? वर्ल्ड वाइड वेब को खबरों का प्रकाशन करने के लिए डिजाइन नहीं किया गया था बल्कि इसे निष्पक्ष प्लेटफोर्म के रूप में डिजाइन किया गया था, जो किसी भी तरह के प्रकाशन के लिये, वैज्ञानिक प्रकाशन से लेकर अश्लील साहित्य तक के प्रकाशन के लिये, सहायक होगा।

राजनीति इस प्रकार से काम नहीं करती है। एक समय था जब “न्यूयॉर्क टाइम्स” नामक समाचार पत्र के फ्रंट पेज पर किसी समस्या का विवरण इस बात की गांरटी होती थी कि अब उसे सुलझा लिया जाएगा, लेकिन यह सब अब पुरानी बात हो चुकी है। किसी मामले के सामने आना, उसकी जांच होना, उसकी रिपोर्ट आना और फिर उसे सुलझा देने की प्रक्रिया अब पूरी तरह खंडित हो चुकी है। प्रौद्योगिकीविज्ञों का पत्रकारों पर भरोसा नहीं रहा है ताकि वे उनकी सामाग्रियों का उपयोग कर सकें; पत्रकारों का राजनैतिज्ञों पर भरोसा नहीं रहा है कि वे उनके द्वारा उजागर किये गये समस्याओं का समाधान कर सकेगें। बदलाव हजारों लोगों के काम करने से नहीं होता, यदि वे सभी अपने अपने अलग तरीके अपनाते हैं। बदलाव के लिए, लोगों को एक सर्वमान्य उद्देश्य के लिए, साथ मिलकर काम करने की आवश्यकता है। ऐसा प्रौद्योगिकीविज्ञ द्वारा स्वयम् करना बहुत ही मुश्किल है।

लेकिन यदि वे सभी इसे अपने एकमात्र लक्ष्य के रूप में लेते हैं, तो वे इस समस्या के प्रति अपनी पूर्ण प्रतिभा और विदग्धता (इन्जेन्युटी) लगा सकते हैं। वे अपनी सफलता को, उन लोगों की संख्या से माप सकते हैं, जिनमें इस बदलाव के कारण सुधार हुआ हो, न कि वे अपनी सफलता को, अपने वेबसाइट पर आने वाले लोगों की संख्या से मापें। वे यह सीख सकते हैं कि कौन सी प्रौद्योगिकियाँ वास्तव में बदलाव ला रही है और कौन सी केवल तुष्टि देती हैं। वे इसे पुनरावृत्त कर सकते हैं, इसमें और सुधार कर सकते हैं और फिर इसे बड़े पैमाने पर कर सकते हैं।

पारदर्शिता एक शक्तिशाली चीज हो सकती है, लेकिन यह एक पृथक कार्य नहीं हो सकता है। इसलिए यह कहना बंद करें कि हमारा काम केवल वहां से डेटा को निकालना है, और यह देखना दूसरे लोगों का काम है कि डेटा का किस तरह उपयोग किया जाय। आइए हम तय करें कि हमारा काम है, दुनिया में अच्छाई के लिए लड़ना। मैं इन सभी अद्भुत संसाधनों पर काम करना चाहता हूँ।

नोट्स

1. अधिक जानकारी के लिए, http://sociology.ucsc.edu/whorulesamerica/power/local.html वेबसाइट देखें।

2. फास्ट फूड नेशन, एरिक श्लोसेर, हॉफ्टन मिफ्लिन, 2001

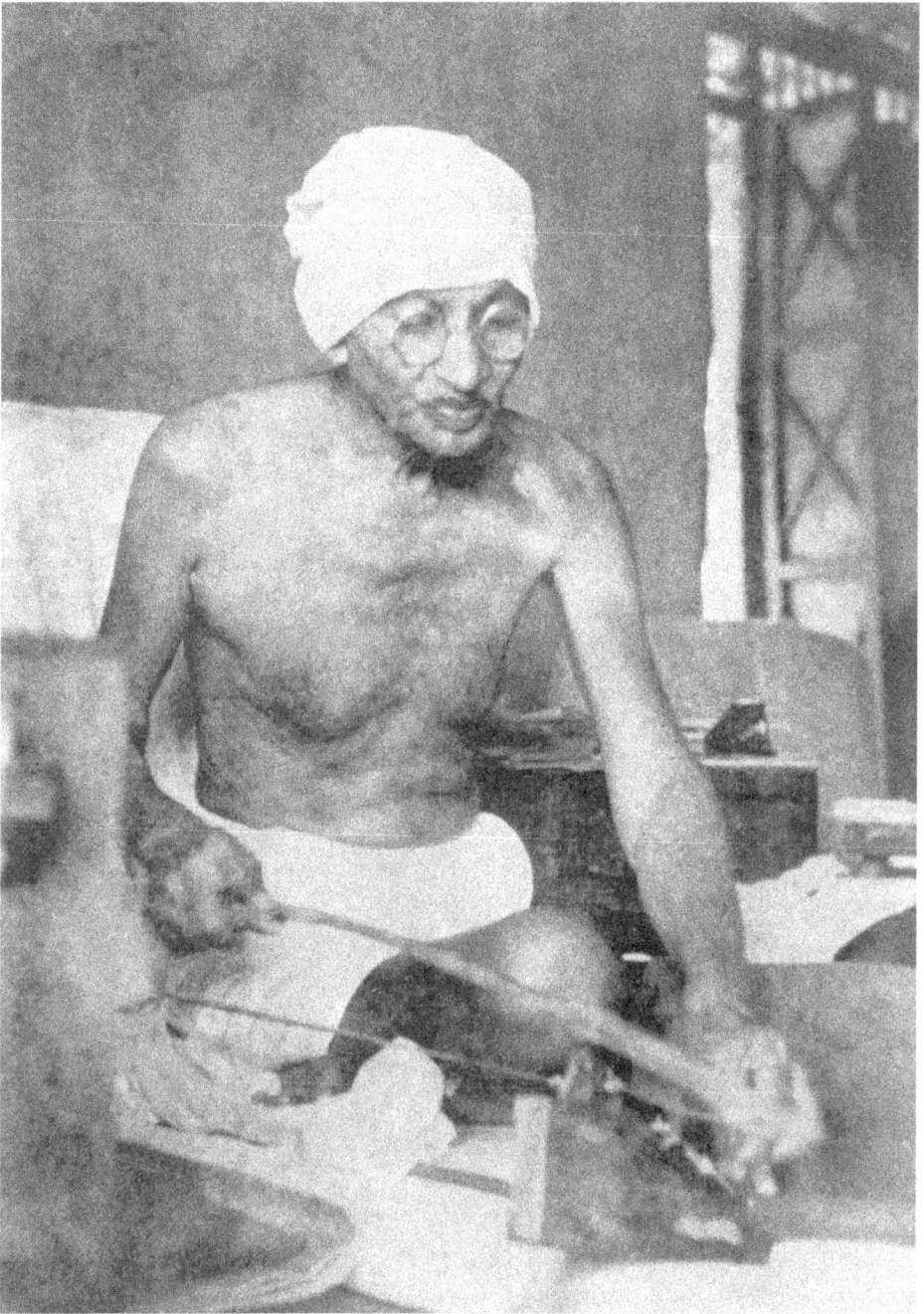

सी.डब्ल्यू.एम.जी, खंड 74 (1941), फ्रंटिसपीस, डानुश टाक्ली के साथ कताई करते हुए।

सी.डब्ल्यू.एम.जी, खंड 17 (1920), पृष्ठ 169, गांधी जी, टैगोर के साथ अहमदाबाद में, अप्रैल, 1920

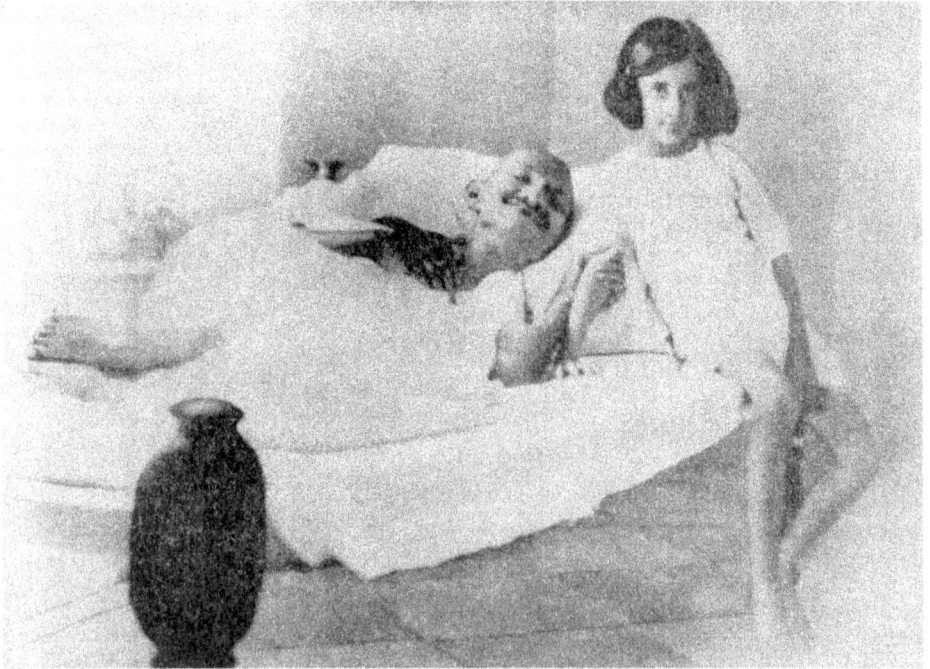

सी.डब्ल्यू.एम.जी, खंड 25 (1924 -1925), पृष्ठ 177, गांधीजी अनशन के दौरान, इंदिरा के साथ।

सी.डब्ल्यू.एम.जी, खंड 86 (1947), पृष्ठ 225, नोआखाली में, प्रार्थना के बाद।

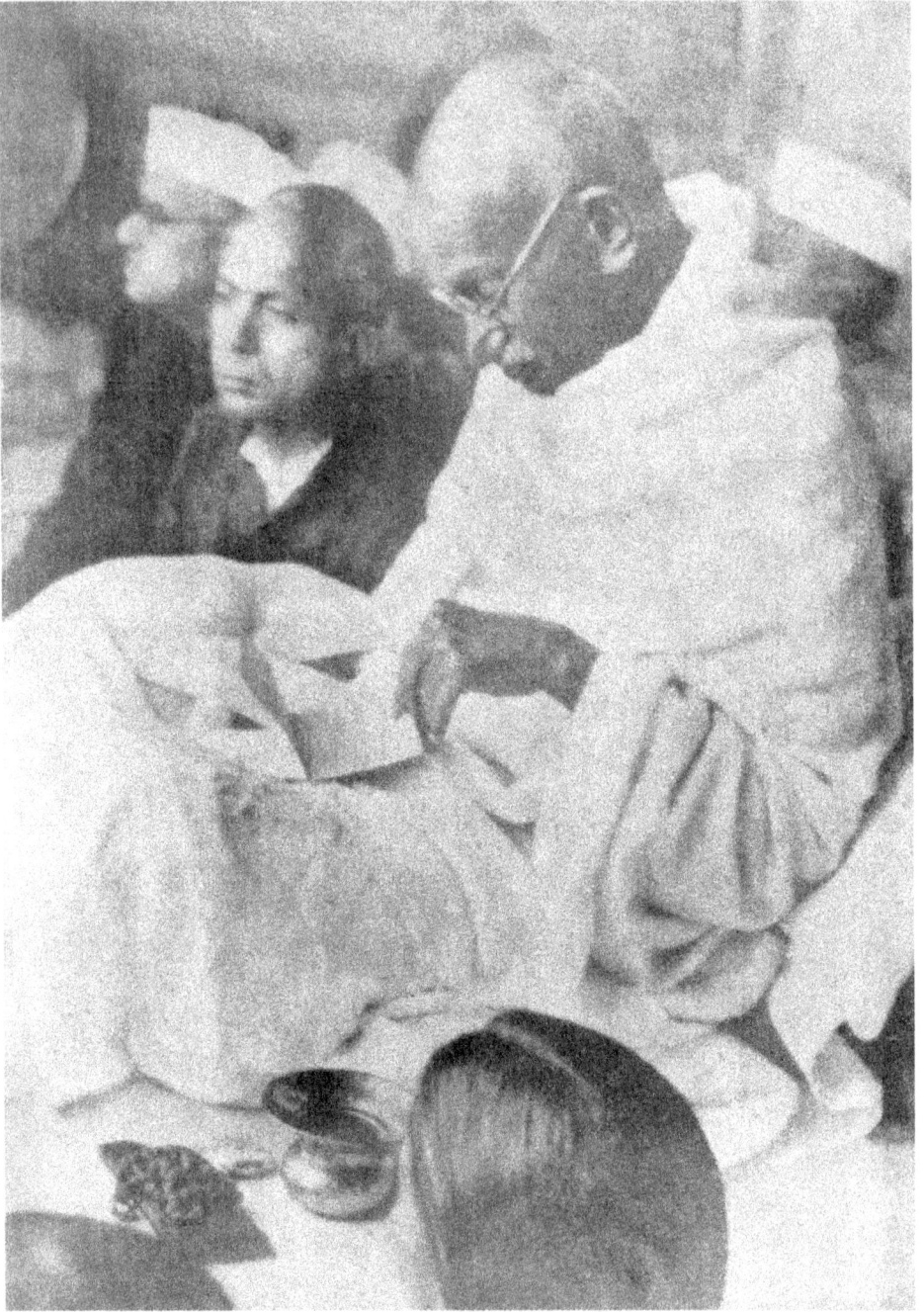

सी.डब्ल्यू.एम.जी, खंड 89 (1947), फ्रंटिसपीस।

सी.डब्ल्यू.एम.जी, खंड 59 (1934), फ्रंटिसपीस, सरदार पटेल और मणिबेन पटेल के साथ, बम्बई के कांग्रेस सत्र में।

चयनित पाठ

एडम्स, जॉन, *जॉन एडम्स: रिवॉल्यूशनरी राइटिंग, 1755-1775,* लाइब्रेरी ऑफ अमेरिका, 2011.

एलिंस्की, शाऊल डी., *रूल्स फॉर रैडिकल्स,* विंटेज, 1989.

अलेन, चार्ल्स, *अशोका: द सर्च फॉर इंडिया'ज़ लॉस्ट एम्पेरर,* लिटिल, ब्राउन, 2012.

अंबेडकर, बी.आर., *एनिहिलेशन ऑफ कास्ट,* सेल्फ़-पब्लिश्ड, 1936, वर्सो, 2014.

ऑस्टिन, ग्रेनविल, *द इंडियन कॉन्स्टिट्यूशन: कॉर्नरस्टोन ऑफ अ नेशन,* क्लेरेंडन प्रेस (Clarendon Press), 1966.

बेकन, लॉर्ड फ्रांसिस, *द एडवांसमेंट ऑफ लर्निंग एंड न्यू अटलांटिस,* ऑक्स्फर्ड यूनिवर्सिटी प्रेस, 1984.

भट्टाचार्य, सब्यसाची, *महात्मा गांधी द जर्नलिस्ट,* प्रेज़र 1984.

भट्टाचार्य, सब्यसाची, *महात्मा एंड द पोयेट; लेटर्स एंड डिबेट्स बिट्विन गांधी एंड टैगोर 1915- 1941,* नेशनल बुक ट्रस्ट, 1977.

बिंघम, थोमस हेनरी, *द रूल ऑफ लॉ,* पेंग्युन प्रेस, 2011.

ब्रांच, टेलर, *पार्टिंग द वॉटर्स: अमेरिका इन द किंग इयर्स 1954-63,* सिमन एंड स्कूस्टर, 1988.

ब्रांच, टेलर, *पिलर ऑफ फायर: अमेरिका इन द किंग इयर्स 1954-63,* सिमन एंड स्कूस्टर, 1998.

ब्रांच, टेलर, *ऐट केनान'ज़ एड्ज़: अमेरिका इन द किंग इयर्स, 1965-68,* सिमन एंड स्कूस्टर, 2006.

ब्राउन, जूडिथ एम., *गांधी'ज़ राइज़ टू पावर: इंडियन पॉलिटिक्स 1915-1922,* कैंब्रिज यूनिवर्सिटी प्रेस, 1972.

ब्रायन, विलियम जेनिंग्स (William Jennings), *स्पीचेज़ ऑफ विलियम जेनिंग्स (William Jennings) ब्रायन,* 2 खंड., फंक एंड वाग्नाल्स, 1911.

बायर्ड, रौबर्ट सी., *द सीनेट ऑफ द रोमन रिपब्लिक: एड्रेसेज़ ऑन द हिस्ट्री ऑफ रोमन कॉन्स्टिट्यूशनलिज़्म,* गवर्नमेंट प्रिंटिंग ऑफिस, 1995.

चौधरी, सुजीत, माधव खोसला, एंड प्रताप भानू मेहता, संपादक, द *ऑक्स्फोर्ड हैंडबुक ऑफ द इंडियन कॉन्स्टिटच्यूशन,* ऑक्स्फोर्ड यूनिवर्सिटी प्रेस 2016.

क्लेटन, रिचर्ड एंड टॉमलिंसन, ह्यूज़, द *लॉ ऑफ ह्यूमन राइट्स,* दूसरा संस्करण, 2 खंड., ऑक्स्फोर्ड यूनिवर्सिटी प्रेस, 2009.

क्रॉस, हेरोल्ड एल., द *पीपल्स राइट टू नो: लीगल एक्सेस टू पब्लिक रिकॉर्ड्स एंड प्रोसिडिंग्स,* कोलंबिया यूनिवर्सिटी प्रेस, 1953.

डार्नटन, रौबर्ट, *सेंसर्स ऐट वर्क: हाउ स्टेट्स शेप्ड लिटरेचर,* डब्लू.डब्लू. नॉर्टन एंड कंपनी, 2014.

देवजी, फैसल, द *इंपॉसिब्ल इंडियन: गांधी एंड द टेंपटेशन ऑफ़ वायलेंस,* हार्वर्ड यूनिवर्सिटी प्रेस, 2012.

डीसैल्वो, चार्ल्स आर, *एम.के. गांधी: अटॉर्नी एट लॉ,* यूनिवर्सिटी आफ कैलिफोर्निया प्रेस, 2013.

डोके, जोसेफ जे, *एम. के. गांधी: इंडियन पेट्रीओट इन साउथ अफ्रिका,* अखिल भारत सर्व सेवा (Self-Employed Women 's Association of India) संघ प्रकाशन, 1909.

हर्ज़ा, काई लाल, *अशोका एज़ डेपिक्टेड इन हिज़ एडिक्ट्स,* मुंशीराम मनोहरलाल पब्लिशर्स, 2007.

गांधी, एम. के., *हिंद स्वराज: ए क्रिटिकल एडिशन,* सुरेश शर्मा और त्रिदीब सुहुद, एडिटर्स, नवजीवन ट्रस्ट, 1910, ओरिएंट ब्लैक स्वान, 2010.

गांधी, एम.के., *सत्याग्रह इन साउथ अफ्रीका,* एस गणेशन, 1928.

गांधी, एम.के., द *स्टोरी ऑफ माई एक्सपेरिमेंट्स विद ट्रुथ,* 2 खंड., नवजीवन प्रेस, 1927.

गांधी, सोनिया, संपादक, *फ्रीडम'स डॉटर: लेटर्स बिट्विन इंदिरा गांधी एंड जवाहरलाल नेहरू 1922-1939,* हॉडर एंड स्टॉघटन, 1989.

घोष, अनिंदिता, *पॉवर इन प्रिंट: पॉपुलर पब्लिशिंग एंड द पॉलिटिक्स ऑफ़ लैंग्वेज़ एंड कल्चर इन अ कोलोनियल सोसायटी,* ऑक्सफोर्ड यूनिवर्सिटी प्रेस, 2006.

गोपाल, सर्वपल्ली, *राधाकृष्णन: ए बायोग्राफी,* अनविन हाइमन (Unwin Hyman), 1989.

हॉफमेयर, इसाबेल, *गांधी'स प्रिंटिंग प्रेस,* हार्वर्ड यूनिवर्सिटी प्रेस, 2013.

चयनित पाठ

हंट, जेम्स डी., *गांधी इन लंदन*, नटराज बुक्स (संशोधित संस्करण), 1993.

हॉटिनबैक, रॉबर्ट ए, *गांधी इन साउथ अफ्रीका: ब्रिटिश इम्पीरियलिजम एंड द इंडियन क्वेश्चन, 1860-1914*, कॉर्नेल यूनिवर्सिटी प्रेस, 1971.

जेफरसन, थोमस, *जेफरसन: राइटिंग्स*, लाइब्रेरी ऑफ अमेरिका, 1984.

जॉन्स, एड्रियन, *पाइरेसी: द इंटलैक्चुअल प्रॉपर्टी वॉर्स फ्रॉम गुटेनबर्ग टू गेट्स*, यूनिवर्सिटी ऑफ शिकागो प्रेस, 2010.

खुर्शीद, सलमान, *सन्स ऑफ बाबर: ए प्ले इन सर्च ऑफ इंडिया*, रूपा एंड को., 2008.

क्लिंग, ब्लेयर बी., *द ब्लू म्यूटिनी*, फर्मा के.एल.एम प्राइवेट, 1977.

कुलकर्णी, सुधींद्र, *म्यूज़िक ऑफ द स्पिनिंग व्हील*, अमरायलिस, 2012.

माधवी, सुंदर, *फ्रॉम गुड्स टू अ गुड लाइफ: इंटेलैक्चुअल प्रॉपर्टी एंड ग्लोबल जस्टिस*, येल यूनिवर्सिटी प्रेस, 2010.

मंडेला, नेल्सन, *लॉन्ग वॉक टू फ्रीडम: द ऑटोबायोग्राफी ऑफ नेल्सन मंडेला*, बैक बे बुक्स, 1995.

माशेलकर, रघुनाथ, सं., *टाइमलेस्स इंस्पिरेटर: रिलिविंग गांधी*, सकल पब्लिकेशन्स, 2010.

मित्रा, दीनबंधु, *नील दर्पण ऑर द इंडिगो प्लांटिंग मिरर*, पश्चिम बंग नाट्य अकादमी, 1997.

मुखर्जी, प्रोजीत बिहारी, *डॉक्टरिंग ट्रेडिशन्स: आयुर्वेद, स्मॉल टेक्नोलॉजीस एंड ब्रेडेड साइंसेज*, यू. आफ शिकागो प्रेस, 2016.

मुखोपाध्याय, गिरींद्रनाथ, *हिस्ट्री ऑफ इंडियन मेडिसिन*, 3 खंड., मुंशीराम मनोहरलाल, 1922, 2007 में पुनः प्रकाशित .

नंद, बी.आर., *द नेहरूज़, मोतीलाल एंड जवाहरलाल*, जे.डे को., 1963.

नेशनल गांधी म्यूजियम, *गांधी-जी ऑन हिंद स्वराज एंड सेलेक्ट वियूज़ ऑफ अदर्स*, नेशनल गांधी म्यूजियम, 2009.

नौरोजी, दादाभाई, *पोवर्टी एंड अन-ब्रिटिश रूल इन इंडिया*, स्वॉन सोनेनस्चीन एंड को., 1901.

नौरिया, अनिल, द *अफ्रिकन एलिमेंट इन गांधी,* नेशनल गांधी म्यूजियम एंड ज्ञान पब्लिशिंग हाउस, 2006.

नेहरू, जवाहरलाल, द *डिस्कवरी ऑफ इंडिया,* वाइकिंग, 2004.

नेहरू, जवाहरलाल, *ग्लिम्पसेस ऑफ वर्ल्ड हिस्ट्री,* वाइकिंग, 2004.

राधाकृष्णन, सर्वपल्ली, सं., *महात्मा गांधी: एस्सेज़ एंड रिफ्लेक्शन्स ऑन हिज़ लाइफ एंड वर्क,* जायको पब्लिशिंग हाउस, 1994.

संध्या, तोताराम, *माय ट्वेंटी-वन इयर्स इन द फिजी आइलैंड,* फिजी म्यूजियम, 1991.

सन्याल, शुक्ल, *रिवॉल्यूशनरी पैंफ्लेट्स, प्रोपागैंडा एंड पॉलिटिकल कल्चर इन कॉलोनियल बंगाल,* कैम्ब्रिज यूनिवर्सिटी प्रेस, 2014.

सरकार, सुमित, द *स्वदेशी मूवमेंट इन बंगाल 1903-1908,* ओरियंट ब्लैक स्वॉन, 2011.

स्केलमर, सीन, *गांधी इन द वेस्ट: द महात्मा एंड द राइज ऑफ रैडिकल प्रोटेस्ट,* कैम्ब्रिज यूनिवर्सिटी प्रेस, 2011.

शियावोन, एल्डो, द *इंवेंशन ऑफ लॉ इन द वेस्ट,* बेल्कनैप हार्वर्ड, 2012.

सीरवई, एच.एम., *कॉन्स्टिच्यूशनल लॉ ऑफ इंडिया,* 3 खंड., चौथी संस्करण, यूनिवर्सल लॉ पब्लिशिंग को., 1991

सेन, अमर्त्या, द *आर्ग्यूमेंटेटिव इंडियन: राइटिंग ऑन इंडियन हिस्ट्री, कल्चर, एंड आइडेंटिटी,* फरार, स्ट्रॉस एंड गिरौक्स, 2005.

सेन, अमर्त्या, द *आइडिया ऑफ जस्टिस,* हार्वर्ड यूनिवर्सिटी प्रेस, 2009.

सेन, अमर्त्या, *डेवलपमेंट ऐज़ फ्रीडम,* ऑक्स्फोर्ड यूनिवर्सिटी प्रेस, 1999.

सेनापति, फकीर मोहन, *सिक्स एकर्स एंड ए थर्ड,* मूल रूप से 1902 में प्रकाशित, अग्रेंजी अनुवाद, यूनिवर्सिटी ऑफ कैलिफोर्निया प्रेस, 2005.

सेनगुप्त, कविराज नागेंद्रनाथ, द *आयुर्वेदिक सिस्टम ऑफ मेडिसिन,* 2 खंड, लोगोस प्रेस, 1919.

शार्प, जीन, द *पॉलिटिक्स ऑफ नॉनवॉयलेंट एक्शन,* 3 खंड, पॉर्टर सार्जेंट 1973.

शिवा, वंदना, *बायोपायरेसी: द प्लंडर ऑफ नेचर एंड नॉलेज,* साउथ एंड प्रेस, 1999.

चयनित पाठ

शिवा, वंदना, *हू रियली फीड्स द वर्ल्ड?: द फेलियर्स ऑफ एग्रिबिजनेस एंड द प्रॉमिस ऑफ एग्रोइकोलॉजी*, नॉर्थ अटलांटिक बुक्स, 2016.

तलवलकर, *गोविंद, गोपाल कृष्ण गोखले: हिज़ लाइफ एंड टाइम्स*, रूपा, 2006.

थापर, रोमिला,*अशोका एंड द डिक्लाइन ऑफ द मौर्याज़*, ऑक्सफोर्ड यूनिवर्सिटी प्रेस, 1999.

थापर, रोमिला,*द पब्लिक इंटलेक्चुअल इन इंडिया*, एलिफ, 2015.

थरूर, शशि, *एन एरा ऑफ डार्कनेस: द ब्रिटिश एम्पायर इन इंडिया*, एलिफ, 2016.

थरूर, शशि, *नेहरू - द इंवेंशन ऑफ इंडिया*, पेंगुइन, 2003.

थोरियो हेनरी डेविड, *कलेक्टेड एस्से एंड पोयेम्स*, लाइब्रेरी ऑफ अमेरिका, 2001.

त्रिवेदी, लिसा, *क्लोथिंग गांधी'स नेशन: होम्स्पन एंड मॉर्डन इंडिया*, इंडियाना यूनिवर्सिटी प्रेस, 2007.

वार्नर, माइकल, सं., *अमेरिकन सरमन्स: द पिलग्रिम्स टू मार्टिन लूथर किंग जूनियर.*, लाइब्रेरी ऑफ अमेरिका, 1999.

वाशिंगटन, जेम्स एम., सं., *ए टेस्टामेंट ऑफ़ होप: द एसेंसियल राइटिंग ऑफ मार्टिन लूथर किंग*, हार्पर एंड रो, 1991.

वेबर, थौमस, *ऑन द सॉल्ट मार्च: द हिस्ट्रोरियोग्राफी ऑफ महात्मा गांधी'ज़ मार्च टू डंडी*, रूपा, 2009.

वूजास्तिक, डोमिनिक, एट. आल., एडिटर्स, *मेडिकल टेक्स्ट एंड मैन्यूस्क्रिप्ट्स इन इंडियन कल्चरल हिस्ट्री*, मनोहर, 2013.

कोचरब आश्रम में

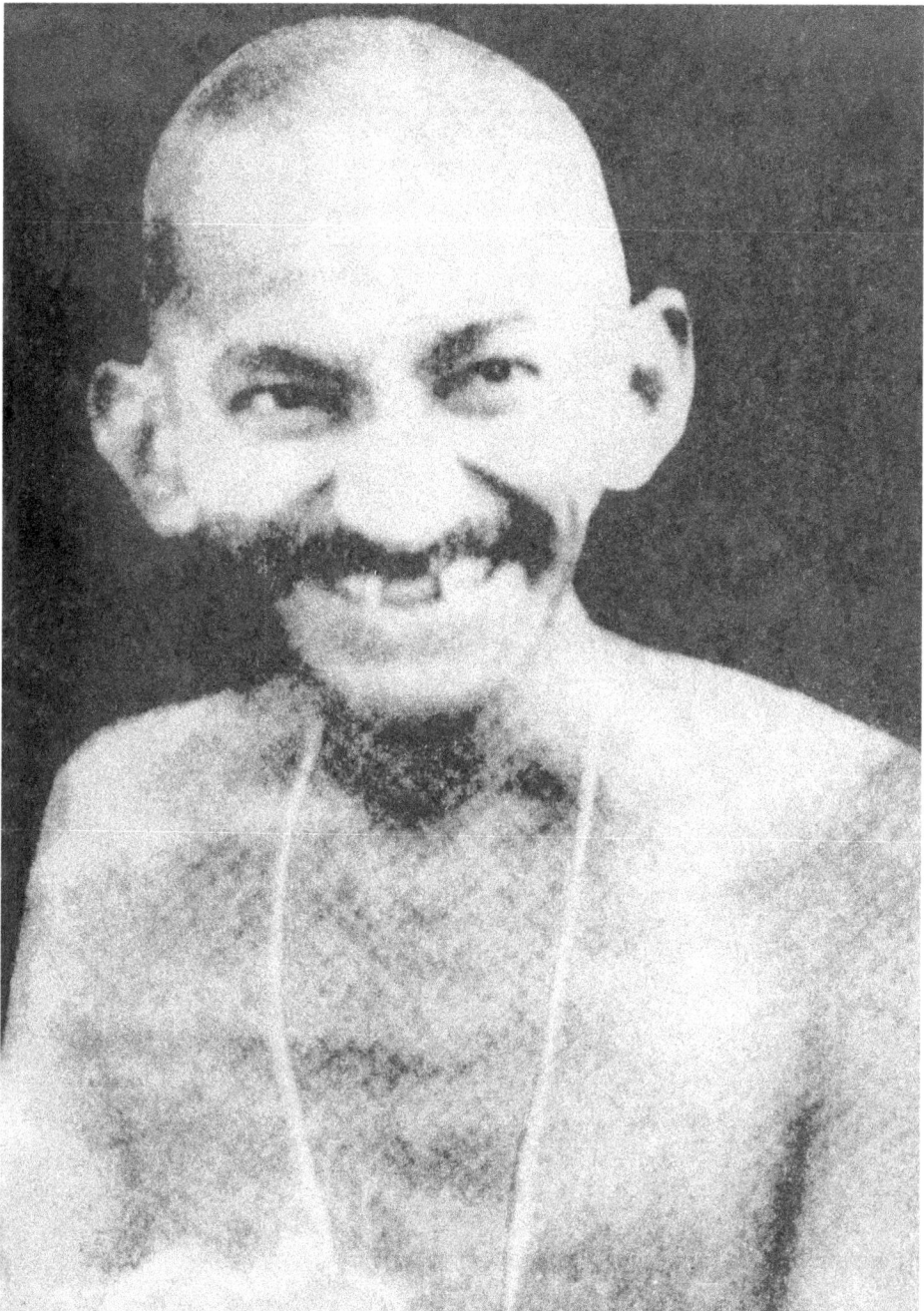

सी.डब्ल्यू.एम.जी, खंड 37 (1928), फ्रंटिसपीस

सी.डब्ल्यू.एम.जी, खंड 13 (1917), पृष्ठ 368, कठियावाड़ी पगड़ी पहने हुए

लिंक की तालिका

इंटरनेट आर्काइव, भारत और अमेरिका में ज्ञान तक पहुंच
https://archive.org/details/A2KInIndiaAndAmerica

सैम पित्रोदा, डिजिटल इंडिया
https://www.youtube.com/watch?v=sSGCLBt1juo

न्यूमा बैंगलोर में हैसगीक इवेंट
https://archive.org/details/in.hasgeek.2017.10.15.1

भारत की तस्वीरें
https://www.flickr.com/photos/publicresourceorg/collections/
72157666804055474/

भारत की सार्वजनिक पुस्तकालय
https://archive.org/details/digitallibraryindia

हिंद स्वराज संग्रह
https://archive.org/details/HindSwaraj

भारत के राजपत्र
https://archive.org/details/gazetteofindia

वैश्विक सार्वजनिक सुरक्षा कोड
https://archive.org/details/publicsafetycode

सैम पित्रोदा
https://sampitroda.com/
@sampitroda

कार्ल मलामुद
https://public.resource.org/
@carlmalamud

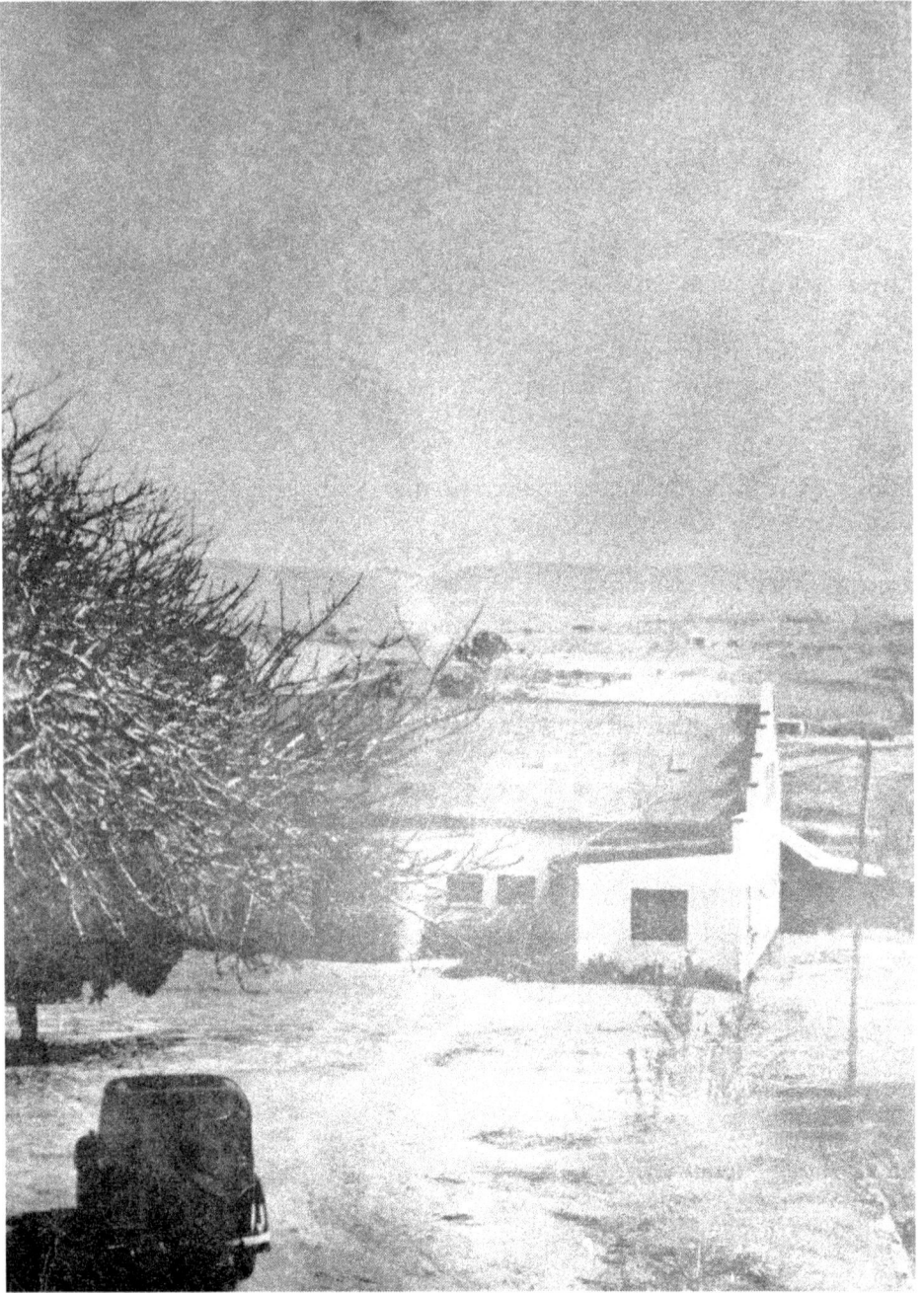

सीडब्लूएमजी, खंड 96, फ्रंटिसपीस, इंटरनेशनल प्रिंटिंग प्रेस, फीनिक्स।